心田

心田文化

良種紙上播
善筆植心中

中國命相學大系⑥

神相鐵關刀

全書

雲谷山人著
易天生修訂

卷四 285

附錄 315

目錄：

上編修訂版 序

十年磨一劍

本書《神相鐵關刀》，與《神相金較剪》齊名，同為清代出品之產物，同樣地流行於當時的舊社會，並深深影響著普羅大眾，一般江湖命相者，無不視為至寶，其中有大量的口訣和心法，簡淺易明，沒有大量的深奧文詞，故較受一般人士所歡迎。

有人指《神相金較剪》和《神相鐵關刀》二書的作者，是出自同一人的手筆，這點已非我輩能考證，倒不如努力學習，用心苦讀，發掘書中真理來得實際。

作為現代的命學探究者，絕不能讓有價值的好書失傳，這兩部在清代民間深具影響力又普及化的相書，實不應該遭時間所湮沒及時代的遺棄。故早在一九九八年，筆者便發心，動筆寫神相金較剪的評註，期間遇到了一些障礙，影響出版，一度被迫放棄，但心心不息，繼於二千年自資出版，此書出版後甚受各界人士的大力支持，一直賣到現在，已出了第四版，這証明了讀者的眼睛是雪亮的，好書便有它的留傳價值。

今次繼《神相金較剪》後，動筆篇註《神相鐵關刀》，相隔近十年，可謂是筆者「十年磨一劍」之作了，但說實在，這無非是筆者對中華普及文化的一個「情意結」而已。

為了發揚面相學在玄學界的存在價值，與其不可取代的崇高地位，筆者決定放下所有的寫作項目，以一顆「真心」，及滿腔「誠意」，編寫這部：

神相鐵關刀

本書分上下兩篇推出，因為足本的文字亦不算少，為了方便讀者閱讀，和筆者註釋，故分成上篇和下篇，上篇主要是以鐵關刀之原文為主，附加了筆者作文字修正及整理，並希望大家能夠在評註本尚未出版之前，先仔細讀一讀原著，這除了對著作者抱著一份尊重的心，還希望讀者積極產生自發和好學的精神，先盡了本身的能力拜讀前人作品，而後方由我來帶領各位繼續研究，所以大家千萬不要以為這上篇不重要，事實上，由古本重新作文字排版、修訂及整理，花了不少功夫，古本大堆密麻麻的細字，加上標題不顯，令人看得眼花撩亂，重訂上篇目的只想讓讀者看得舒舒服服，並能引發各位有追看下去的興趣，故先看上篇導讀本，再看下篇註釋本，會是個很合理的做法。

易天生　二〇〇八年七月七日

天髓館網頁主持人：http://.facebook.com/yitis55

原著序

「相，秘術也；能指迷而越險，能解禍而為祥；其道非輕，其技非小；」**人定勝天，莫此為最**。

于德江右大安山，華陽寺中，得異人示餘此書，曰：「子有慧夙，具靈根，得此書可以遨遊山水，相天下士也；獨不宜刊刻傳人，此書名曰洩天機，傳人輕洩遭天譴也；子宜秘之，萬金莫授焉。」

予得是書，潛窺半載，夜坐覺眼光如炬，予異之；是以廣遊四海，以鐵關刀為名。適寄淮陽數截，偶遭寇亂、賊欲捕予為國師者，予懼奔竄南京，改名金較剪；藉此相術遨遊山水，博訪神仙，率不可得。

後僑寄太湖，有賣相者，書牌曰：我宗白雲先生，相法瞬息不見，只遺一牌在焉。予拾得此牌，乃悟此相法是希夷陳先生秘本也；予歸而藏之寺中，誓不敢洩，吾徒莫為輕玩也。

破納 **雲谷山人** 謹識

新版全書序

轉眼又是十年，上下編神相鐵關刀在零八年完成了前兩卷，三和四卷的註釋工作，卻落在這部完整新編的全書之上，今次重訂所花的心力更大。

本人用了幾年時間，制作合拼和升級版「全書系列」，已出版的包括：神相金較剪、玄易師、拆字天機、神相照膽經、神相麻衣、八字基因和現在這部神相鐵關刀，正在處理中的還有兩本，命理約言和滴天髓命例解密。

目前的書刊情況，正步入史無前例的困境，受到手機網絡文化的沖擊下，文字實體書及紙媒備受考驗，筆者如履薄冰，步步為營地，在寫作及出版上的每一個環節，都作出了轉營，這廿多年來與讀者的一份情誼，相信就是能與作者共渡時艱的力量，在今次的文化及經濟低潮下，必能安然渡過。

易天生
二〇一七年二月十二日

神相鐵關刀

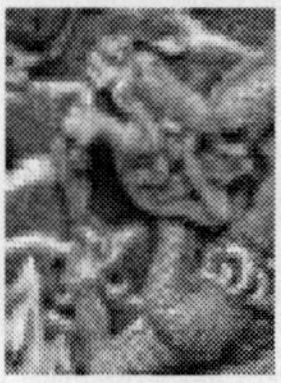

卷一

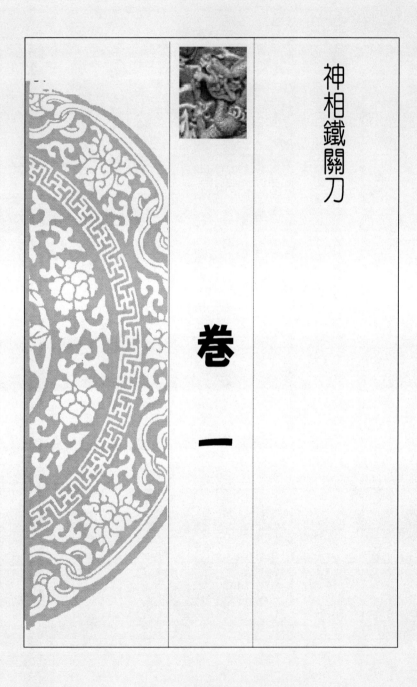

審氣圖

審氣宜遠不宜近
山林有氣則員聳
邊城有氣則員聳
天中有氣則員聳
無氣則陷
邊城無氣生陷坑
山林無氣則後薄

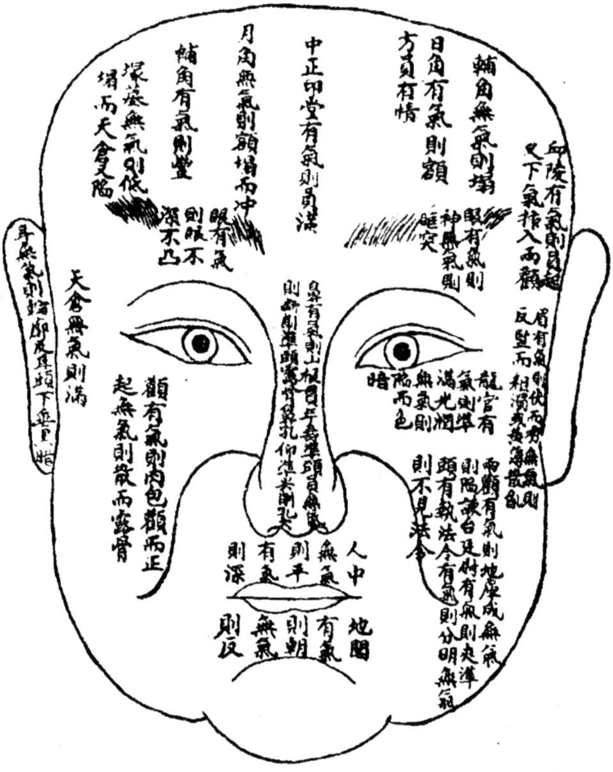

審黶圖

黑者凶紅者吉
紅在黑傍化凶為吉
婦人額上有黑子主刑尅不甚旺夫益子面上多雀斑主淫慾少子

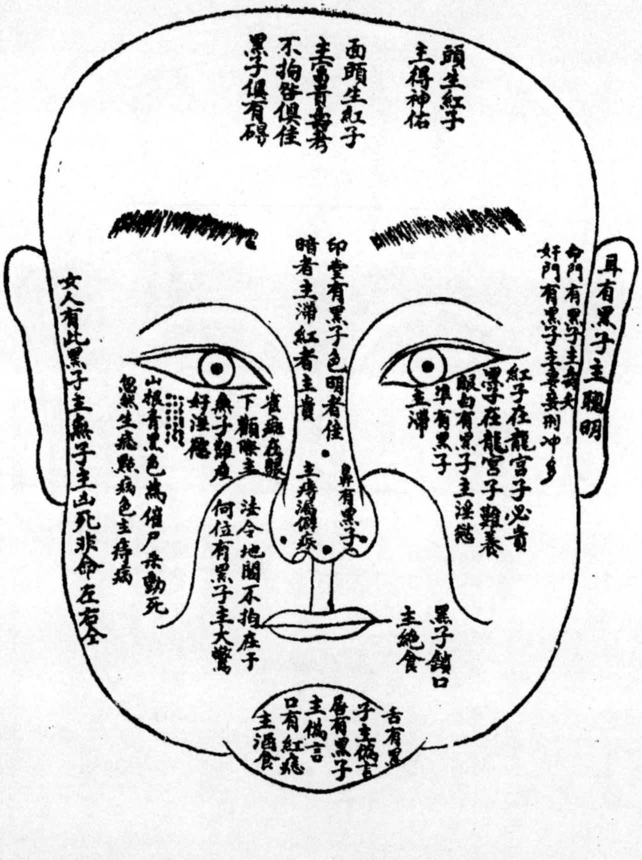

部位圖

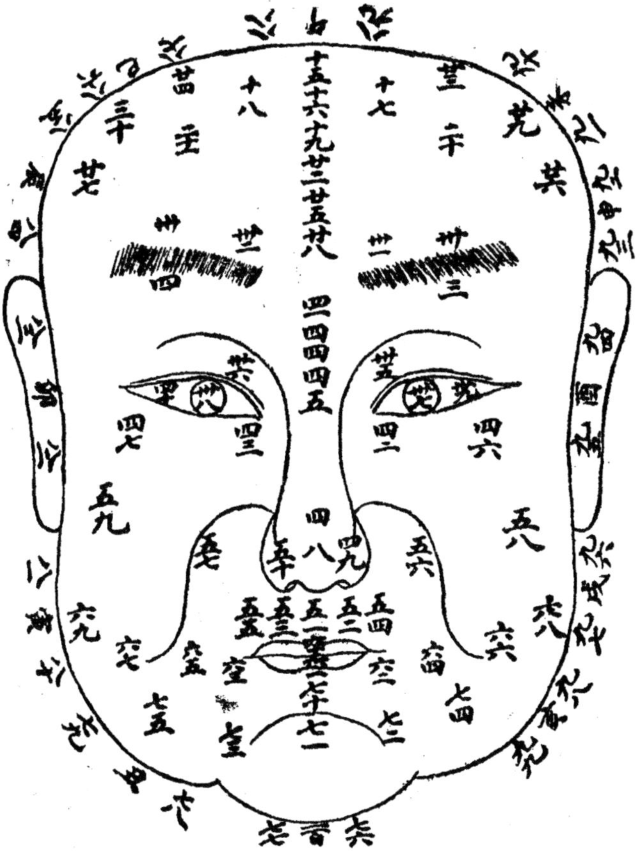

左側圖

天倉與奸門同一
位橫爲天倉直爲
奸門
輔角旁即驛馬位
精舍光殿者看全
眼眶合天中
凡山根位斷
多主手足病

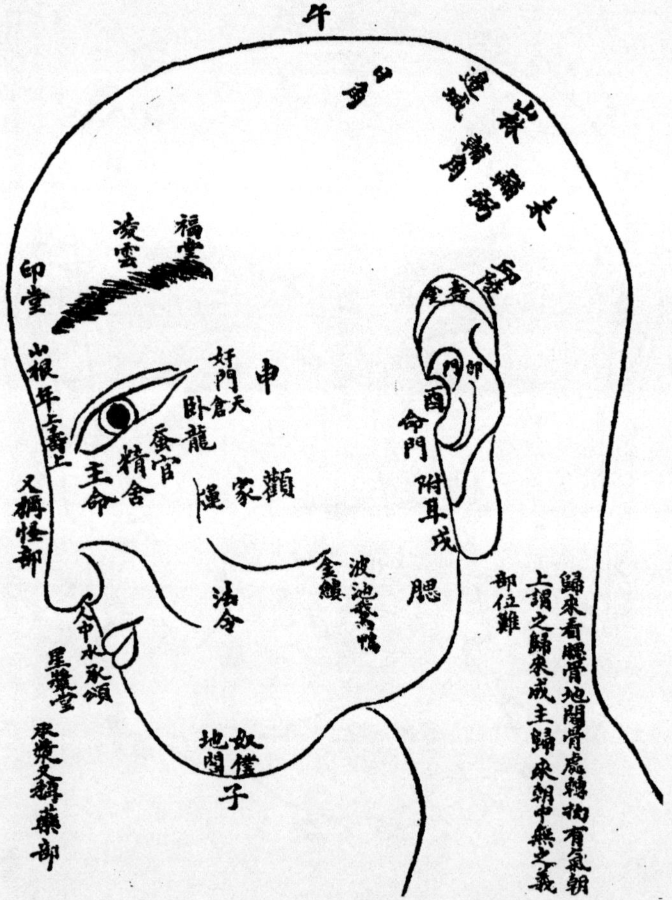

面相十二圖5

右側圖

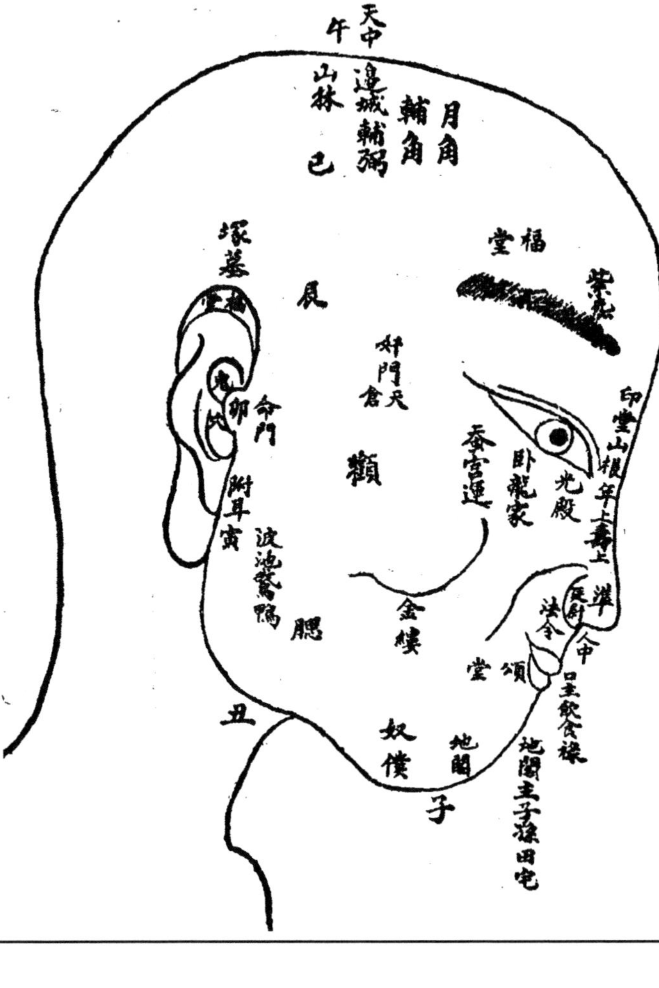
天中
午
山林
月角
輔角
巳
塚墓
福堂
艮
紫氣
奸門
天倉
命門
卯
顴
臥龍
印堂
山根
年上
壽上
準
附耳
寅
波池
鵞鴨
腮
金縷
法令
人中
口主飲食祿
地閣
奴僕
丑
子
地閣主子孫田宅

面相十二圖6

面無善紋圖
左右同男女同
凡凶紋處有紋
復被山根沖破
者謂之陰隲紋
自可轉凶為吉

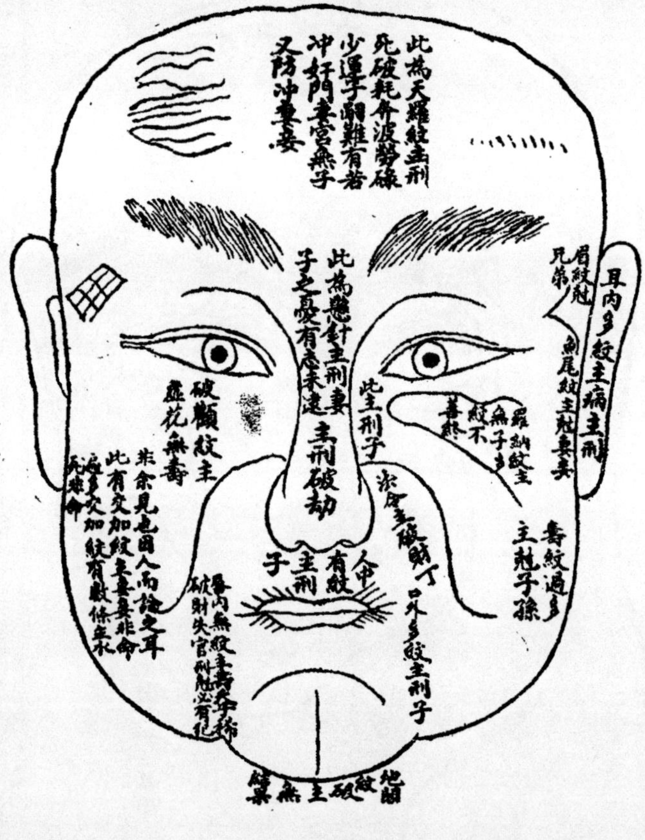

面相十二圖7

十二地支十天干八卦五星九州五岳四瀆圖

天倉上府兩顴中府兩頤下府

上停為天在眉上髮下中停為人在眉下準上下停為地在人中至地閣

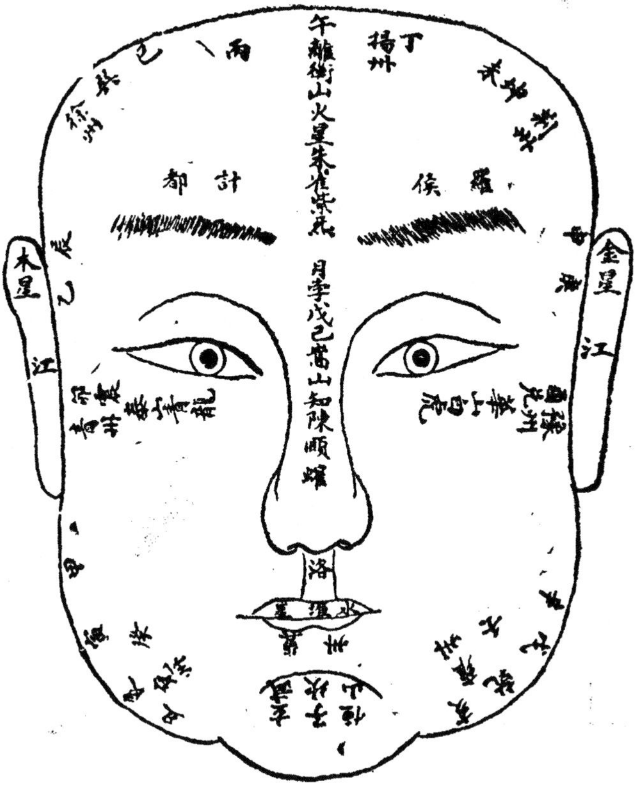

面相十二圖8

遷移作馹馬論
可動不可動則
規此非一生之
遷移定位也

四學堂
八學堂

五官十二宮
五官耳目口鼻
人中也

額宜配準頭
顴宜配地閣

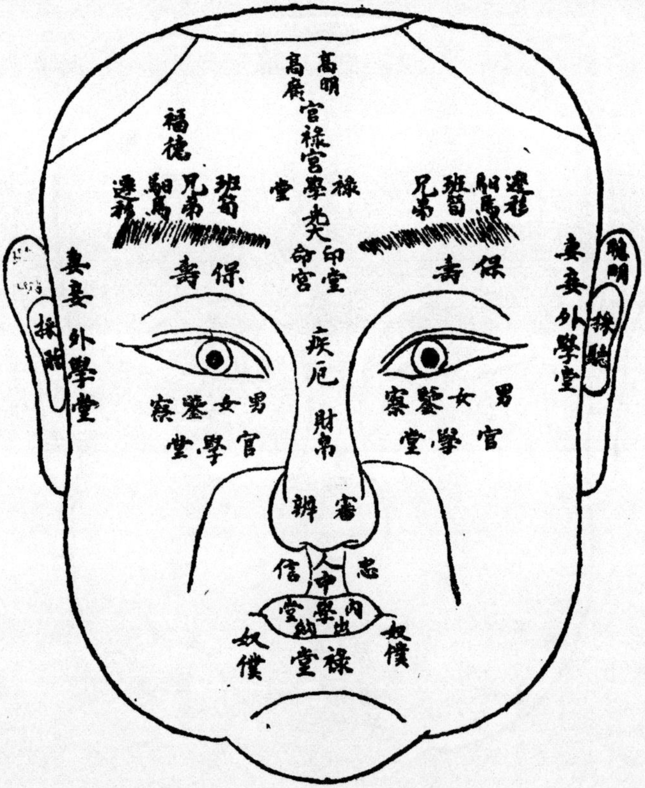

面相十二圖9

額上紋逆上者
為身通紋順下
者為寒滯紋

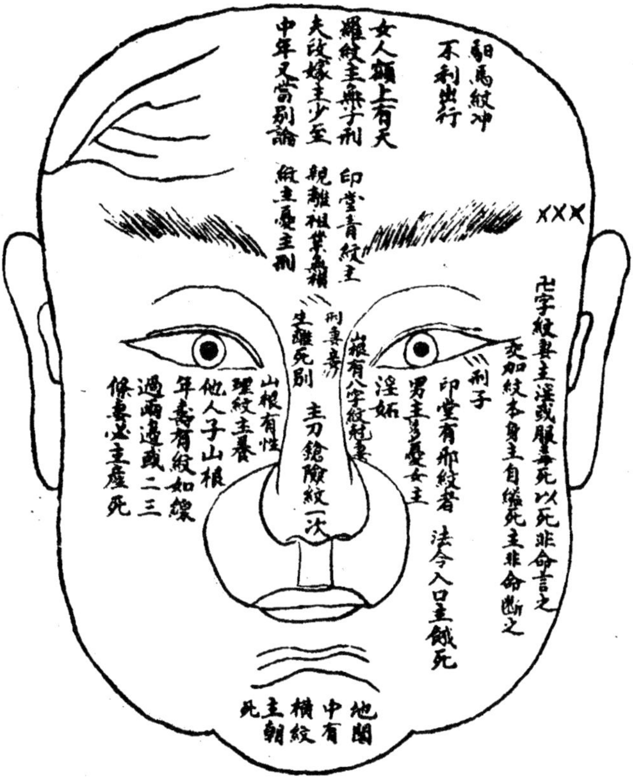

面相十二圖10

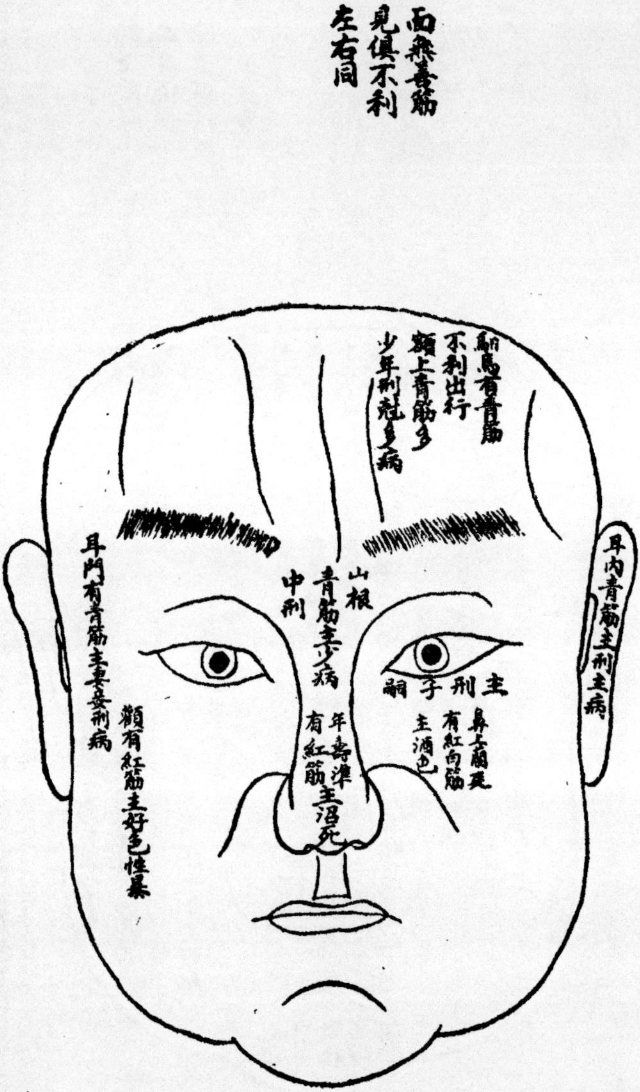
面飛青筋
見俱不利
左右同
驛馬有青筋
不利出行
額上青筋多
少年刑尅多病
耳內青筋主刑主病
山根
青筋主少病
中刑
主刑子嗣
鼻上顴爽
有紅向筋
主酒色
年壽準
有紅筋主沼死
耳門有青筋主妻妾刑病
顴有紅筋主好色性暴

骨格部位圖

駋馬骨起主貴
鼻骨冲印主貴
顴骨上天倉主
大富貴地閣豐
員主大富福額
角平員大富貴
顴骨插天庭大
貴北人主侯南
人主貴一品得
爵文主伯子男
爵武主公侯爵

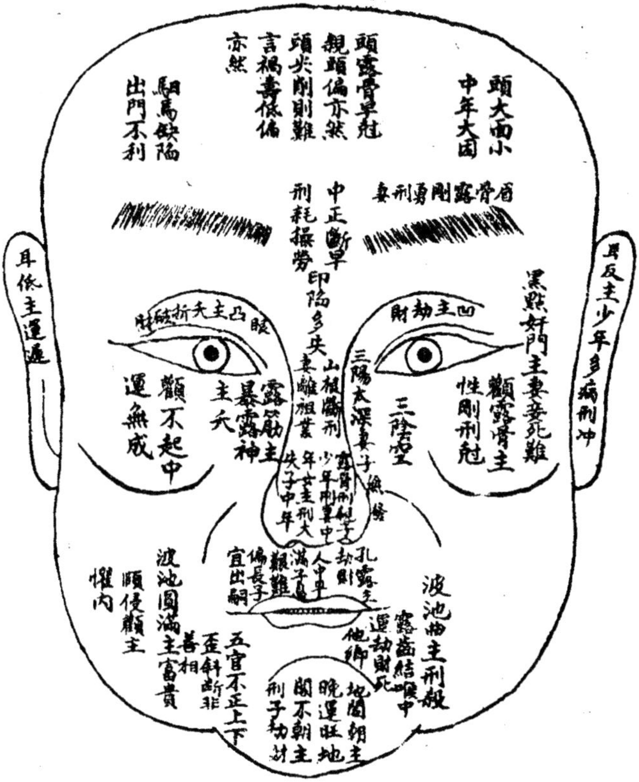

鬚眉髮異寒滯圖

左眉高顯侵兩顴妻操夫權之格

右眉高于左眉妻操妻位之格

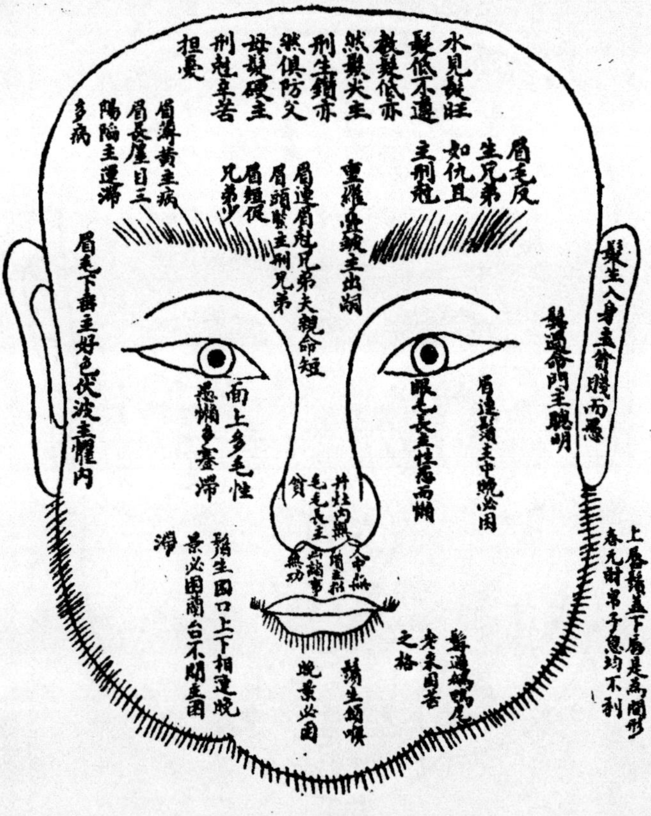

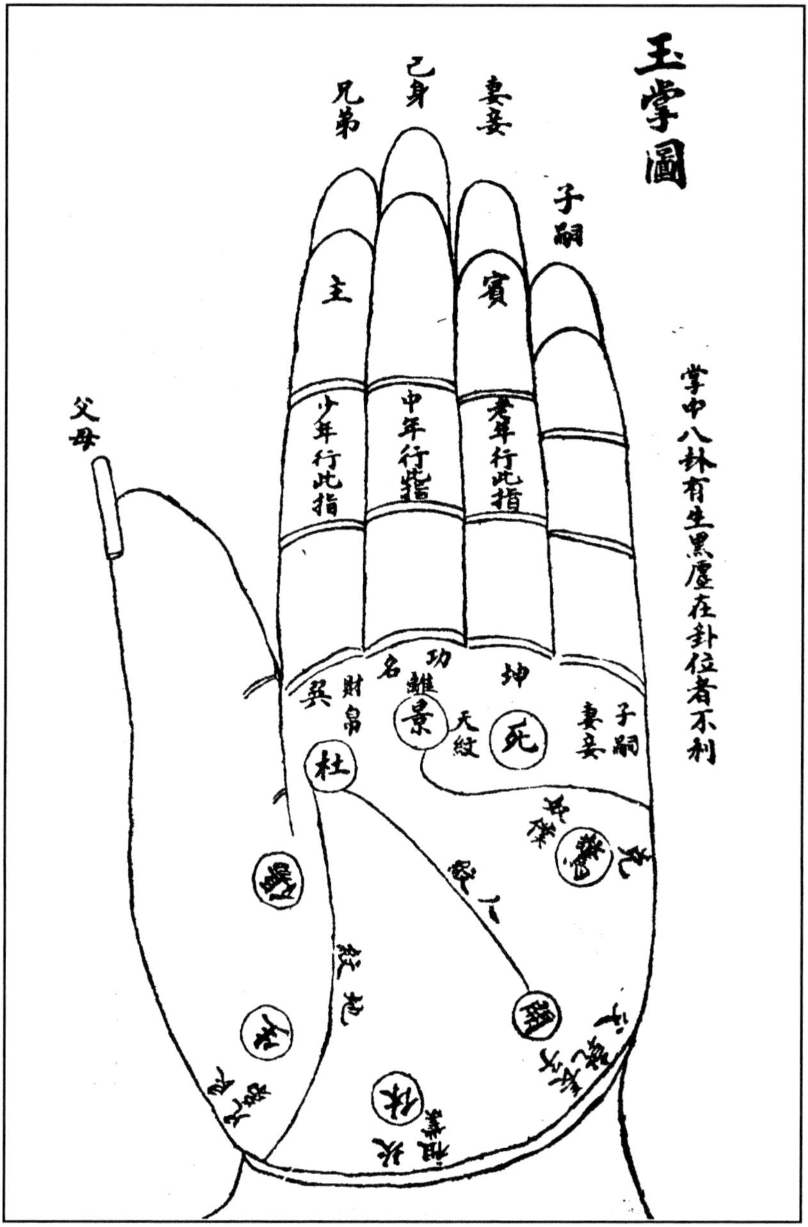
玉掌圖
兄弟
己身
妻妾
子嗣
主
賓
少年行此指
中年行此指
老年行此指
父母
掌中八卦有生黑痣在卦位者不利
功名
財帛
巽
離
景
坤
天紋
死
子嗣
妻妾
杜

看掌定法

八卦宜滿，明堂宜深，掌紋宜秀，掌色宜鮮。賓主宜配指節，肉宜明嫩，掌宜有肉，掌背宜厚不露筋骨；掌紋深秀，成字、成印、成令俱宜；紋溢掌背主破耗，紋沖四指主功名，紋亂坤位主好色，紋亂巽位主破財。

書載掌紋俱皆穿鑿。

〔開門〕紅潤，出入求貴用兵吉；〔生門〕、〔休門〕皆然。〔傷門〕青暗，必有刑劫，諸事不利；〔杜門〕青暗不利出行，大破財；〔景門〕青暗，出入必防災盜；〔驚門〕青暗，主大驚恐；〔死門〕青暗主死亡。

前面的各個插圖，都是原著鐵刀書首的原圖，為了忠於原著，特

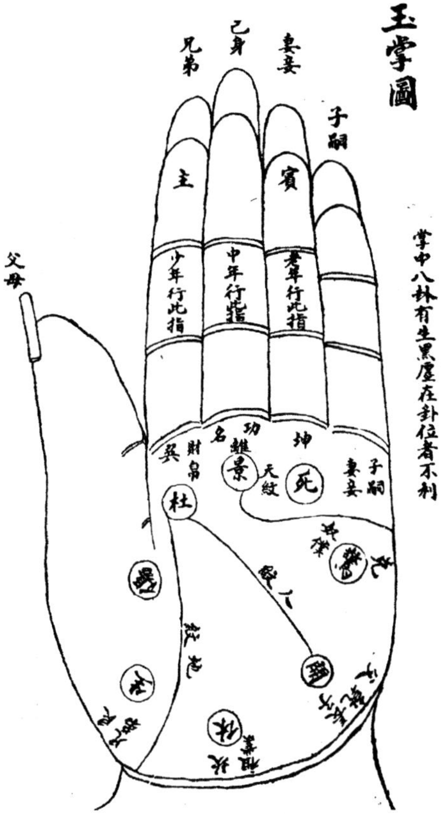

地安排如實刊登，雖然較沒有妥善的規劃整理，沒有一定面相學根底的朋友只怕無法明白運用，本來想作一點規劃和解釋的，但這樣可能會花上非常多的篇幅，可能令本書的推進受阻，故留作翻閱為宜。

鬚眉髮毛各有所屬

髮屬心，心火上炎，故生髮於頭上也。眉屬肝，肝木性橫，故生眉也。毛屬脾，脾土旺四時，故生毛　四肢也。鼻毛屬肺，肺金主歛，故鼻毛獨生於鼻孔內也。鬚屬腎，腎水潤下，故生鬚而下垂；上在口，下在陰腋也。婦人有內腎。故陰戶兩腋皆有毛；無外腎，故口無鬚也。

「鬚、眉、髮、毛」

在相學上，頭髮屬於「心」，何解？因為在中醫的角度上，心為火，而火性是向上的，亦即所謂的「炎上」是也，而人的頭頂便是這火的依歸處了，因此頭髮便生在人的頭頂之上。

此外人的眉毛屬肝，肝又為木，木的形態是橫與長，故以眉毛來代表。

還有四肢的體毛，是屬於脾藏，脾土旺於四時，即春夏秋冬四季裡的季與季之間此即四時。

鼻毛屬肺者，皆因肺主金，因而鼻毛便生於鼻內了。

還有，鬚屬腎，中醫學上以腎為水，腎水足，鬚也會向下生長，其生於人體，分別生長於上和下，在上即長於口的四周圍是也，在下則生於腋窩與下陰兩部位。

註：本文把人的毛髮分成五行：「鼻毛為金、眉為木、鬚為水、髮為火、手足毛為土」，是當代面相學的一大創見，其細微處實在超越了古今一般的相書，學相的讀者們，應細心學習，珍而重之，不單止記著這種種之變化，還須借此以發揮面相學的可延伸性，加強本身之思考能力。

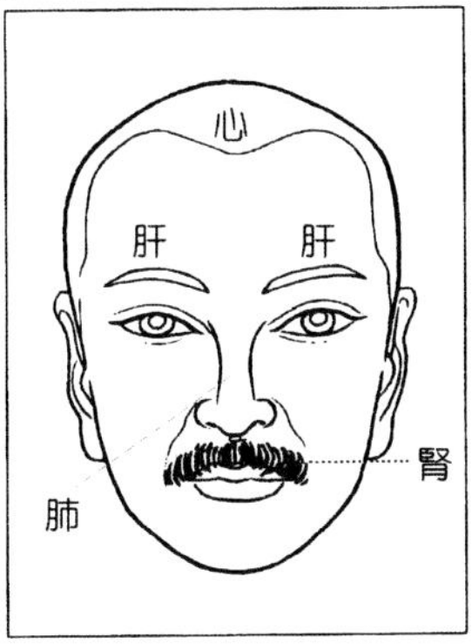

涎、精、汗、淚。溺各有所屬

以下便以：涎、精、汗、淚、溺（尿）等屬性，引伸出人們各種心態的活動相。

貪心一動則生涎，涎由肺生，心火上蒸於肺，故化而為涎也。
淫心一動則生精，精由腎生，相火一鑠於腎，故溢而為精也。
愧心一動則生汗，汗由心生，心火鬱蒸於脾，故發而為汗也。
悲心一動則生淚，淚涕由肺生，肝木不平，故泄而為淚涕也。
怯心一動則生溺，溺由脾生，脾土不能攝腎，故奔而為溺（尿）也。

「涎、精、汗、淚、溺」

論及到涎、精、汗、淚、溺此四水俱為液體，這在過往的相學上是少有提及的，有關注到這方面的探討，更可說是甚為罕見。

文中指出五種由人體產生的液體水份，均各具特性，並表現在人的五種特殊情緒上，這亦反映中醫五行藏腑學說，由照膽經的遠古年代至清代，已更成熟的融入面相學裡。

註：本文把人的毛髮分成五行：「鼻毛為金、眉為木、鬚為水、髮為火、手足毛為土」，是當代面相學的一大創見，其細微處實在超越了古今一般的相書，學相的讀者們，應細心學習，珍而重之，不單止記著這種種之變化，還須借此以發揮面相學的可延伸性，加強本身之思考能力。

辨相面刻誤秘旨

為山林，在頭角之聳突處，從耳上高二寸許；骨高處號山，髮密號林，管乎風；本男左女右，祖業主之，有氣是為得風水也。丘陵、塚墓在山林下一寸許；邱陵塚墓取象墳穴，如建墓于山林之內，故不能高於山林位也；有氣亦為風水所鍾。

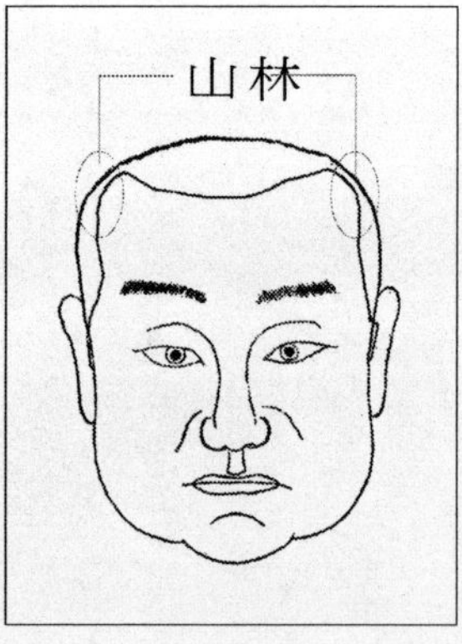

「山林、丘陵、塚墓」

面相學中的「山林」（以下說及的各個部位，請參考前面各面上部位圖），位於兩邊頭角之突出處，在耳朵向上高出兩吋許，此處骨高為山，髮密為林，於是合稱「山林」，作用是吸收天上的風和氣。這裡又分為男左女右，專看人之祖業有無及多寡，若有氣者，即頭角飽滿、有骨起、略圓凸，是為之山林有氣，此乃風水及家山有福之人。

觀頭骨相至重要者，無如「丘陵」和「塜墓」兩個部位了，尤如建墓於山林之內，故而其高度不能超過「山林」，飽滿而有骨圓渾，是為有氣，同樣主家山有福之好相。

註：面相學代代相傳，經過不少有識及賢能之士的拓展，傳至今日，有各家各說，因此很多部位名稱不同，位置各異，而雲谷山人很有心地，把其個人心得，續一把各個重要部位之名稱及位置，加以清楚說明和定義。

邊城者，邊地之城也；在額閣髮際之旁，於面稱邊地，於頭號邊城。

「邊城」

綜觀頭骨相，尚有個重要的部位，便是「邊城」了，邊城者，在額角和髮際兩旁，

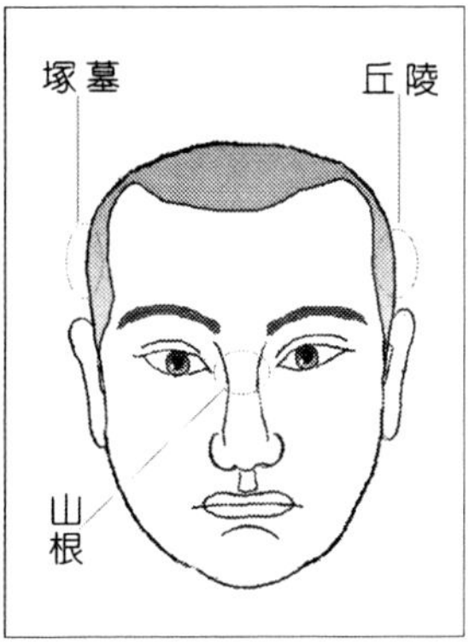

在面上便稱之為「邊地」，於頭上則號曰「邊城」，古書常提到「邊地四起」者，即是這部位和兩邊面頰之外圍微起，有骨有肉，此即邊城之佳相。

精舍、光殿藏眼之眶是也；取其藏神謂之精舍，取其旺殺謂之光殿；眼深則左右如精舍，其藏神也；眼淺則左右如光殿，其殺旺也。

「精舍、光殿」

講完頭骨，現在來看看鼻部「山根」左右兩邊渦下之處，一般以左為精舍，右為光殿。但實際上，光殿是指藏著整個眼睛之眼眶外圍，故表明其揚之於外，而相反藏之於內者，如眼之藏神於內者，是為精舍，須左右兩邊同論，而實非分開一左一右，左精舍

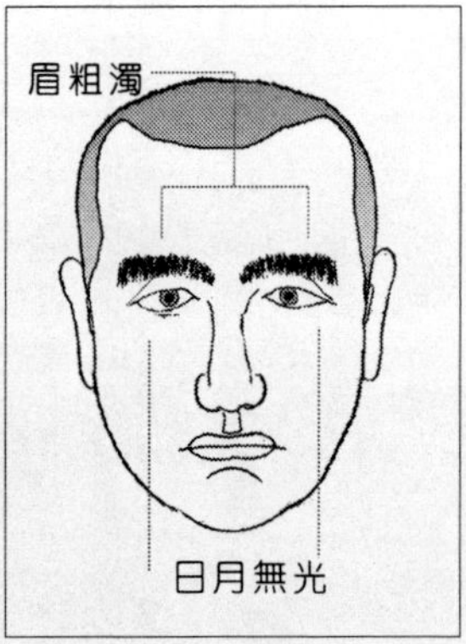

右光殿。若見人眼淺，會是眼露者居多，主眼神外露而有如光殿之眼神烈是也。相對地眼深者，即眼神內聚而收歛，是為精舍。

註：此精舍與光殿論，實有很深刻的道理，大家留意，平常相書所指的這兩個部位，一般都只是分成左右而已，左為精舍右為光殿，如今所說，乃為眼之深淺，是本書理論的一大特色。

彩霞、繁霞所以掩日月。日月最宜光明，帷霞亦助其耀眼；目最宜光明，帷眉亦助其秀，忌粗忌濁，不可如雲之掩日月也。故疏者宜有彩，左右均號彩霞、繁霞者亦不宜濃，務宜淂霞之冶豔；左右亦號繁霞，非左彩霞而右繁霞也。

「彩霞、繁霞」

面相中以左右兩邊眉身之部份，左為「彩霞」、右為「繁霞」，但這裡卻以彩霞及繁霞為一整體觀，故兩者合稱，都出自於同一對眼眉之上，作用以遮掩兩眼日月之光芒，但眉眼要相配，故霞者亦為助雙眼耀目之光明，眼光明者亦要眉助其眼方顯秀氣，故忌眉粗濁，否則兩眼便會日月無光，被眉所遮蓋了。

眉疏者最宜有彩，即有光彩，眉有彩光，烏黑亮澤時，兩條眉也叫作彩霞，繁霞是指眉不宜太濃，須要有秀氣，眉灣而清秀。故左右兩眉並非一般相書所指，左彩霞而右繁霞。

註：這裡也是原著者別出心裁的一種微觀方法，同樣值得關注，他說到，彩霞和繁霞，並非如一般相書所指，分成左右，其說明眉分濃淡兩種，但最重要的是，眉淡者須要有彩，有彩即眉毛烏黑光亮是也，而濃眉者則要有「冶豔」，這是形容濃眉的人其眉毛質地，也須要粗中有細，順生而不亂不逆，方為佳相。

淩雲、紫氣在眉端之聳突處，如氣欲淩雲，勢如紫氣星也。輔角在日月角旁，其形如角，輔乎日月，故號輔角。

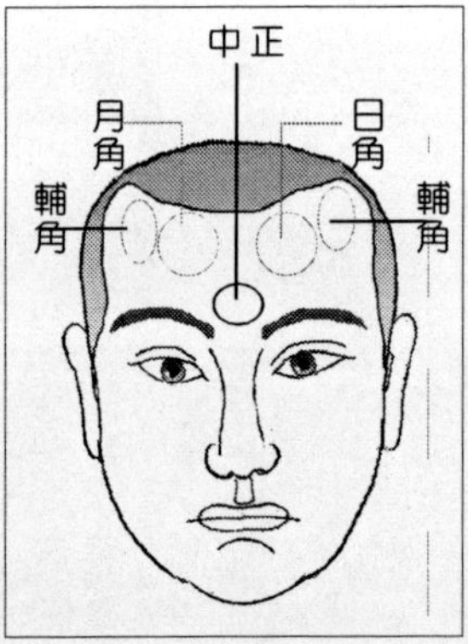

「凌雲、紫氣、輔角、日月角、司空」

除了眉身外，左右眉端聳突之處，是為「凌雲」及「紫氣」之星，並以眉骨之氣以形容凌雲，眉之形狀代表紫氣。

輔角生在額，日月角之旁，因其骨略帶斜上，輔助著日月角，故有此名。前額中正對上，是為司空，此處最要光潤無紋，亦不見有破相小缺等，否則影響少年運不通順。

司空在額端，宜無紋，所司守之處宜空，無紋煞破，無根無纏也。中正在額之最中最正之位；印堂，印堂在兩眉中，宜如印之方，不偏不倚，堂者宜取其廣闊平正也。天中在髮際頂中處，故號天中。天庭在額上毛髮處，謂之天庭。左右離七分處，號日月角，其位貼近乎輔角，故名角。

「天中、天庭、中正、印堂」

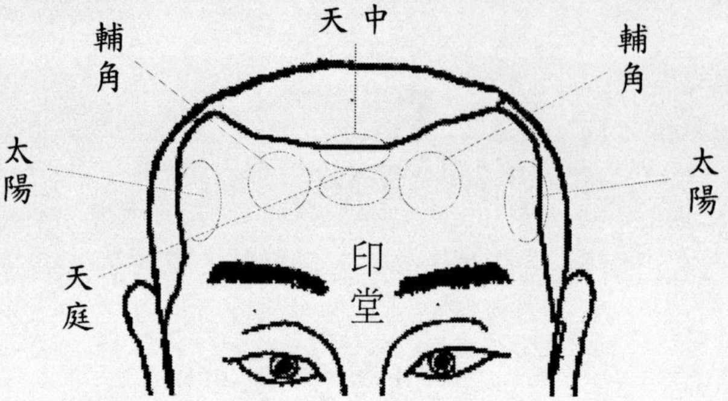

天中位於前額正中處，而印堂就在兩眉之間，中正宜方，印也宜方，很難想像得到是怎樣的「方」，其實應該這樣理解，所謂的方，是一種感覺，指其平正不凹凸或陷露是也。

印堂在兩眉的眉心之處，要不偏不倚、廣闊方正和平滿，主一生始終有福運。

天中位於額上中央髮尖之上方，是少年運的起點。天中下的部位，就是天庭了，在髮際下，很多人此處都是髮與額的交界。

天中的左右兩邊離七分之處，這裡有兩塊小圓骨，即為日月角，其又貼近於剛才說過的輔角。

太陽、中陽、少陽，取象於日火者，言其初起也；太，大也，大有光明之義也；中者，日之方中也；

少者，言將沒而尚存其陽也；三陰如之。年壽在鼻中，戊己位中岳之處；有似於山，為山最壽，故稱年壽。

「三陰三陽、年壽」

太陽、中陽、少陽，其取象於日火，即眼睛內的神光是也。太陽的「太」者，如太陽之初升，大放光明，故為「大」。中陽者，如日方中，故為中央眼珠透光點是也。少陽則取象以太陽的餘暉，其光不宜太強及太盛。至於三陰者，一般是指右眼，即左眼為陽，右為陰，故眼又合稱為「三陰三陽」。

「年壽」位於鼻子的中間，是天干五行：戊和己的位置，亦為五岳裡的中岳，在一面中被視為山丘，「山」向來被人視為天長地久物，故用以比喻人的壽命久遠。有句話叫壽

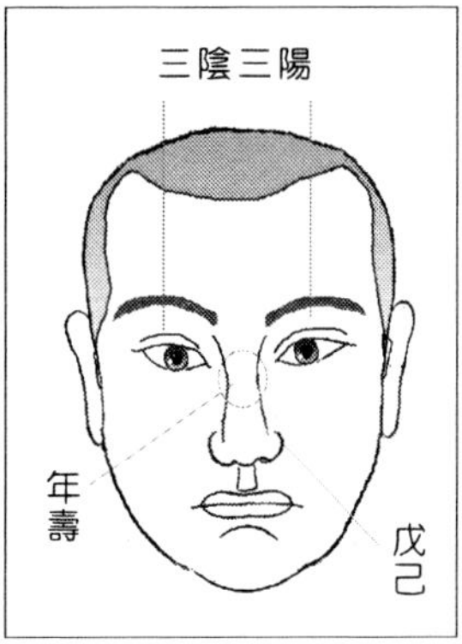

比南山，中國人一直都以山比作壽徵。

註：鼻在一面之上，乃高高在上之部位，其又處於古時用以記定方位的天干「戊、已」之位，因而在風水學上，以戊己為中央土，其實是作者對於面相和風水之結合觀，此打破傳統的觀點及說法，大大擴展了面相學的視野及空間。

準頭准者，頭標準者首也，最尊之號，有似於皇焉。中停為人鼻，擬為皇，左號諫台，文官也，若禦史焉；右號廷蔚，武官也，若侍衛焉；左右夾准直有勢，故名之，俗呼蘭台，字有錯誤。

「準頭、諫台、廷尉」

準頭，意思指山的盡頭，若以鼻為山，鼻頭即到山頂，也是最強而有力之一個尊號，有著古時皇者登山以觀八方之氣勢。

在相學上人面分三停，中停為鼻，比擬是皇者，故皇帝的左邊號稱「諫臺」，是文官禦史的集中位置，右邊則號稱「廷尉」，乃武官侍衛

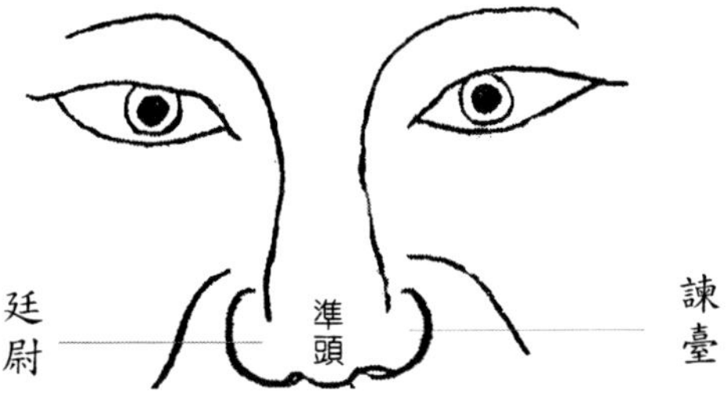

之眾合方位。故一左一右，亦等同於諫臺與廷尉之夾護著君主。反觀人們的鼻子，其左右鼻翼豐張有勢，亦等於君有臣擁護及保衛，是最上佳的鼻相，必發於中年大運。至於一般相書簡稱左鼻翼為「蘭台」，應更改為「諫台」，方合正理。

鼻準為君為皇，左右兩邊鼻翼捧護中央的鼻頭，要「夾準有勢」，謙台與廷蔚要豐厚發達，加上鼻準豐圓，是一個非凡顯達之人。

註：這裡的形容，亦如風水一般，有左青龍，右白虎，所指左文右武之講法，更是一大創見，令人耳目一新。

山根居印堂，如山之來脈，上接南嶽，下接中嶽，故謂之山根。

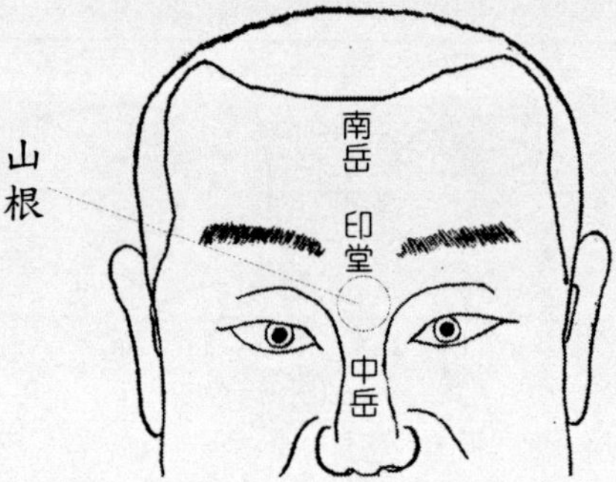

「南岳、中岳、山根」

山根位居印堂之下，有如山勢之龍脈，其氣上接前額「南岳」，下通「中岳」即整個鼻子，乃人之根基處，故名山根。

用現代人的理解方式，可視作地下鐵路，如果九龍塘站是「山根」，那麼「印堂」便是將軍澳站，中岳是沙田站了，當然這些部位飽滿有氣，自能暢通無，時運好景。

註：山之來脈，這又是在說風水語，其比作山脈之起點處，接通中嶽鼻子之氣，山根以高聳和寬闊為佳。用現代人的理解方式，可視作地下鐵路，如果九龍塘站是「山根」，那麼「印堂」便是將軍澳站，中岳是沙田站了。當然這些部位飽滿有氣，自能暢通無，時運好景。

人中在唇上之溝洫處，人生到此一大關隘，壽年、

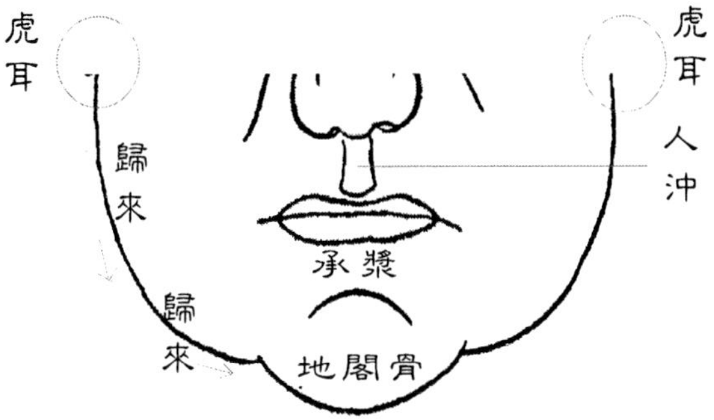

財帛、子嗣皆慮此而沖，故曰人沖，俗呼人中，字有錯誤。附耳在兩耳珠旁，故稱附耳，俗稱虎耳，蓋因字音有相誤耳。水星在唇上之珠處，口屬水，為之水珠似星，謂之星。承漿在下唇之凹處，故能承漿，若地閣之凹處，則非也。歸來是在顴骨之下，腮骨之下、地閣骨下，各轉拗處；取其歸來朝中岳之義也，地閣不朝則不成。

「人中、附耳、水星、承漿」

人中位於口唇之上，鼻頭之下的一處小溝處，是人生的一個大關口，是一個人由中年踏入晚年的藏氣處，無論是壽元、財帛、子嗣等事物，能否順利帶到晚年去繼續享受，便要看看「人中」是否生得好了。所以這裡有沖之意，又名「人沖」，但時人一般都叫此處做人中，取其簡單易記。

在面部，兩耳珠旁的一帶面肉，名叫「附耳」，一般俗稱為「虎耳」，是看晚年運的地方。

口唇之下凹處，是為「承漿」，取其有承托之力，乃與下巴的交接位，太平坦則托不起口部，所謂「口輕輕」之意，指其人沒有承擔，欠缺信譽，因而會削弱口部中晚年之氣運。

位於顴骨下面部處，腮骨下和地閣骨（下巴）下，各個轉接處，被統稱為「歸來」，指其歸來者朝中岳鼻樑之意義，尤其是「地闊」，更不能不朝，即略向上朝是也，否則後運難成。

訟堂在地閣之凹處，取其口角搖動，波亦從而動之，如人好訟之義也。

坡池、鵝鴨在兩頤凹處，故謂之坡池；凹中求凹，故謂之鵝鴨；如池中有鵝鴨，浮起是為有氣，失此則為無氣；非左坡池而右鵝鴨也。金縷在法令旁，小紋形如金縷是也。法令在準旁，從諫合廷尉位出者，有如法

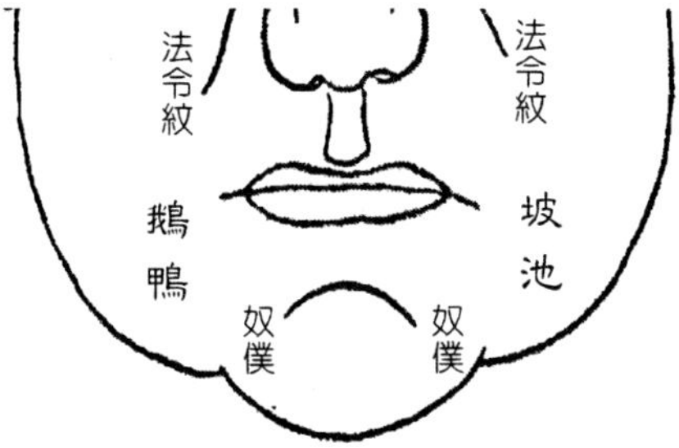

制禁令焉，故名之；為官者，宜法令深長也。奴僕在地閣之旁，懸壁位是也；奴僕位居至下，故以地閣旁名之，懸壁不豐，地閣不朝則不成。

「訟堂、坡池、金鏤、法令」

「訟堂」者乃地閣凹入處，取其口角搖動之狀態，比作人之訴訟，但意義有點牽強。

「坡池、鵝鴨」在兩頤凹處，故謂之坡池；要凹中有微凸，名鵝鴨者；指有如池中有鵝鴨浮起，是為有氣，否則即無氣；非指左坡池而右鵝鴨。

「金鏤」是連於「法令紋」兩旁的微肉，法令起則金鏤肉必豐。

「法令紋」從兩旁鼻翼出發，代表著人的法制和威嚴，古時為官者必須要法令深明、長秀，官位方顯，現代人則表示職位之高低和重要性，也是各界的專業人士本身權威之保証。「奴僕」者，位於地閣之旁，又名為「懸壁」，位居於下，要豐而有肉，但亦要地閣有朝才合標準，否則只是個外表風光，內裡貧乏之人而已。

顴居鼻旁，即左右東西兩嶽是也；直起宜有肉，有此為有顴；故謂之權者，權也；家運現乎此焉。仙輔在人沖旁，人沖者，人憂此而行沖運；仙輔居兩旁，謂有仙輔之不慮其能沖也；若人沖不深，則仙輔不成；食祿倉在口角上際微凸處，食祿從此入，故謂之食祿倉。地庫在地閣上旁，即頌堂上之左右位也；其位微豐圓有氣，故稱庫地閣，故謂之地庫。

「顴、仙輔、食祿倉、地庫」

面上顴骨居於鼻樑兩側，亦稱東西岳，最宜骨起有肉包，是為有

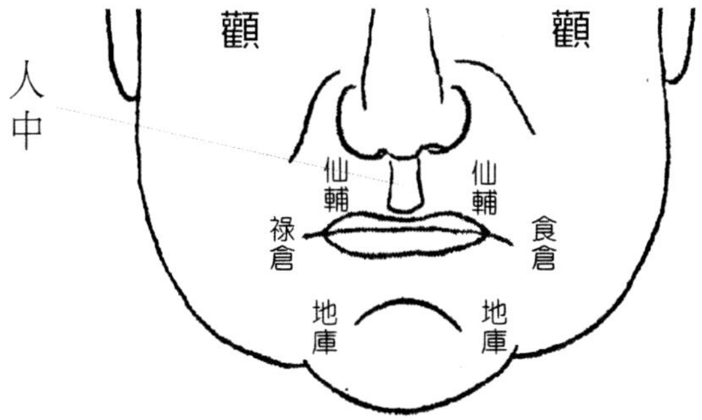

顴，有權者是也，若要觀乎家運，亦要看這顴相，皆因其氣通鼻和眼，主掌整個人的壯年及中年，反映夫妻運和事業運影響所及，家運豈能不受牽連？

「仙輔」，一般相書名之為「仙庫」，在人中之兩旁，與人中成兩相依存的位置，人中深而仙輔厚，自然能水流疏通，人生命運便能流通暢快。相反人中淺而不深，仙輔相對地薄弱，氣運即大大削減了，仙輔不成，其人成就亦難矣。

「食倉」和「祿倉」，位於口角上微凸處，人生衣食捧祿，盡在此處看，食祿二倉，就位於地閣的兩旁之上。

「地庫」者，即「頌堂」之左右，最宜微微豐圓，代表有氣，皆因地庫主要看人之不動產，功用是能收納財富和物業。

觀相訣

觀相之法，如觀風水；風水要尋龍審穴，裁砂剪水之法；相亦如之。
相分三停：上為天，下為地，中為人，是三大局法。

「三大局法、三停」

時移世易，到了今天，懂得看風水的人，比懂得面相的人多，但雲谷山人早在他的相書中，把面相的重點分析，放在面相風水法中去，創下其不傳的秘法，有待後世人再深入探究。

「觀相之法，如觀風水；風水要尋龍審穴，裁砂剪水之法，相亦如之。」這是原作者在本章節的點題首語。

面相分三停：上為天，下為地，中為人，是為「三大局法」。

註：【風水面相學】乃相學最高深之一大法門，所謂面相風水，並非說面相定要跟隨風水的運算模式，反而在以人為本的觀念上，風水要跟面相走才對。面相本身已是一套發展久遠而早

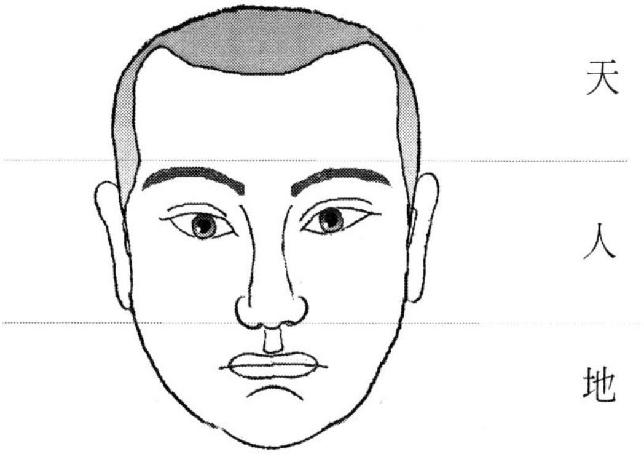

趨成熟的學術，它有能力借助風水環境之學說，來將面相較深層次的部份，立向作解。

上穴之法，居中正，以頭頂為來龍，以日月角、兩輔角為夾護，山林、塚墓、邱陵為外纏，以枕骨為後樂，以金木兩耳為遠纏，以印堂為案，以準頭為遠朝；故相得額佳者，必要山林、塚墓、輔弼、兩耳，件件照應者佳；少有一件不足，則所發不大，如額多紋筋、黑子、陷磯者，都不妥。

「上穴之法」

居中正是為上穴，「穴」在現代觀點可視作「站」。前正額上的中央為中正，乃人生起點之首站，左右氣接日月角，上通髮際各部位，下經印堂

上穴部位圖

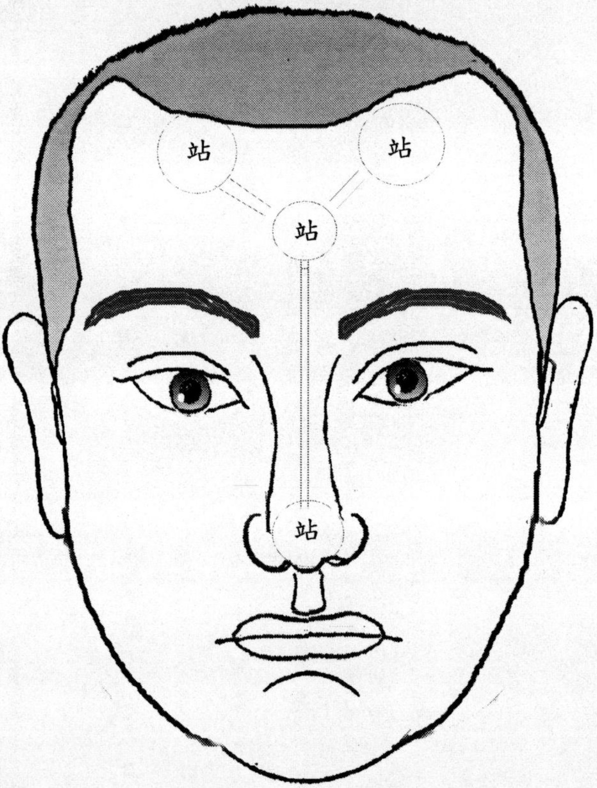

而達準頭，到了一面之最高峰處。此一連串的「站」，乃看人命根基的重要部位，少年運勢之首要處，各部位之生氣能相通者，必發早運。

中停以鼻樑為穴，山根為來龍過脈，以顴為夾耳，以準頭為元唇，以頭為後樂，以地閣為朝，故鼻樑宜豐隆色鮮，顴宜正輔，倘無顴，則鼻為孤峰；山根低則來脈弱，鼻樑短則氣勢薄，亦不大發也；衝破淚堂為砂飛水走，井灶薄露為元神傾瀉，亦不發也；倘鼻小而兩顴佐得其情，亦主小發。

「中穴之法」

鼻樑為中年運之穴，亦即人生最重要的「中途站」，此處左右氣接兩顴，上下則入山根與準頭，直朝向地閣。這到底反映了些甚麼？

人生最重要而最關鍵的時刻，就在於此，人到中年，氣必接通左

中穴部位圖

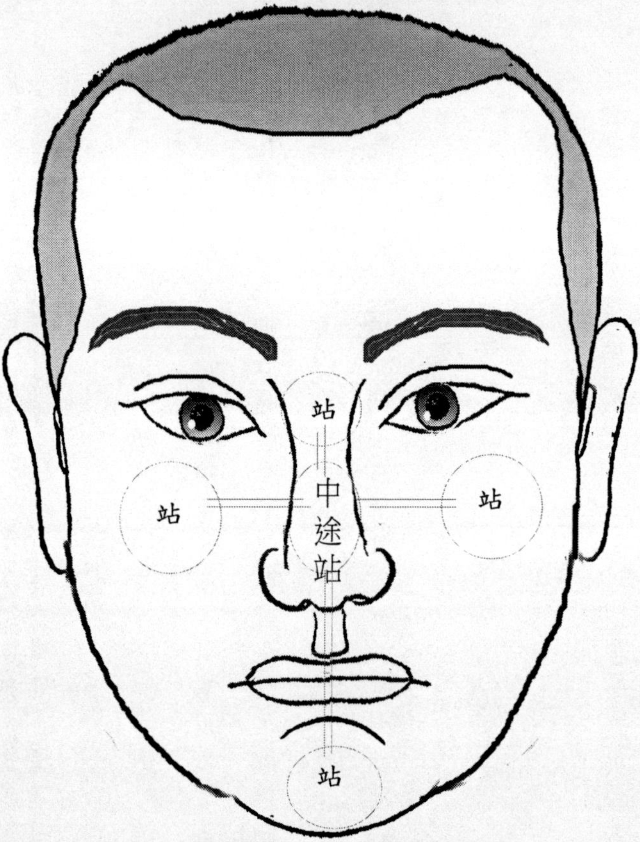

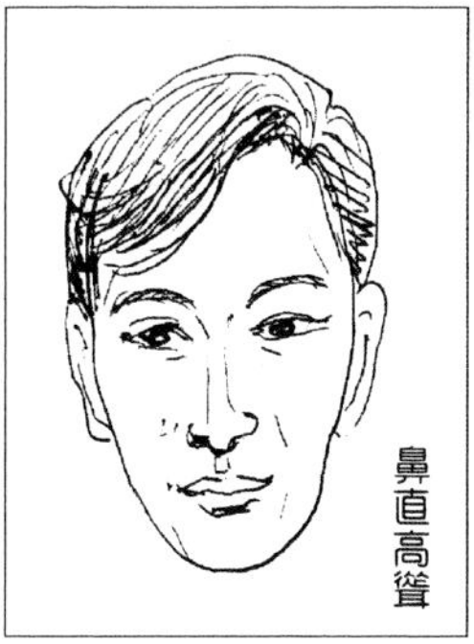

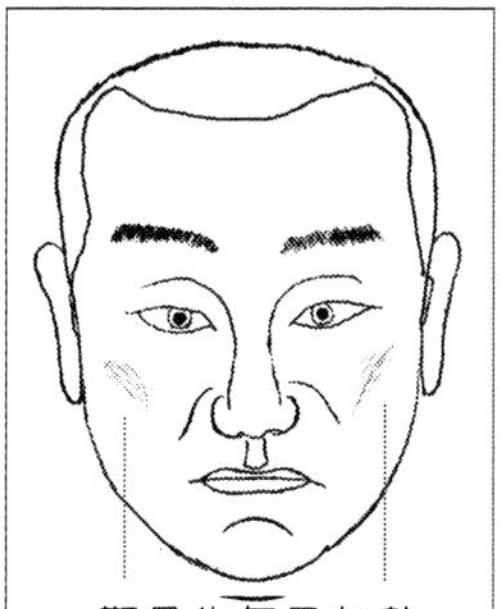

右兩顴，亦即說這階段權力和位置都十分之重要，尤其是男人，如果一面之上失去兩顴的話，那生活的重擔，可能要落在妻子之肩上了，皆因男子顴骨不起，即雙顴無氣，中運不發，於是要看妻子的顴了。如果妻子的顴骨略高而徵起，是為有氣，顴弱之夫，便能托妻之福，男方雖然運勢不強，但生活亦不算差，原因是他的另一半較有本事。

現今世界，男女平等，很多時兩夫妻無分你我，這亦人之常情，並非很不正常的事情。

有些人較為特別，顴鼻不甚起，但運氣仍屬不差，這便要看看其鼻之氣是否上通印堂，下接準頭了。若印堂開闊飽滿，鼻頭豐圓有肉，此即「中穴」通氣，雖然是顴骨略為失氣及欠勢，亦可當一個專業人事，雖未能獨當一面（因為欠顴），但鼻直高聳

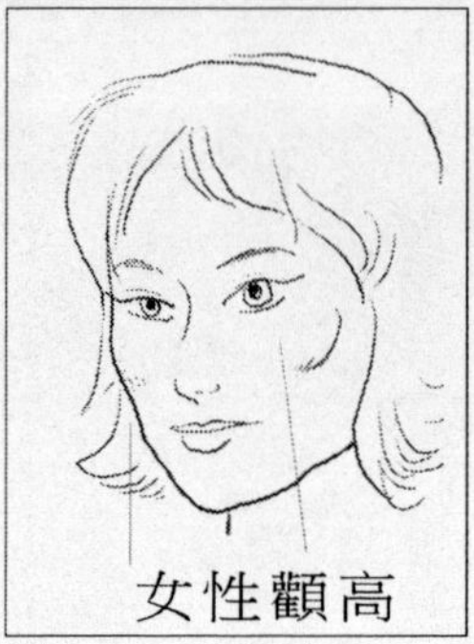
女性顴高

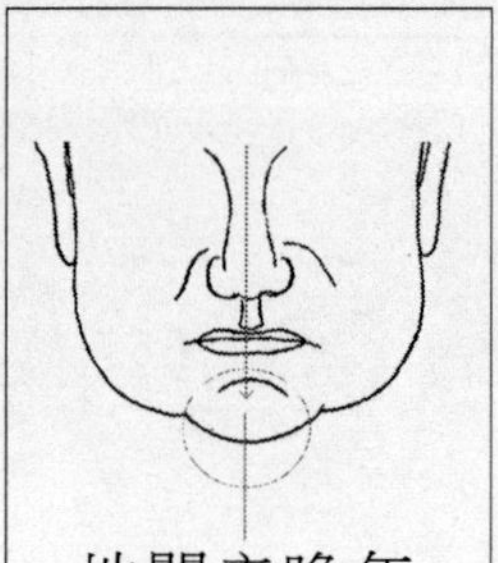
地閣主晚年

者，即能富有，有個人才華，能得技藝隨身，（如金城武面相）。若權鼻不起，但上下氣通達，亦不失為技工一名，也足以擔起一頭家的。

若男性「中穴」不通，鼻子不高亦不起，兼且上下左右各部位又不起來「捧護」，相反其人的妻子之顴鼻卻甚強甚高的話，此即是古書常提到的「妻奪夫權」了，但要注意的是，女方顴鼻太強而男方顴鼻太弱，才能說出此話，否則便屬一派胡言，只因當今之面相學，必須與時並進，須採取「互動性」，不能作單一的輕率判斷。

最後要一提的是，看中穴鼻樑，不能不順帶瞧瞧地閣（即下巴），皆因地閣是主晚年，乃人生的尾站，所謂臨尾是否有運，還須配合中運之後能否通達，順利過渡到下方去，欲知運勢是否綿長，財運能否帶入晚年，地閣此部位還須細心觀察。

下停以水星為穴，以鼻為來龍，以人中為過峽，以兩顴骨為輔弼夾耳，以地閣為案，以承漿為天池；故口角宜仰，地閣宜朝，地庫宜豐，頤骨宜圓，波池鵝鴨宜凹中見凸是為有氣有結，倘口反地閣不朝；鬚困口、鬚鎖喉。則不發也。至如看眼看耳，宜其氣之包裹，不洩是佳；倘眼露與眼深，耳反、耳低、耳黑，俱為失氣也。

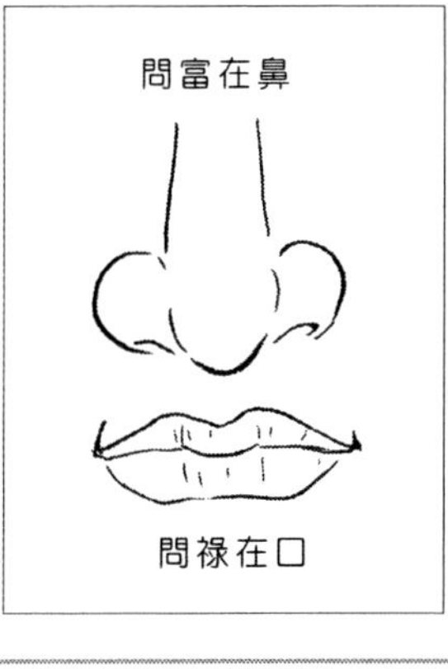

「下穴之法」

「下停」主要觀晚年之氣運，前說「中穴」之氣貫通入地閣，已反映出晚運出處在鼻了，而下穴卻在口，中年榮祿由鼻進入口，所謂「問富在鼻，問祿在口」是也，口又為「祿堂」，人的衣食和依歸處，怎能有失，因為古時人最重晚年，歸根結果，必須到老安榮，此不似

下穴部位圖

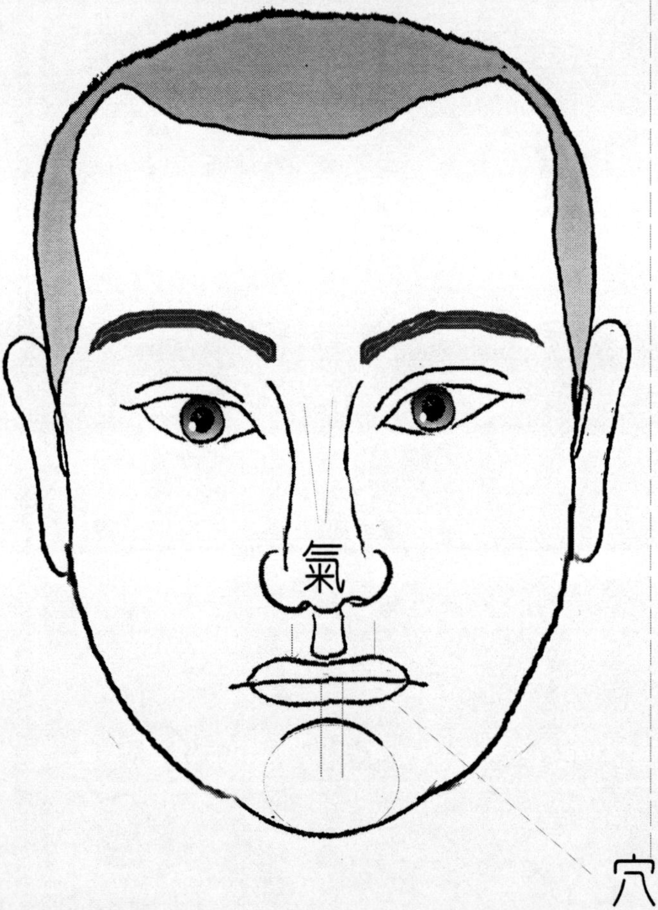

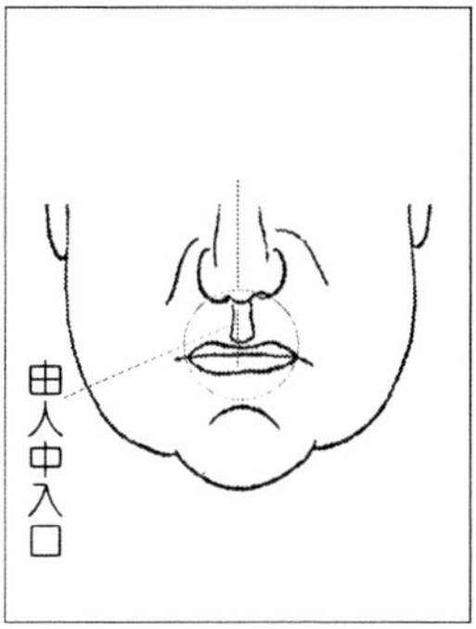

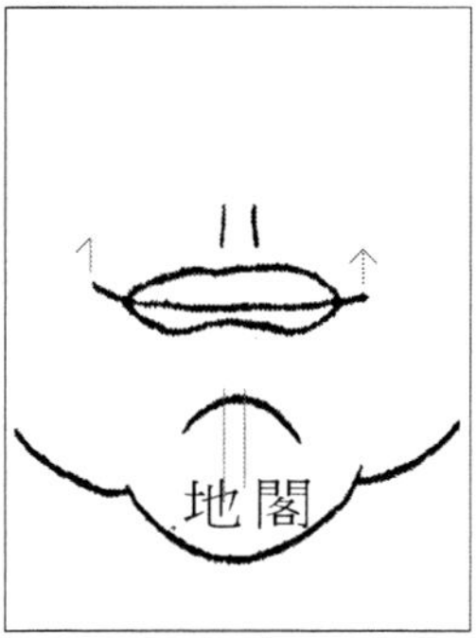

於現代人，只求急利，愈發追求於早運，君不見時下的偶像，大多數是黃毛小子與小丫頭嗎？但這卻是社會的大趨勢，不相信嗎？放眼看看現在的玄學大師，正愈來愈趨年輕化，此是不爭的事實。

這裡提及的，是「人中」這個重要部位，下穴在口，前中穴氣由鼻發，必須通過一個地方，就是：「人中」，通過人中之後方能入口，故人中的深闊便成為關鍵所在，人中窄，短，平，都不好，表示中年福運收窄，因而帶不入晚年去了。但若果下停各部位生得好，地庫、地閣和兩鼻面頰等部位，均須豐厚有肉，這才算有氣。自然是有氣者貴。

口又要咀角朝上，微向上仰，加上咀底下的「承槳」位置，下有凹位乘托，讓氣能流入地閣，於是晚年得以聚氣，能老享樂榮。

定形格訣

凡相有肥瘦、先後之不同，惟一掌定在先天，老少不能移易；故求形必須求掌，乃為真種子，倘以相上之肥瘦，定人差之遠矣；況金木水火土五行，俱有肥瘦；如金形則若石，石有大小堅輕之石；木則若樹，樹有清秀凝濁之殊；火則有太陽燈燭之分；水則有江河溝洫之別；土則有泰山邱垤之形；何以肥瘦定人豈不錯哉；至於無氣格者，其相不足道矣。

「先天、後天、五行」

人相學分先後天，因此看人亦作先後天之分野，不論年紀大或少，先看其掌，以取先天訊息，若以人的肥瘦定人福厚福薄，便不正確了。

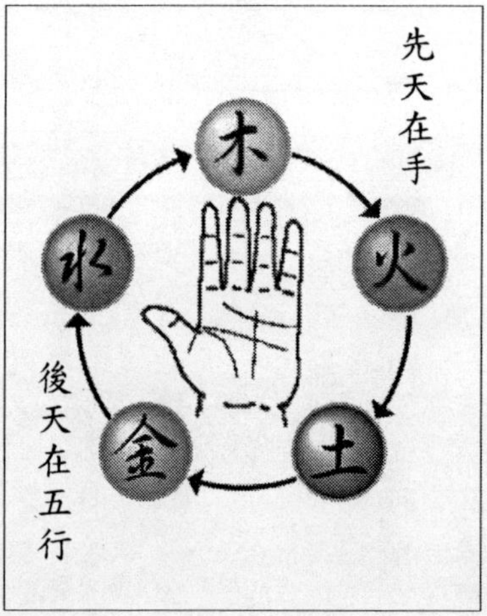

若真要以人的外形來定斷人相，那便要採用「五行相法」了。五行者：「金、木、水、火、土」。比如甲子日生人，是為水生木，主吉，但是遇上了乙丑日生人，是木剋土，這便算不吉了嗎？

按：這裡應是雲谷不滿於當時有一派學說，將記時間的干支五行，胡亂硬套在面相上而言。

故若要說人之面相配上時日之法，非取六十甲子之五行，而是以面上各部位吉凶，配以每天的十二時辰，即：「子、丑、寅、卯、辰、巳、午、未、申、酉、戌、亥」，綜觀十二支與面相有吉凶效應者，以此作推論亦無不可，但此為面相中的至深奧法門，只有智者才能通曉，一般世俗間人，就算告訴了他亦不會明白。

雲谷子曰：形局無論相生相剋，均有吉凶；人之形局，譬如六十花甲，俱有生剋可取之理。如甲子日生是水生木固佳，如

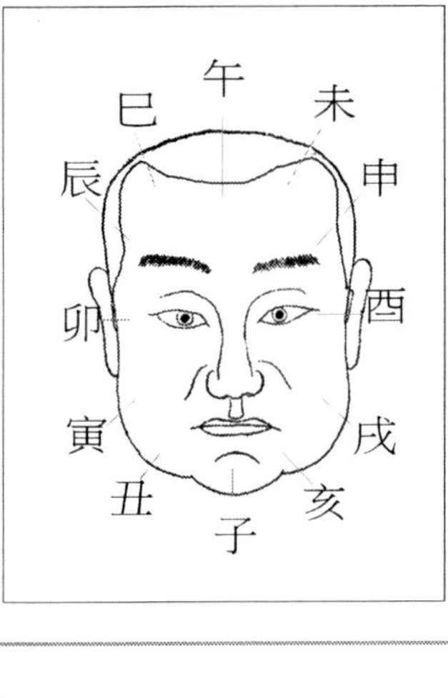

乙丑日生是木剋土，此日何嘗不佳？豈木剋土之日俱不以吉論乎！所以，人之相亦如甲子配乎天干地支，五行者；至以相上部位吉凶，則如日子上之十二時，有吉有凶也；以此推斷，庶無礙理，但此止為知者道，難與俗人言也。

「天干、地支、流年」

依筆者經驗而言，天干地支是配人命八字為主，不會和人的面相有太大關係，古相面法，有配以十二地支配於面相周邊各部位，以看有吉凶效應者，這每多用在觀人晚年氣色吉凶之上。

按：以上一文像有欠完整，雲谷山人不取天干六十甲子，而以十二地支配面相，隱約透露出這個法門之別有玄機，可惜欲言又止，故一切還待引證。

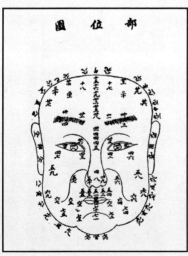

部位圖

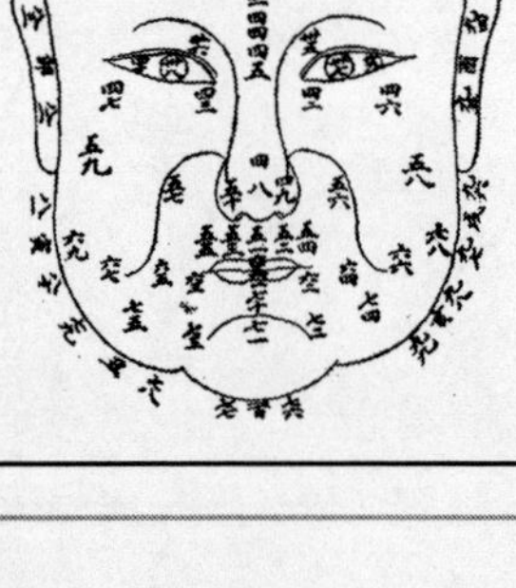

五形五局

木形掌瘦，指長紋多：

如面紅是帶火，額高、面長、鼻長如木火通明之格；如頭圓面略小方是帶金，面色白亦帶金；如面黑、唇紅、紋深、身黑、毛光黑是帶水；如頭平、鼻豐、掌厚、身胖、面青黃是帶土。

「木形掌」

特性：瘦長，指長縱紋亦多

書中把木形連帶著其它五行來講，如先天是屬於「木形」。再看看其人的後天所屬面形，即知木形附帶了其它那一五行屬性了。例如彼方面紅，是帶火，額高、面長、鼻長者，是木火通明之格。如頭圓而面略小方是帶金，面色

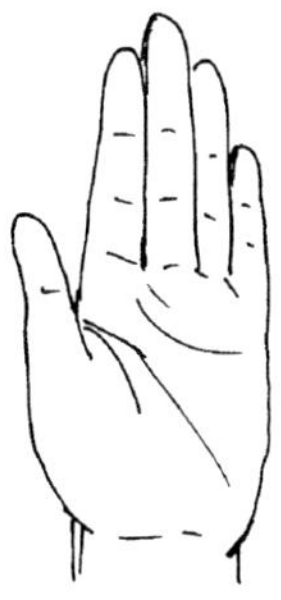

木形掌

白者亦帶金；如面黑、唇紅、紋深、身黑、毛光黑是帶水；如頭平、鼻豐、掌厚、身胖帶水、面青黃是帶土。

註：各形掌面均有純配本形者，雲谷並未有道出。

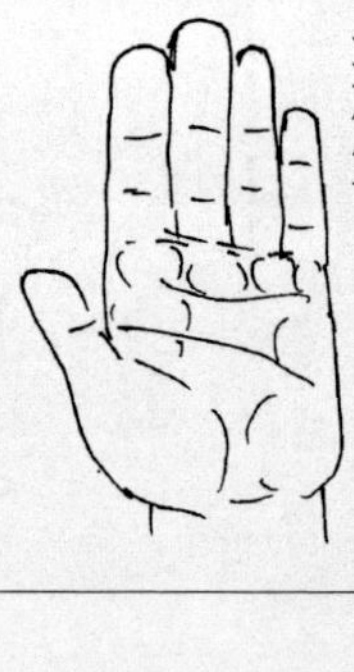
土形掌

土形掌方厚、指方短、八卦現：

如頭平、地閣方、鼻大、身胖、肉實不露筋骨是土之正格也；如面紅、是帶火，頭尖亦然；如面青瘦是帶木；如面圓色白是帶金；都面上臃腫，色黑是帶水。

「土形掌」

特性：方厚、指形方短

掌中的八卦略現，即掌中八個方位的掌肉豐厚凸起是也，此為土形的先天性質。

後天面形如見頭平、地閣方、鼻大、身胖、肉實不露筋骨是土之正格；如面紅、是帶火，頭尖亦然；如面青瘦是帶木；如面圓色白是帶金；若見面上臃腫，色黑是帶水。

註：一般面相以面圓屬水，臃腫厚實為土，與雲谷的講法有異。

金形掌圓厚，指節圓，掌色潤：

如頭圓、面溦方、色白合格也；如面紅是帶火；如面黑是帶水；如面黃是帶土；如面瘦青是帶木。

「金形掌」

特性：圓厚，指節圓滑，掌色白潤，是為先天。

後天面相，如見頭圓、面微方、色白合格也；如面紅是帶火；如面黑是帶水；如面黃是帶土；如面瘦青是帶木。

金形掌

火形掌瘦，指尖露筋骨，掌疏：

如面赤微寒，髮焦眼赤全火也；如面青是帶木；如頭骨太重是帶金；如面方厚黃色是帶土；如面白而圓是帶金。

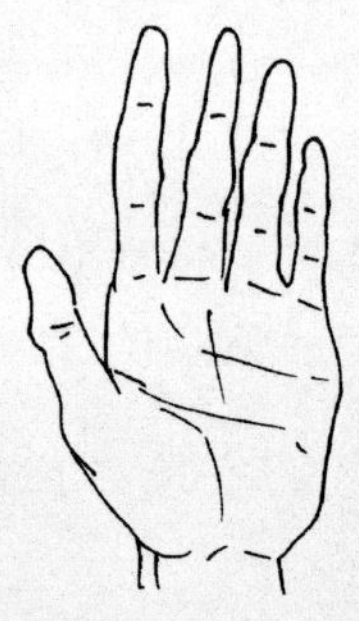

火形掌

「火形掌」

特性：瘦削，指尖露筋骨，手指蓬疏，是為火形的先天所屬。

如見後天之面色帶赤而微寒，髮焦眼赤者，全火形也；如面青是帶木；如頭骨太重是帶金；如面方厚黃色是帶土；如面白而圓是帶金水。

水形掌肉浮脹，軟滑節不露，微露筋，指短而圓：

如面浮脹，身肉浮胖而黑，眼露沈濁，正格也；如面紅是帶火；如面白是帶金；如面黃是帶土；如面瘦小多鬢、眉、髮是帶木。

「水形掌」

特性：水形浮脹肉軟滑，指節不露，但微露筋，指短而圓，是先天所屬。

若後天面浮脹（一般浮脹是水帶土），身肉浮胖而黑，眼露沈濁，是為正格水形者；如面紅是帶火；如面白是帶金；如面黃是帶土；如面瘦小而多鬚、眉、髮者，是帶木旺之人。

以上的五形配五局，是以掌為先天面為後天，來作主客分析的，這無疑是個創見，在當時來說，構想十分新鮮而大膽，筆者亦很配服雲谷山人的心思和創意。

在理解中，掌確實屬於先天，這是西方掌面相所公認的看法，前文以掌作先天，面則為後天，亦為合理的做法，但要以掌為主面為輔才可，例如為來人論相，其以掌示我，我便以其一雙手掌為依歸，

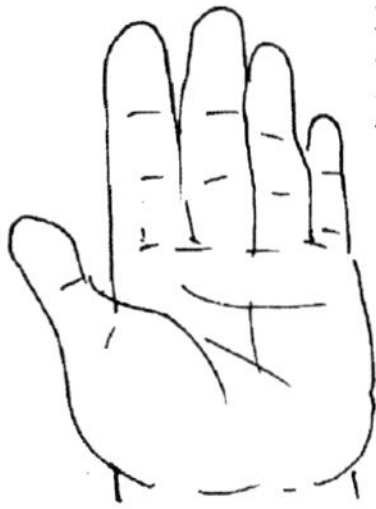

水形掌

面相則作配合，此法便說得通。

一般來說，掌相看先天性質，是看其人的內在潛能和個性，而再看面相則看其人的後天行為，外在的運程變化等。又前半生較著重先天，後半生則較著重於後天。

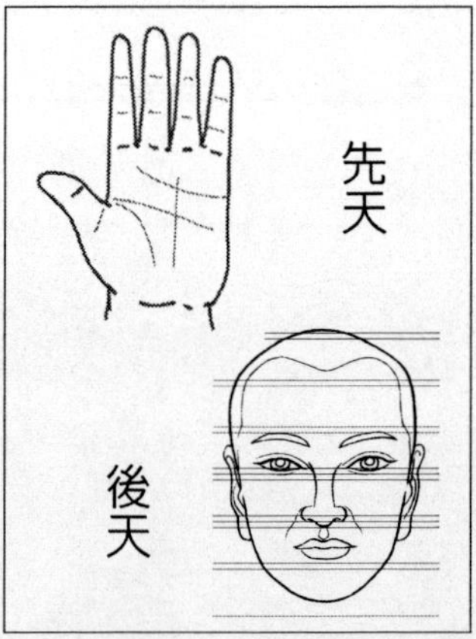

五行分類

「五行分類」

人相可分成五種，以五行統之，金木水火土是也，五行之分類，無非是以下各種基本情況，包括：顏色，形狀等，當中可能個別有些差異，但實質上並無太大分別，只要依本表，再靈活運用即可。

顏色：

金白，木綠，水黑，火紅，土黃。

形狀：

金方，木長，水圓，火尖，土厚。

按：本書作者傾向於風水易之五行，以金為圜，傳統面相均以方為金，圓為水。

五行形狀

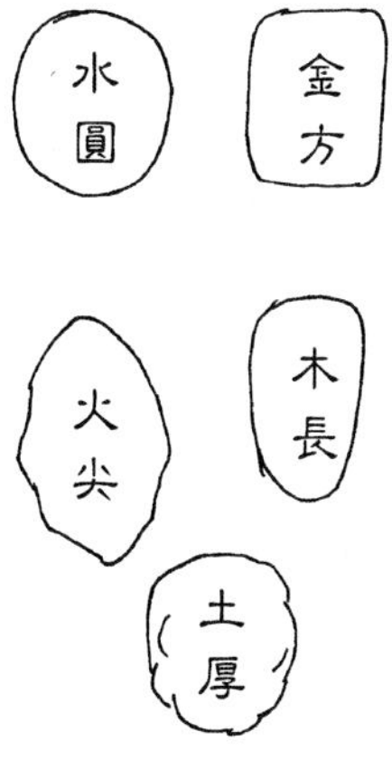

五行歌訣

頭圓面圓耳又白，齒白唇紅身不黑，骨肉調勻鬚髮疏，腹圓背厚聲清拍；掌平方厚顴起骨，胸平有肉肥合格，行動身體不輕浮，便是金形露貴格。

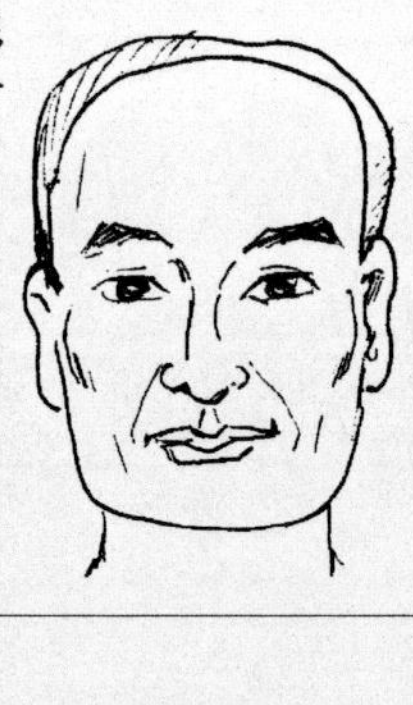

「金形」

金以剛銳為質能，故以方角面形為主，作者以水形之圓比作金之形，似不恰當，但金形以堅剛結實為主，又以方中帶圓，不見方角為最佳，在風水學方面，一向以金取圓，而云谷在其相學每建基於風水，故有金圓之說。

面形方角重，多為勇武之人，見骨者剛暴，圓而有肉包者，每多出從政者，現代則以行政人員為主。

掌瘦指長頸又長，鼻長身瘦腰又窄，眉疏鬚疏髮又疏，聲清現喉青合格；行動飄逸身仍定，耳白唇紅又高額，便是木形富貴人，兩眼有神分黑白。

「木形」

其說到眉鬚髮均疏者為木形，但要疏而清秀，疏散則不秀，是寒木不生之象，又說到聲清和喉清，說話帶點鼻音，如著名藝人鄭少秋的聲線，便最能代表木形之「聲清和喉清」了。至於行動則輕盈得來又顯得安定，也是上好的木相。

木形主修長清秀為主，所以每多出文人雅士，現代則以設計創作人為主。

肉多浮腫腹低垂，眉濁髮濃眼神露（像藝人盧海鵬），聲多痰滯音不響，唇多口大臂多

骨；頸多皺肉行難穩，指短肉多掌闊橫，此是水形人相似也，細看神强富貴夫。

「水形」

水形以圓為主，故肥人屬圓，不肥的人也有面圓者，都屬於水形人，這裡以浮腫為水，又說到眉濁髮濃為水形，似有不解之處，水加上了土，才會有浮腫和濁濃的情況出現，讀者宜細心驗証。

水形主圓渾及飽滿，所以每多出智者，現代則以經紀及代理，歌手及演員居多，又以發揮人際關係等工作居多。

水土形

頭尖肉紅性又急，髮焦鬚黃鼻露骨，顴尖骨露眼睛紅，眉上欠毛胸又突；掌尖大薄又露筋，行動身搖耳尖拂，聲焦聲破額孤高，唇翹露齒火形實。

註：上述有點像某位頭耳及顴頰俱尖的玄學家。

「火形」

所謂耳尖拂的意思，是兩耳不單止耳頭尖，還帶有「拂」的情況，即所謂的「兜風耳」，性格反叛及反覆無常。至於聲音焦破沙啞，亦非美相，主身孤刑剋。

火形主凸和外露，每多出軍兵或盜賊鬥士、戰士等人士，每為非一般等閒之輩。現代則以表演者，運動員及軍人居多，但因火形人易走向歪路，也有出匪類奸險之輩。

頭平頂正鼻頭豐，地閣朝元方正宗，枕骨平橫面黃赤，背腰平厚腹垂洪（箕）；頸短掌

方足背厚，聲沉耳厚髮眉濃，眼長顴起面田字，五岳朝相富貴公。

「土形」

額頭平滿，頭頂正，正即不尖不凹不凸，加上鼻頭豐厚，下巴地閣朝向前方，是為朝元，又要方厚才是正宗。

另外後枕骨須平而橫向骨成，而面色主要以黃帶赤色為主，大致上是泥土之色，背和腰部平厚，平厚便不見骨，腹垂箕者，是指有一個小肚腩；還有頸短掌方足背厚者，聲音沉實，耳厚髮眉俱濃，眼長顴骨起，田字面型是土形人的典型（田字較方中帶微圓，不同於金型方國字面），五岳朝相富貴公。

註：這裡也有說到髮眉濃者為土形，合於前述。至於土形主厚實，粗而略帶濁，每以商人或市井之輩居多，現代則以生意人，如五官配合略遜和聲薄不厚，則多以勞力及技工為主，又會是地盤和三行工人，搬運及屠宰等工作，營營役役以謀生。

土形

看疾病生死秘訣

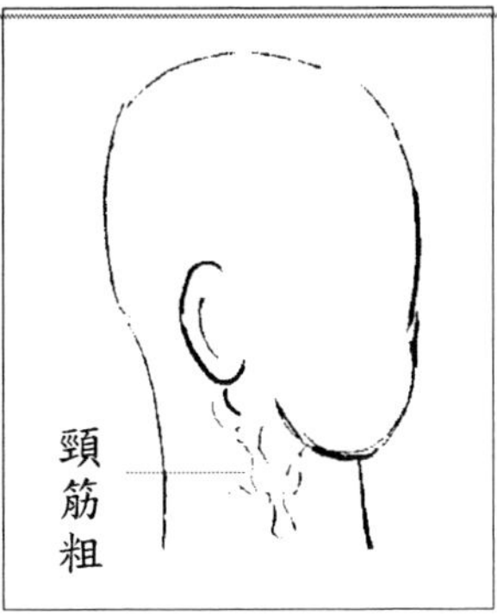

何知此人病在心？兩眉鎖皺山根細，氣色青黑暗三陽，心痛心憂愁鬱際。

何知此人病在肝？兩眼睛紅頸筋粗，氣色乾燥金傷木，定然束怒氣嘈嘈。

何知此人病在脾？滿面青黃瘦不支，神衰唇白難運食，成濕成痰定必宜。

何知此人病在肺？顴紅肺火顴黑寒，血咳吐血殊哮喘，寒熱兩關顴上看。

何知此人病在腎？耳黑額黑面烏暗，補水制火節慾心，眼睛昏暗房勞禁。

何知此人蠱脹亡？山根低小面黑黃，縱有病人面略白，眼深鼻斷象孤寒。

何知此人手足傷？山根一斷氣難揚，腎虧筋弱殊火爍，跌撲傷病鼻骨殃。

何知此人夾色病？兩眼昏暗神不清，兩眉粗壓目蒙昧，夾色傷寒陽縮驚。

何知此人主長寒？面有垢神色暗黃，黑是寒兼黃是熱，有痰宜辨眼睛黃。

（又面白唇不紅，多紋發冷）

何知此人主狂痰？眼突睛黃下白現，殺重性剛主狂顛，痰生肺火胸中戰。

何知此人遺精症？皮色青黃色不榮，有時紅豔如脂抹，相火虛痰亦洩精。

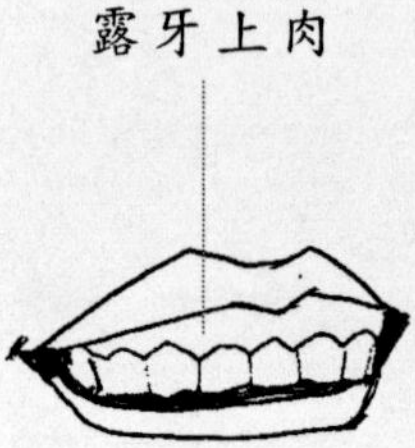

何知此人痛心病？頭低眉皺山根青，兼印多紋抑鬱重，精舍暗黑痛難勝。
（漏：又積痛病，主青瘦淡白面）
何知此人火爍金？顴紅血壯髮鬚少，露筋露骨齒牙頹，定知火盛筋骨燒。
何知此人主長寒？鬚濃困口不分清，黑更須防餐飯少，老來噎食定優驚。
何知此人必吐血？山粗露骨瘦且小，面青骨赤血必防，縱然不吐瘡衄照。
何知此人必癆症？面皮綱鼓眼神急，人瘦氣短性操兼，鼻劍背薄頤尖齦。
（齦者露牙上肉也）
何知此人失血來？面皮青黃色不榮，鬚紅鬚赤髮早脫，此時失血乃成形。
何知此人熱嘔血？額黑耳暗面皮焦，唇裂紫黑驗如此，面上無光定不調。
何知此人糞後紅？年壽之間有暗烏，定然食燥則生血，痔血便血作常遭。
何知此人腎水虧？眼下陰陽有暗烏，必是少年多縱慾，眼深暗黑又乾枯。
何知此人發哮喘？兩顴暗黑多烏點，此是肺寒實無疑，唇黑兼之檢自宜。
何知此人多衄血？鼻梁光焰似火形，瘡疾須防前後見，瘍痗疔疥一齊成。
何知此人多盜汗？面白唇青髮淡黃，脾弱肝虛神不壯，總宜壯胃補脾方。

三陽枯陷眼無光

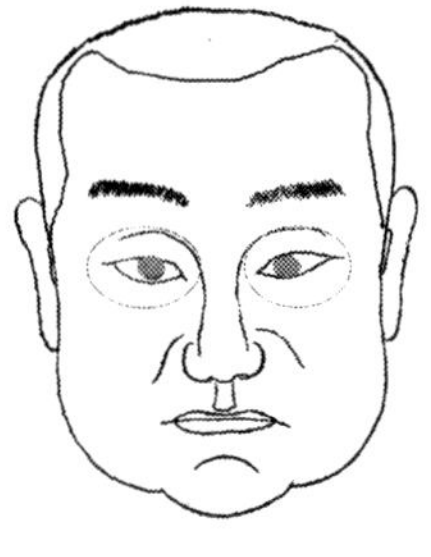

小兒耳根青暗頭筋現

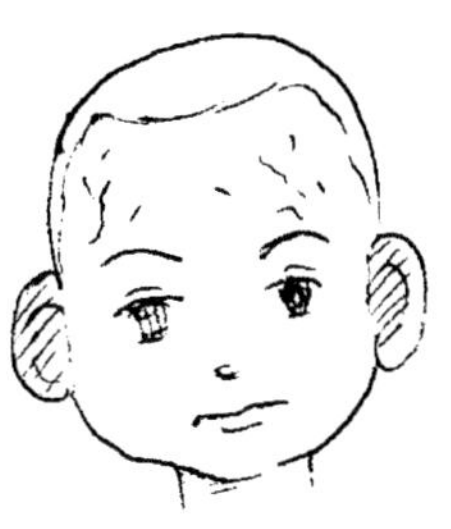

何知此人手足震？皆因末指屈難伸，血不榮筋方有此，老來氣疾佔其身。

何知此人痰必多？眼下浮胞自帶黃，肉脹痰凝氣不運，乃從此位認真粧。

何知此人氣不足？面皮淡白無榮色，或浮或腫或削瘦，總是氣弱為真的。

何知此人多熱病？面紅髮焦火生燥，唇爛口瘡亦多逢，皮膚血熱或兼到。

何知此人陰份虧？面青面黑皮乾枯，唇黑肉削眼昏暗，定是陰虛命必無。

何知此人生瘰癧？人瘦筋露面黑赤，髮眉暗濁山根小，肝鬱或形身病的。

何知此人陽不起？滿面暗黑如煙蔽，三陽枯陷眼無光，綜是陽縮腎病發。

何知此人身將死？命門口汞井灶烏，兩目直視無轉側，應知不久即嗚呼。

何知此人死復生？滿身病重眼神清，觀視玲瓏一點照，三陽遠透耳光榮。

何知此人身將病？山根烏暗身災現，倘有烏鵲集大庭，準頭暗黑命將遺。

何知婦人經不調？眉毛紛亂認其端，東熱定然顴額赤，虛寒唇白麵青凝。

何知婦人遺白帶？黃白無光面是真，或成崩漏皆無肉，浮氣虛癆則羸身。

何知小兒多驚險？耳根青暗頭筋現，兩耳不垂失氣形，無風波浪急如箭。

何知此人多瘡疥？頭骨過重肉不稱，陽為頭骨火必多，瘡疥依然生列宿。

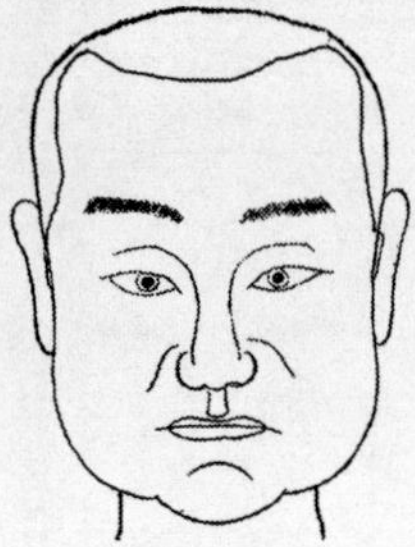

頭大頸小

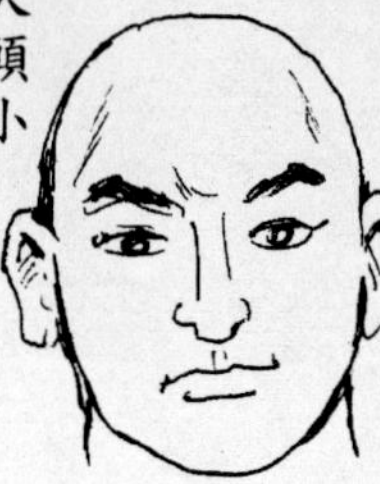

面大頭小

綜訣

腎虧眼肚黑，肺熱準頭紅，肝盛雙眉赤，寒喘兩顴烏，多風藍眼白。
痰濕眼中黃，多痰眼肚腫，寒胃口唇青，腎絕耳黑槁，濕盛面皮黃。
肝燥皮毛燥，血熱眼顴紅，夾色眼昏暗，足傷月孛沈，失血烏年壽。
遺洩面青黃，氣虛面黃腫，多汗唇面青，痛甚眉心皺，面黑月孛青。
忽病忙何急，面紅又鬚紅，額烏宜補水，唇白忽嘗寒，顴赤宜清肺。
肥盛要除痰，瘦人肝火盛，羸弱虛氣防，困喉鬚噎食，血燥鬚疵紅。
洩漏面黃白，腹痛白面唇，面黑藍防蠱，眼仰突防狂，人瘦面筋現。
似鶴狀成癆，面藍青鬼味，絕胃口門藍，脤毒白人口，鼻暗身將亡。
痰盛面光亮，氣急瘦癆亡，痰盛面光亮，氣急瘦癆亡。

六極、六惡相

背薄無肉為一極，貧寒無子福；身胖無聲為二極；無子息兒孫後福，主晚貧。足肫無肉為三極，無子息福，老貧。面大頭小為四極；少貧終賤。胸脹肚削為五極；無晚福，貧寒。頭大頸小為六極；貧而夭，無結果。

「六極」

相有六極，如：背薄無肉，為一極，主貧寒難享子女之福。身胖無聲為二極，同樣是無子息兒孫後福，晚年亦貧困。足肫（應為足踝骨）無肉為三極，無子息福，老來貧困。面大頭小為四極；少年貧苦而老來亦身份低微。胸脹肚削為五極；主無晚福且貧寒。頭大頸小為六極；既貧且夭，難有好結果。

註：以上六極之相，無非是反映人相之極端，比例之不平衡，例如頭大的人重量自然較大，

但生成一條幼小的頸子，怪難看之餘，亦反映其人有先天性的缺憾或殘疾。

另一個例子，是身胖無聲，人的身軀既然肥大，聲音也要相對地來得遠大一些，這才算正常，但犯上六極者，身大而聲小，很不自然，此實為極端不相配之相。

腳長於身為一惡，下停是也；眼突眼紅為二惡，雙輪噴火，或筋紅貫。筋如火，聲焦而散；髮臭聲嘶為三惡，面大鼻小為四惡，髮如鐵絲為五惡；多密色枯，鬚連燕尾皆然；頭傾過步為六惡，謂伏面頭低，行動頭過步也。

「赤塵貫睛、面上紅絲」

腳長於身為一惡，腳屬於下停，此不成比例之相格。眼突眼紅為二惡，雙眼的眼珠內，有瞳孔古稱瞳人，色近啡

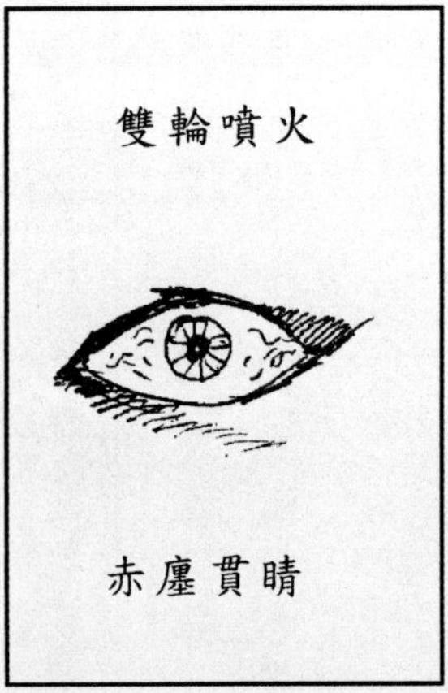

紅，即是相書所謂的：「雙輪噴火」，是窮凶極惡之眼相，在戰爭當中，激鬥場上，每出現這種惡相，可能是相方都殺得性起，逼出了這種慘烈的眼相來，如果在太平盛世之時，仍可在偶然的情況下，發現到此種眼相者，那便要特別小心了。如果以醫學角度來講，是屬於精神出了嚴重問題，有暴力傾向者之相。

又有一種是較相近於前者的眼相，就是滿眼的眼白之內，佈滿了紅筋，是為之相書所指的：「赤壥貫睛」，主心志不清，每多酒後做出粗暴行為，若平時也是這樣子，其必屬心性狠惡之徒。

面上多紅絲筋，面色常現微紅如火，其聲焦燥，音散而無韻者，髮臭聲嘶為三惡，面大鼻小為四惡，髮如鐵絲般粗硬者為五惡；髮太多又密，色枯黃，鬚連燕尾即向左右兩邊分頭而走的鬚是也。

人相學當中，便有著一種所謂的「動

面上多紅絲筋

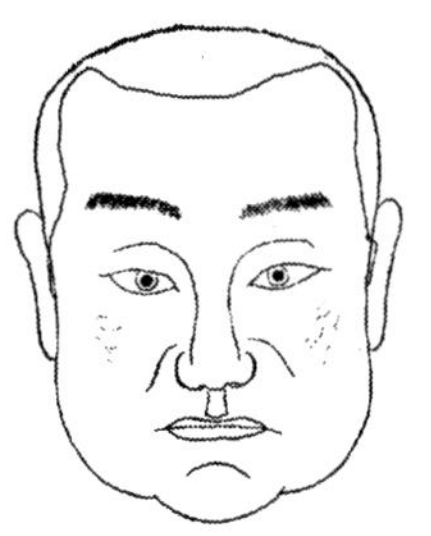

相」，這是種有形有相但並無實體的看相方法，亦相當準確，古時人通過細微的觀察，統計結果是，行路之時，底頭前傾，形成所謂相書中的：「頭先過步」者為六惡，古書說，伏面頭低，行動頭過步之人奸險惡毒，定須小心提防。

神相鐵關刀

卷二

易天生◎白話註解

相險厄刑沖秘訣

金人帶火面

何知此人水中喪？地閣有塵鬚眉重，水法不清神昏暗，眉毛黑子少年痛。

何知此人火中喪？眉黃差促髮紅黃，眼有紅筋顴赤露，縱然不死火傾財。

何知此人兵中亡？山根有破眼睛黃，兼更命陷羅計疊，顴破神昏髮又剛。

何知火上大破家？金人帶火面紅短，鼻梁有暗或黑子，破鑼聲尖鬚如麻。

何知此人必受刑？紅筋纏睛山根青，顴尖眉豎性狠惡，纏筋項了斷三停。

何知此人入牢獄？眉低睛暗色昏濁，山根有斷暗色侵，定為人命遭身戮。

何知此人招盜賊？髮眉無光眼無殺，金甲兩櫃有紋沖，暗黑鋪顴屢見嚇。

何知此人多火災？面額昏亦如塵埃，準頭紅氣直侵壽，回祿於斯定必來。

何知此人必溺水？唇白數莖青入口，面中通暗光殿青，河伯催促難回骨。

何知此人溺水死？黑氣人口有塵子，波池紋現坎宮烏，唇寒掌上坎宮似。

註：（坎宮即掌上之八卦，坎位暗烏，主水溺死。）

何知此人招盜來？暗露神衰光殿暗，印堂間或現赤紅，定然官訟亦不禁。

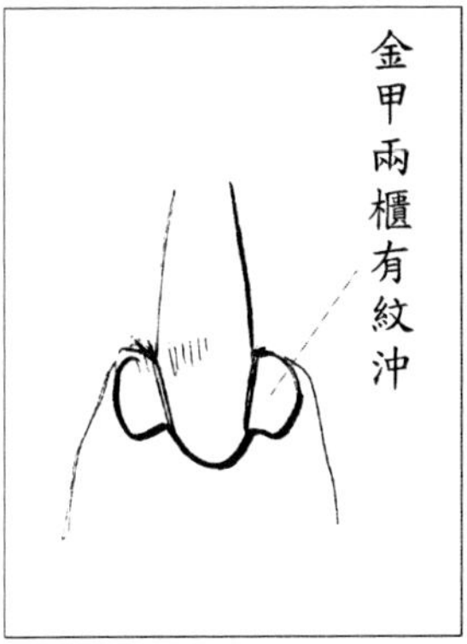

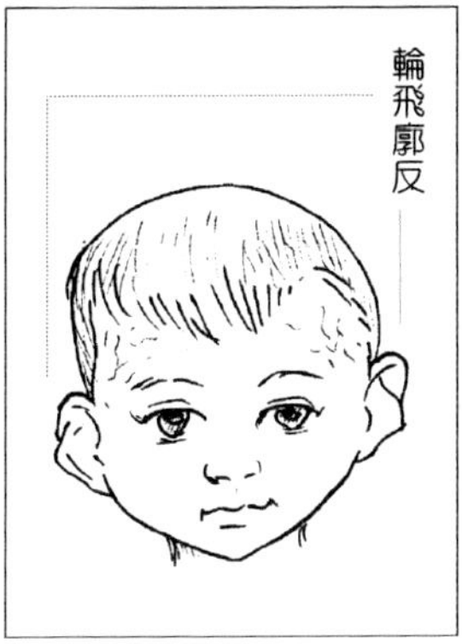

何知此人家早傾？額上多紋耳反生，縱有輔弼難培保，天倉衝破少年青。

何知此人必破家？體細身輕行不正，片瓦不留定必然，天倉缺隱焉能刺。

何知此人中年敗？兩顴帶破唇露齦，眼深鼻削為門空，定是退財猶不僅。

何知早年子不受？額上紋通姦門陷，龍宮衝破地反天，人中平朧同為鑒。

何知妻宮無子嗣？奸門露骨顴多沖，若是顴高宜妾助，龍宮衝破亦相同。

何知妻妾死非命？奸門低陷又交加，若是青筋多痛癢，生離死別定無差。

何知此人服毒死？白氣入口唇黑是，懸梁眼眉有交紋，鬼魅必然怪部暗。

何知此人多官非？眼內紅筋赤砂起，眉粗又壓三陽昧，牢獄身當家道止。

何知官運多降滴？睛露步破而神衰，倘若神露更難渡，定然倒跌也涂涂。

何知此人少年死？額上多筋神不清，面色光浮天羅犯，無兒命短兩相並。

何知小兒災難多？山根青黑命門烏，額角準頭青烏現，青黃人口死難逃。

何知小兒養不成？耳無氣到輪廓反，頭上多筋陰勝陽，陽勝亦然難定難。

何知小兒必難養？頭大頸小腮門陷，臍凸枕骨山根無，聲斷短促災妖鑒。

何知少年剋父母？髮低耳反筋在額，唇及鼻眷霜相同，髮尖沖印天庭黑。

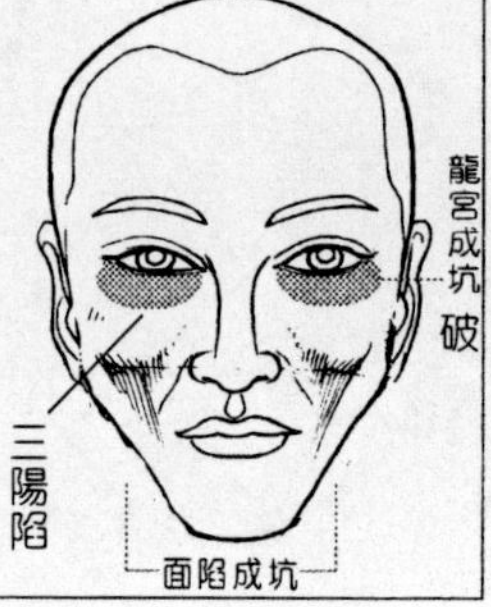

兩眉高豎，眉毛帶箭

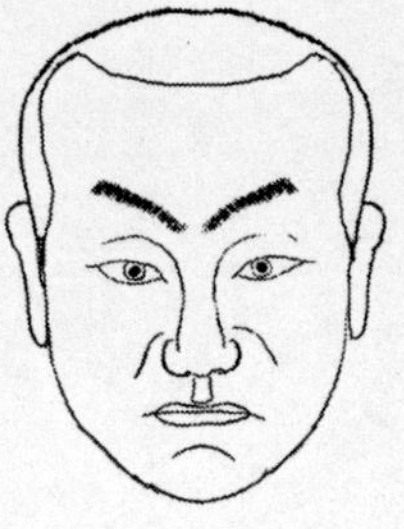

何知中年大破劫？眼突水光財命逼，縱然逃得有幾人，幸而肉色不淡白。

何知此人相刑剋？形似豬肝色不華，身粗面絕孤貧苦，眼下無肉子妻妨。

何知老來反困滯？鬚連鬢髮不分清，上鬚不唇同困蔽，鼻小孤寒死不寧。

何知至死無兒孫？三陽黑枯骨又粗。目撮如囊人中腫，必然剋盡乃身逃。

何知婦人臨盆死？顴紅似火神如醉，唇黑髮枯死必然，掌上烏鴉宿不取。

何知婦人產難亡？眼小眼圓神露急，唇褰眼白網羅鋪，震中暗黑掌中埶。

何如婦孕死在腹？唇黑睛定面藍酷，眉鎖山根命門烏，嘆聲不絕入地獄。

何知婦人多剋夫？趐唇顴露骨又粗，額凸睛深鼻又折，唇厚采偏髮健毛。

何知婦人無子嗣？龍宮衝破三陽陷，人中平朧唇白色，腰折頭傾聲破鑿。

何知婦人中喪偶？瘦身高長風擺柳，兩顴激趐額窄兼，縱是樂前必嗟後。

何知婦人反劫財？兩眼低垂散尾多，兩顴不起懸壁反，人中無鬚奈怨何。

何知禍從天上來？印堂衝破紋多多，不但已憂猶未了，更有人憂照而過。

何知此人蛇虎傷？山林內裏黑暗深，淚堂紋破陰騭地，改過心腸免禍侵。

何知死後無吉地？法令直冷丑位是，地閣不朝頤又尖，邊地不分無所冀。

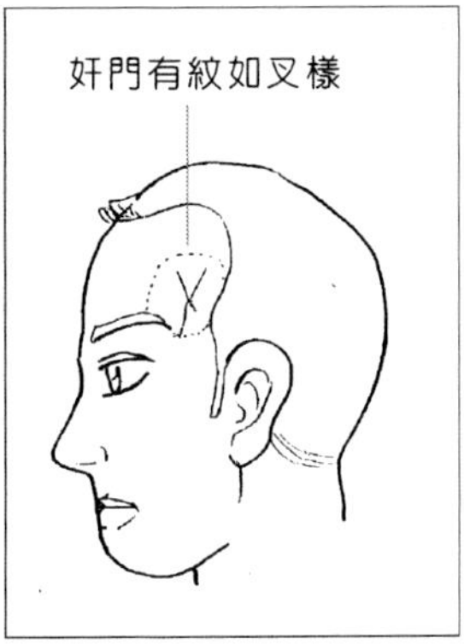

何知此人妻奪權？雙眉壓目頤侵顴，妾攘妻位左奸黑，右邊眉豎認其端。
何知此人多招凶？此因眉豎眼睛紅，倘或顴暗神昏濁，定然橫禍直頭沖。
何知此人父母病？日月角上必黑暗，倘然有脈觀印堂，白色凝凝達滿面。
何知此人剋兒孫？龍宮黑暗如煤煙，臥蠶黑透到奸門，兒女當知有命連。
何知此人剋兄弟？兩眉高豎眉毛箭，縱然不剋亦參商，連眉更有難自免。
何知此人必妓作？身粗面細多輕挑，擺柳身材潋濕光，笑口頻頻似賣俏。
何知虛花兼無壽？皆因腰脊陷如槽，鼻斷神寒身又薄，有如生相定難逃。
何知兩載便亡身？天柱倒時黑又光，行如兩步來侵我，唇如隔水侵生羌。
何知此人定分妻？奸門有紋如叉樣，或有紋似十字形，此是生離妻妾相。
何知此人死非命？唇搴眼白心窩毛，眼下網羅掌中骨，井有繩紋自縊徒。
何知此人遭雷擊？掌上震宮便端的，震位烏鵲及青筋，古顴雲暗定為則。

（千祈勿褻）

相氣色秘訣

氣與色不同，色屬虛，氣屬實；氣從骨來，色從肉現；有色無氣不發，有氣無色終榮。天地人三才，自額至眉為天，自眉至準為人，自人中至地閣為地；此氣之所以為天、地、人三才者也。

「相氣色秘訣」

面上氣色之分別者，色是「虛」而不定的，它隨時會變化，就如此際我雖然很快樂，但頃刻變得驚恐或悲哀，這一點也不足為奇，此即是「虛」。

那麼氣為「實」，又是何解呢？實者，是固定不變，就算變，也會有一定的時間規律。但氣與色是相連的，色浮於外，氣藏於內，這是看氣色法的最初步認知。

這裡有句氣色的名言心訣：「氣從骨來，色從肉現」，真個道出了觀氣色的極深層哲理，所謂的「氣從骨來」，我們可理解成骨是藏於內，其色夾在皮肉之內。「色從肉現」則是指某種色素，浮於皮肉之外，這就是氣色。

或許我舉一個較淺白的例子，大家相信也試過撞瘀手足的，但有否細心留意過，整個撞傷及復原過程裡，傷處會產生怎麼樣的變化呢？

瘀傷初期，傷處會一片紅腫，這是由骨而發於內的一種狀況，透過了皮層，可以看到其瘀傷乃深入於肉內，還感覺得到，其色是從骨裡發出來的。到了中段時期，瘀傷會漸漸浮於皮肉，於是變了一大片瘀黑，到了後期，瘀氣已擴散，成為一片浮於皮肉外的赤焦之色，最後是回復正常膚色，此時傷處便告康復了。

換言之，「色」和「氣」兩者是並存而無所分別的，氣和色要一起看才準，這便是看氣的至高境界，這非要通過數十年的

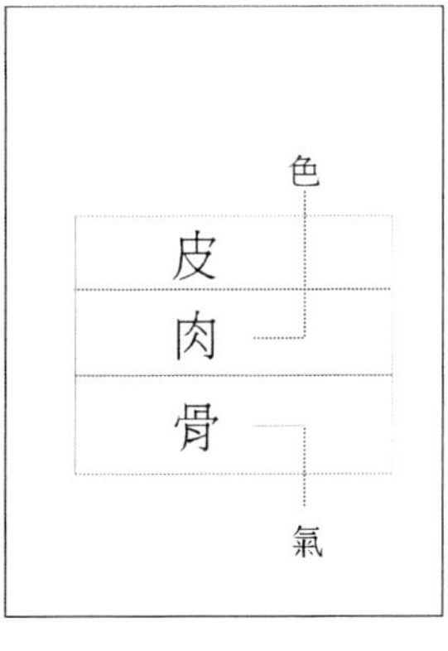

三才圖

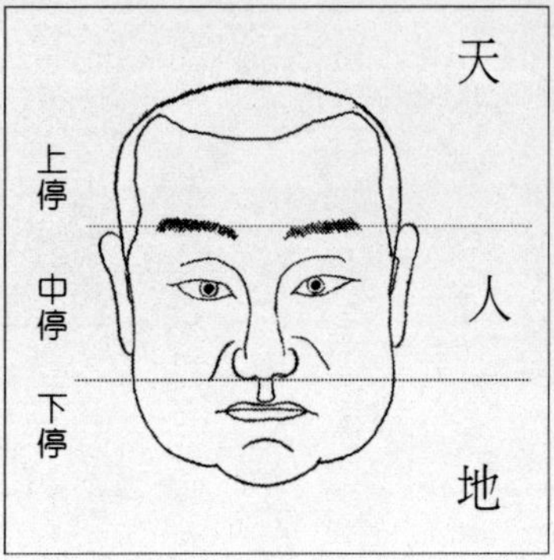

經驗不可，等閒人千萬不要輕言自己懂看「氣色」，否則胡言亂點，最易令相學矇受不明不白之指責。

「有色無氣不發，有氣無色終榮」，這裡又是一句名詞，點題地道出氣色之於面相的影響力，亦說明了內在的氣比色更為重要，外表的鮮艷浮色，及不上明潤深藏的氣好，所以說「有氣」者終歸有運，只是較遲，但勝在長久而得結果，相反只「有色」而無氣者，發得急時跌得更急，就好像股市一樣，升跌無常，也無結果。

我們先把人的面部分成「天、地、人」，並名之統稱為「三才」。

自額上髮際至眉為「天」、自眉至鼻準為「人」、自人中至地閣為「地」。

因此，氣要流通於天、地、人三才，方為真正的好運相格。

按：相書均以天地人三才，統稱為：「三停」，天者謂之「上停」，人者謂之「中停」，地者謂之「下停」，此較易於讓大家記憶。

得天之氣旺，則風水必發，祖德必厚，夙根必深；氣從山林、塚墓、邱陵、邊城諸位認取。山林管舊風水，邱陵塚墓管新風水，邊城輔弼管祖德；天中、天庭、枕骨管夙根；此上停所管三事也。新舊風水以山三代上下言之：得人之氣旺，則家運必昌，心田必吉，事業必隆。

「三才：「天」上停」

所謂得天之氣者旺，則家山風水必發，祖德亦必厚，夙根必深，其人有天份及才華，自小便會比一般人較特出。

「氣」從頭上各部位出發，看一個人的

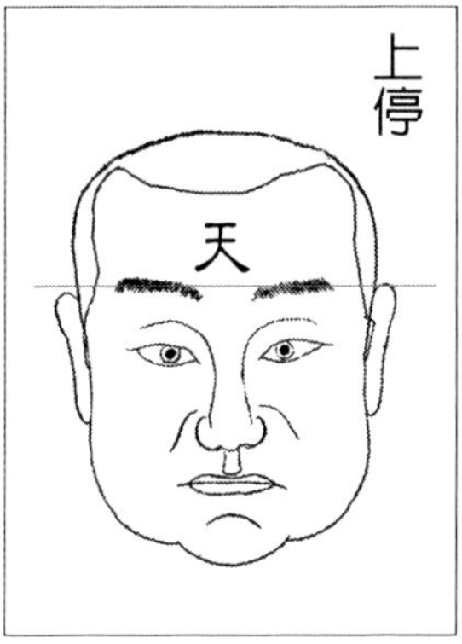

出身和根基，是為看相的基本，基本上是有規律的，其大致上的走勢於下：

由「山林」過「塚墓」，再入「邱陵」而達「邊城」等各個部位。山林管舊風水，邱陵、塚墓管新風水（請參考前面左右側面圖）。

註：所謂的新舊風水者，雲谷並未言明，但可理解為：

「山林」是看祖上自己尚未出世前的家境狀況，而「邱陵、塚墓」，是本身出生後，該時期家勢的移易狀況。

當氣由上述等位置遊行，而至「邊城」、「輔弼」，這兩個位置，乃看人之祖德，即祖上有沒有德行。「天中」、「天庭」、「枕骨」等部位，則管其本人之夙根，慧根是也；這就是「上停」額部所管三件事情了。新舊風水交替，以額為祖山，人的三代上下運勢，便可以預言了。

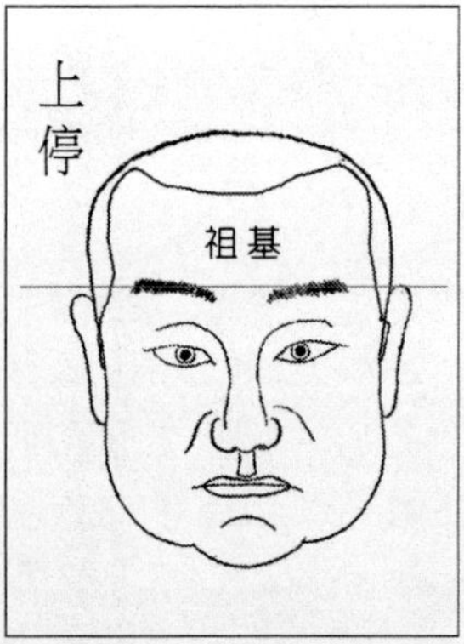

所謂：得人之氣旺，則家運必昌，心田必吉，事業必隆。因為現代人跟古時人確實有很多的不同之處，現代人似乎較不及古時人之著重祖基，較為傾向於自我發展和發揮，但想深一層，一個人的早年，若能得到家族及父母的支持力量，無疑是較一般欠缺祖上助力者來說，是較易取得學業和工作上的成就。

因此青年人較著重看「天」，即額上之風水氣色，以定其早歲得失及家運之榮枯。

從龍宮、兩顴、兩眼、準頭諸位細辨。龍宮管家運，心田、子嗣、財帛；兩顴管權位、事業；準頭管心田，龍宮則陰騭堂，即精舍光殿位。眼為光明學堂，家運當發；心田好，陰騭催，必然此位骨肉平圓，神氣清爽，無此渣滓；暗滯色在兩顴位，兩鬢屬不爽也。

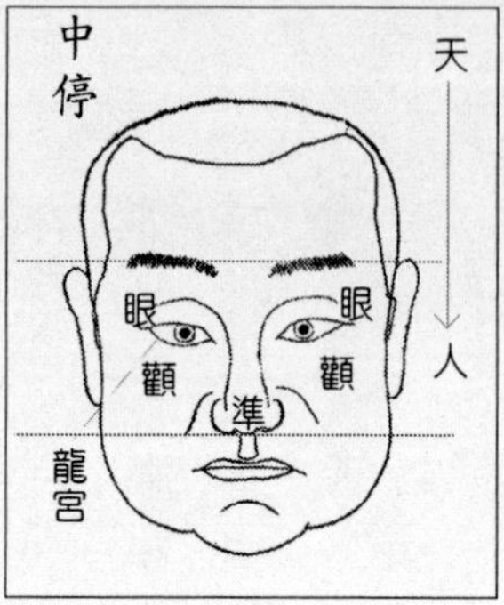

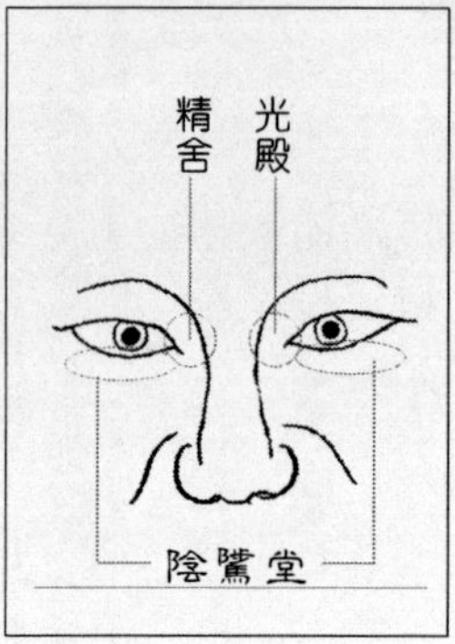

三才：「人」中停

上停「天」之氣，引伸而下，就是「人」之氣了，以下便是人氣的重點看法了：

從眼下「龍宮」、兩顴、兩眼及準頭等各個部位，作仔細分辨，我們可以發掘出，一個人出身到社會上運作時，其完成學業或出來社會做事之後，到底會有怎麼樣的運勢呢？

面相中以「龍宮」掌管家運，乃屬於人的心田、子嗣、財帛等事物，在中年處於極重要的位置，所以要氣色鮮明潤澤。

龍宮下便是兩顴，主掌權位、事業；鼻上的準頭，便主要看人的心田，即個性及內心，「龍宮」是看一個人有否作惡或行善的重要部位，所以又名為「陰騭堂」，在面上亦可視作「精舍」、「光殿」之位（鼻上山根兩旁渦下之處）。

又眼為「光明學堂」，亦可以看其人的家運是否當時得令，能否發富或發貴或富貴齊來。這便要由眼看起了，氣入中停人位時，其四方週邊各部位，均有很好的配合，其人必心地好，善良有善行，其人眼的四周必然骨肉平圓，神清氣爽，眼內和眼外都沒有紋痕沖侵，是為佳相，若帶暗滯色在兩顴、兩鬢之位置上，如此家運便不能夠順順利利了。因此中年人的面上氣色，會較著重於中停各部份。

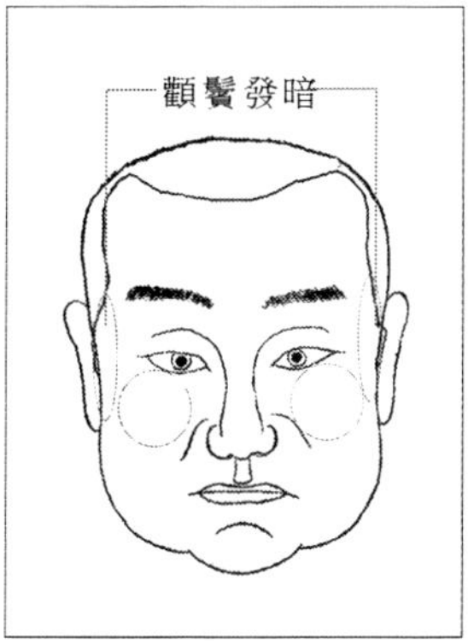

淂地之氣旺，則後嗣必隆，死獲吉地，壽登仙島。從地閣、地庫、水星、鬚髯、諸位參詳；有地厚者，子淂力；邊地闊者，死淂吉地；鬚清而結，眼有碧光為仙佛；否則難以福澤斷。

「三才：「地」下停」

氣自中停而下，達至下停，到了天地人三才的：「地」，下停方位去。

所謂得地之氣則旺，而有利於後嗣子孫，會氣運興隆，能夠居於風水福地，得享長壽。這到底從何說起呢？以下便講解一下各個下停部位。

我們先從地閣、地庫、水星（口）及鬚髯等部位參詳：

所謂「有地而厚」，其子女定然得力，故晚運必發榮發貴，但這裡所說的「地厚」的厚，並非簡單的指外形厚度的厚，而是廣義地指各個下停「地」之部位，這包括了：地閣、地庫、邊地等各屬於下停位置，而且是氣色明潤，流通於下停各處，故而主能享晚福。

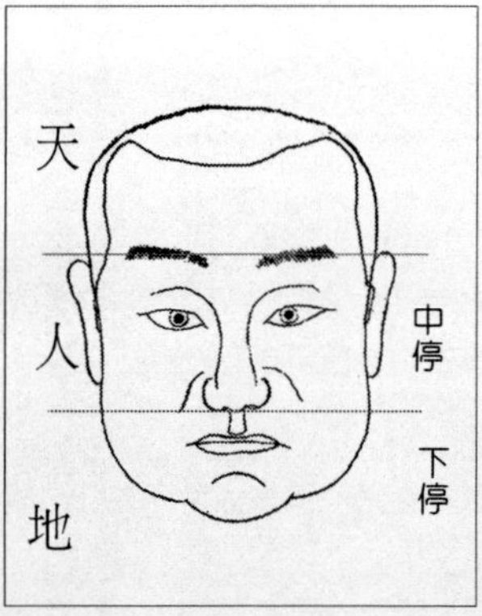

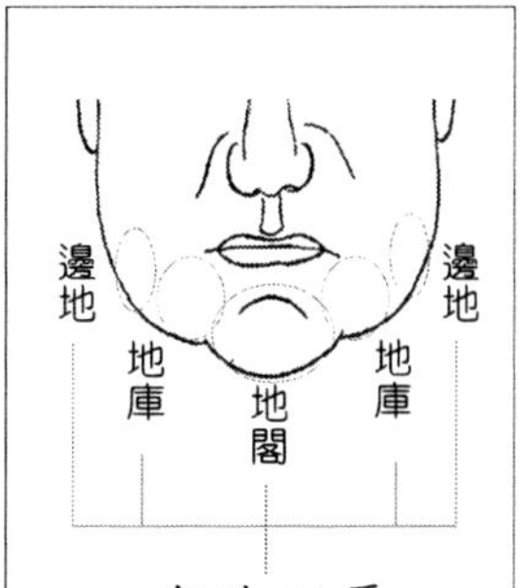

有地而厚

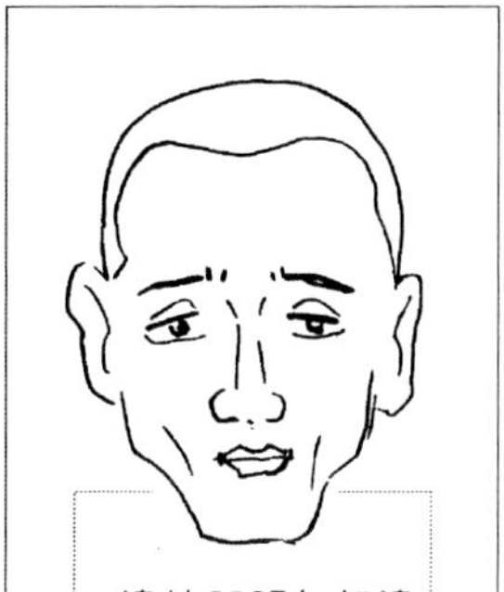
邊地凹陷無氣邊

「邊地」闊而有氣，色澤黃明者，主能生而聚居於吉地到老，亦能終於吉地，由始至終也能乘接生氣。此外，鬚清而潔，不粗不濁者，加上眼有神光，是為在世修仙佛之道的高人，此形容人之清靜，不沾染半點俗世塵囂，其形貌自有一翻氣象。

若相反「邊地」凹陷、無氣、氣枯或氣昏而暗者，又再鬚混而不清、眼神昏陷者，斷難享有福澤，更難望後代之興旺了。

「氣從何來」

這裡又要回顧前面提到那名句：「氣從骨上起」。

既然說其氣藏於內，那到底如何能判定呢？那麼我們就運用一點點幻想力吧，再看看以下一句：

辨五官之：氣

氣從骨上起，如游龍，如飛鴻；近看無，遠看有，不可捉摸；似動似伏，此乃旺氣之正宗也；諸書言氣皆非，多混在色，而言內看皆（實），不肯洩氣之指歸也；故人無氣有色，即發即敗，有氣有色，永發不休。

「如遊龍，如飛鴻；近看無，遠看有，不可捉摸；似動似伏」。

氣就是這樣子了，大家可意會得到嗎？但可千萬不要底估這句說話，皆因此乃旺氣之正宗，是一句觀氣色之真言。

坊間一些所謂看氣色的書，都絕少提到上述等深入地觀氣之方法，不少是沒有觀點而濫指吉凶的，只有雲谷山人能夠告訴大

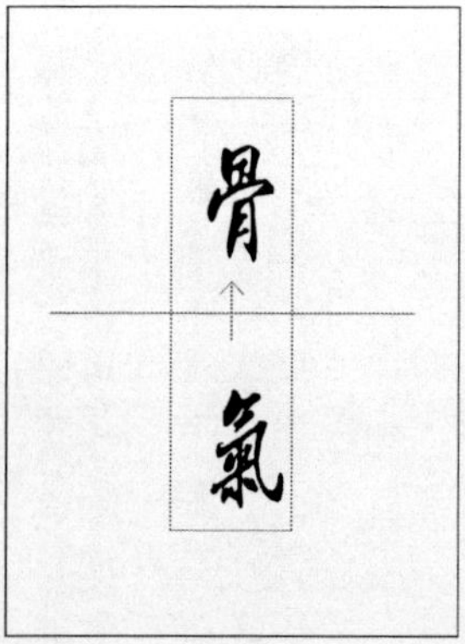

家，真正看氣色的先決義理，否則讀者們胡亂拿一本教看氣色的書，便胡亂跟人論相，將會誤導大眾而犯下重孽。

大多數人說氣色，都只著重於看各部位的「色而已，很少談及深奧難明的「氣」，而且所說的都是一個很終極的答案，而跳過了更加重要的內容，即氣色相結合所產生的影響。這可能是氣色這一門學問，已涉及了神秘的因果論，故而古人恐怕洩露了天機，因此在「氣」的這方面，便隱而不吐了。

因此原故，古人每多講色而隱氣，如今雲谷不單止重氣，還運用到氣色並重的觀察方法。

如果「人」的部位氣色是無氣而有色，此即發即敗之人而已，相反有氣有色，主發福發貴之力將會更持久，運氣亦會穩步上揚。

氣聚上停，少運必發；少運自眉而上是也，十五到三十四是。氣聚中停，中運必昌；中運自眼至準，三十五至五十是也，氣聚下停，晚境乃達，自五十至七十五皆是也，時人能認得氣宇看出，則對面知人之榮通，早斷人之禍福也，豈不秘哉。

「觀察氣色之分段」

如之前所述，人的一生氣運，除了部位佳美之外，更還須氣色黃明鮮潤，若氣聚上停，主少年運必發；而少年運自眉而上至額是也，十五到三十四歲均看此一帶。

若然氣聚中停，中運必昌；中運自眼至鼻準，是三十五至五十歲之運勢區域。

氣聚下停，晚境通達，子女孝義又能成才，主五十至七十五歲，都是看這裡一帶的部位。

只要看相的人能夠確切地認知，甚

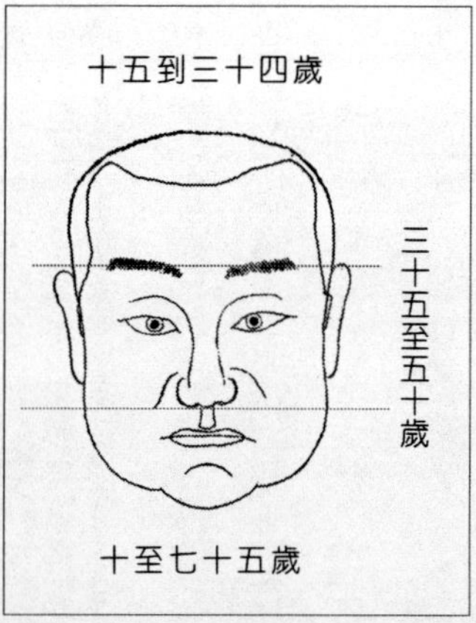

麼是「得氣」，則對於面相之觀察術，探知人生之榮辱窮通與得失，必然更加準確無誤，可預早斷人之禍福，以達至趨吉避凶之奇效。

按：以上雲谷之原文，一直都提到「氣聚」和「得氣」。但落墨不多，點到即止，而這兩點也正是觀氣色的精髓所在，筆者不得不在此加以言明。

「氣聚」和「得氣」，實際意義相同，即一面之上，特別有一處氣感特強，而這氣感，一般人是會視不見的，必須通過有經驗的看相師，才能感受得到，若要解釋，應該這樣去理解吧：

驟眼而看，來人的一整張臉上，內裡有一股氣散發出來，細心推查而得知其氣乃出自於面上某一個部位，有人在鼻上，有人卻會在額上，也有人氣聚於地閣之上，甚至隱藏在雙耳上。於是相者在這個透出黃明潤澤之氣的部位上觀察，發覺這處不單止有氣，還有色，而且是處於被旁邊各部位之氣色親托，呼之欲出的，這便是「氣聚」了。

氣已聚集圓滿後，亦即等同於「得氣」矣。

辨五官之氣

耳有氣，輪廓成星辰聳，耳白有珠，竅寬耳厚、耳硬；反此無氣。

「耳有氣」

耳有氣，則輪廓成，耳又為金木二星，高聳過於眉者，主聰明而貴顯。若耳色潤白，且有厚厚垂珠，主性賢仁厚，耳孔寬而耳厚有肉、耳又硬，主健康而多福壽高，此是為有氣。相反，則為耳無氣，當然是有氣比無氣好，有氣者早年運暢通無阻，無氣者早運不成，無根基可言。

頭有氣，頂豐圓骨不孤露，有輔弼，有枕骨，顴高無紋無筋端正；無氣反此。

「頭有氣」

頭有氣者，頭頂豐圓，頭骨不會孤露於外，有輔弼相助，即兩旁的頭骨有肉蓋是也，頭的後方是枕骨，須要骨起，不能扁平無肉，此外面上顴骨也要高起，且要無筋紋之侵，顴骨端正，不偏不倚、不高不低、左右對稱，方為有氣，無氣者則欠佳運矣。

面有氣，顴起肉豐鼻端隆，光潤鮮明，無紋、無筋、無黑子；骨肉停勻，無暗滯色，無氣反此。

「面有氣」

面有氣則顴起肉豐，還須鼻端豐隆，色澤光潤鮮明，要無紋、無筋、無黑子；骨肉要平均，無暗滯之色，否則便是無氣。

兩旁頭骨有肉蓋

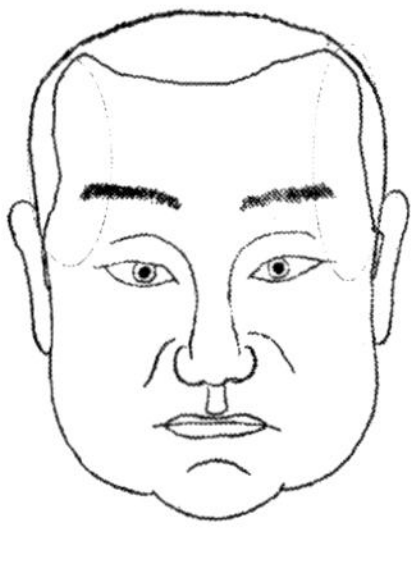

眼有氣神光如電，黑白明亮能久視又不浮不陷，睛大而黑如漆。眼眶尖長而秀，有神而不凶，藏神而不昧，氣無反此。

「眼有氣」

眼有氣者，眼睛內有如神光如電，令人感覺強烈，睛內眼珠與眼白清晰，黑白分明，明亮照人，且能久視於物而眼光又不浮不陷，光彩穩定，此為有氣，主意志堅定，必出大成就者，但要注意久視物而成發呆，神光愈來愈暗淡，便是眼無氣。

眼中黑睛大，而且其黑如漆的人，仁慈有德行，且能一生安穩，福源深厚。

眼的外圍，即眼眶，形狀要長而略見骨起，此乃「龍宮骨」，若配以尖長而秀，眼尾略吊起，俗稱的「丹鳳眼」，此眼必定有神，不會有凶惡之態，且藏神而不昧，

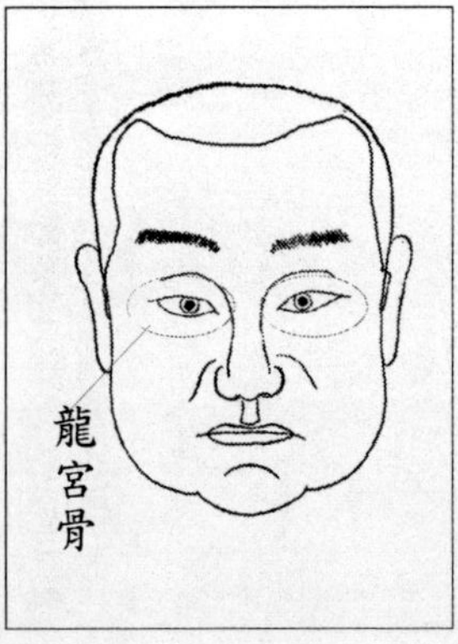

此亦是眼之有氣相，若氣無反此。

按：眼睛乃一面之上最能表現「氣」的部份，一個聰明而又有經驗的相者，必定會一眼望人時，便先察對方眼神內之「氣」，等閒者只會看五官六府之外形而已。

額有氣無紋、無陷如覆肝，如壁立，有輔弼；氣無反此。

「額有氣」

額有氣首先要無紋痕之侵，也不可見前額下陷，相書中經常說到：「額如覆肝」、「額如壁立」，便是為最有「氣」的額相了，額如覆肝是指前額飽滿，骨起圓渾，而額如壁立，即指額方平正，骨起而廣闊，此亦額長有氣之相也。

額有「輔弼」，即兩邊的太陽穴對上，髮內有肉飽滿，是為有氣，卻不可以凹陷，陷則無氣，再加額瀉，即額如斜坡者，此乃極度無氣之額相。

鼻有氣，上貫天庭，山根豐滿，年壽有肉，光澤無疵，準頭豐滿。諫台廷尉有勢有肉，夾準有力不露，鼻脊不曲不偏，井灶有欄不仰孔；不太硬，不太軟，山根不纖小低塌，無紋、無纏、豐隆端大，長聳有勢，無氣反此。

「鼻有氣」

鼻有氣則會鼻樑連接「山根」而達「印堂」，再上貫「天庭」頭上髮際之位，此名為「貫頂鼻」，又為「伏犀貫頂」，是最有貴氣之鼻相，但有一點必須注意的，這種鼻的要求頗高，必須要「山根」豐滿，「年壽」有肉，如此才能令鼻「氣」貫通，才算是真正的「貫頂鼻」。

鼻上有氣，主要從幾個部位看得到，例如其人的鼻子光澤無疵，「準頭」豐滿，

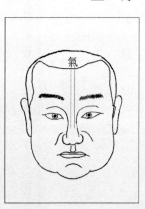

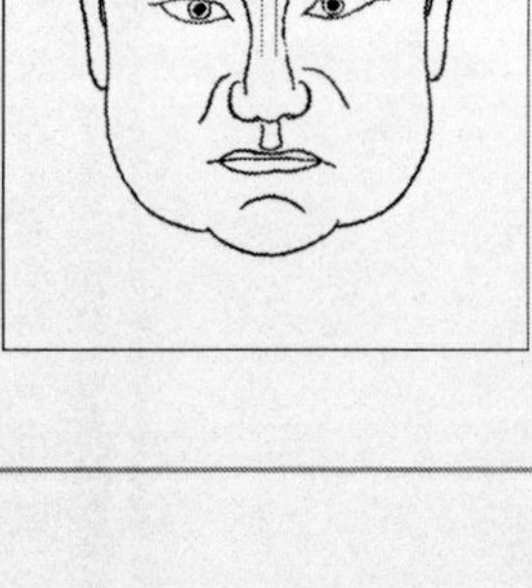

「諫台」「廷尉」有勢和有肉，捧護著鼻準，如此便是個很有力的鼻子，其氣亦易於建立，但必須鼻孔不仰露，否則鼻上的氣仍會洩漏。鼻樑彎曲者，其氣不通，就算鼻子怎麼直和有氣勢，氣亦不通，總之鼻一定要不曲不偏，就算是不甚挺起，亦算合格，也可以說是有氣。

兩邊的「井灶」鼻翼，豐厚如有欄而鼻孔不仰露，氣便能藏。若鼻骨太硬和太軟，「山根」窄小而低塌者，是為之山根陷，必無氣。此外還要無紋、無塵、豐隆端大，長聳有勢，才是有氣。一般鼻有氣的人身份尊貴，財運亨通而有事業及信心堅強。

口有氣，不露齒，不落當門齒；口角仰，唇如珠，而厚多紋；不少不薄，不反、不撮、不黑，無氣反此。

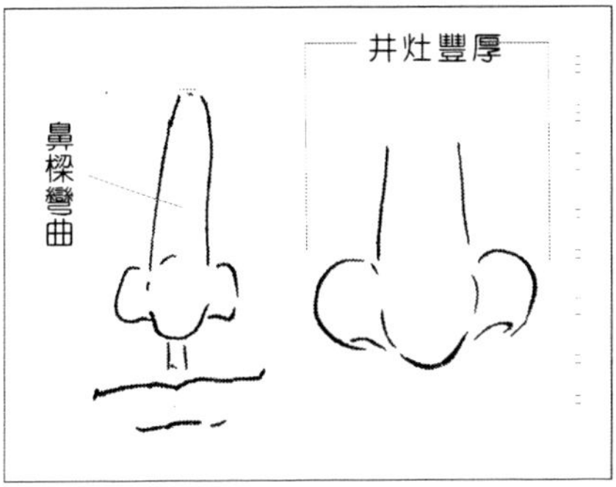

「口有氣」

口有氣，便不會有牙齒外露的現象，尤其是當門二齒，更不能失去或有崩缺，否則口便會漏氣，多數會因說話而得失別人，或為了失去誠信而運氣欠佳。

另外要口角仰，才能把氣裝載，口反之人即氣洩而不載。另外要唇如珠，即口唇的前端圓厚有肉是也，咀厚而縱紋多，而且唇要不少不薄，口要不反、不撮（口如吹火）、色要鮮潤不暗不黑，才算口有氣。

顴有氣，骨肉調勻，高圓起於正面，夾拱鼻中，無暗昧色，龍宮豐滿；無氣反此。

「顴有氣」

顴有氣，骨肉勻稱，高圓起於正面，

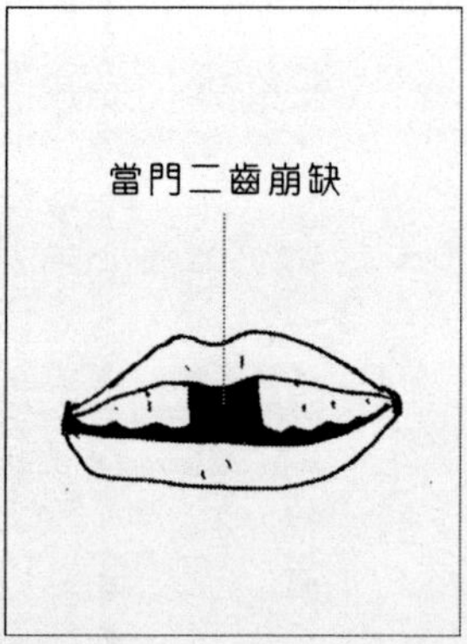

夾拱著中央的鼻子，且無暗昧之色，最好還見眼眶的「龍宮」豐滿無破，如此是為顴有氣。

地閣有氣，則地閣朝元，骨肉調勻，地庫豐滿，波池鵝鴨不陷，鬚不困口，鬚不鎖喉；無氣反此。

「地閣有氣」

「地閣」就在下巴位置，若然有氣則「地閣」朝元，即下巴向上朝起是也，而更重要的是地閣骨和肉調勻，此乃有氣。口的兩旁，口角對下是「地庫」所在，「地庫」最好是豐滿有肉，而位於地庫外圍的「波池」及「鵝鴨」，亦不能陷，如此便是有氣。

除了咀下一帶須有氣外，還要鬚不困口、鬚不鎖喉、才算真正有氣。（很可惜地，目前的財政司局長，其鬚困口，即上場不久便須要面對凶險的世紀金匯海嘯）

身有氣，頭正身端，膊平背厚，腰圓胸闊，臍深臍仰，腹垂有托，手不搖，雖不跛，頭圓而正，乳紅、堂白多珠點，不露筋骨，不偏倚，脊平不生槽，有臀，行動不浮，聲洪有力；反此一件，則一件無氣。

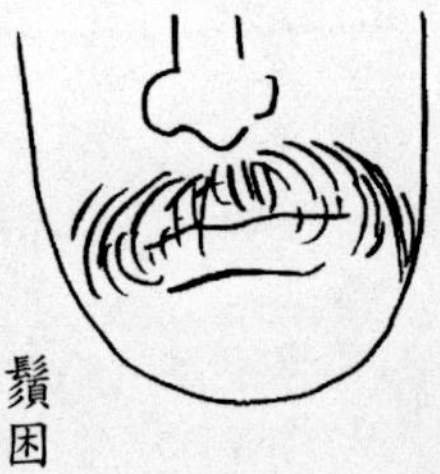

鬚困口

「腹部凹陷、有垂有托」

身有氣者必頭正身端，身子斷不會左倚右傾，還會膊平背厚，腰圓胸闊，此是為身有氣。但身有氣者有另一個最為重要的部位，是絕不能有失的，這便是肚臍的氣了。這裡的重要性，就好比臉上的鼻孔，要用來呼吸一樣，皆因人出生之前，在母親裡，就是要依靠一條臍帶，來輸送母親的營養到胎兒體內，此乃人們先天元氣的入口，故而身之氣者必觀肚臍，臍要深藏於肚臍之內，其形要向上仰，此為臍部有氣，主健康良好，絕不能臍淺凸，形向下而覆，此為小兒難教養之相。

另外腹部要有垂和有托，即腹部有肉，不會凹陷欠肉。此外不可以不走動時也會搖手及搖足，皆因此亦為之洩氣者，人說不聚財的人，每多會搖手搖足而成習慣。

身有氣者，還有頭圓而正，乳色紅乳昏微呈小珠點狀。身上最好不露筋骨，身型亦不宜有偏倚的現象，尤以脊骨平正，不見凹槽，臀須要有肉而圓，不會臀瘦削尖弱，行動不會輕浮，聲音洪壯而有力，中氣十足是為有氣者。

按：綜觀上述的五官及身體各種觀氣之法，實際上不是完全講氣色的氣，反而是有如【月波洞中記】所述，氣藏於內，未見其色而先見其形，即所謂的「骨法」。而見其形而復見其氣色，是為「骨氣」（請參考本人著作：【神相金較剪評註】）。

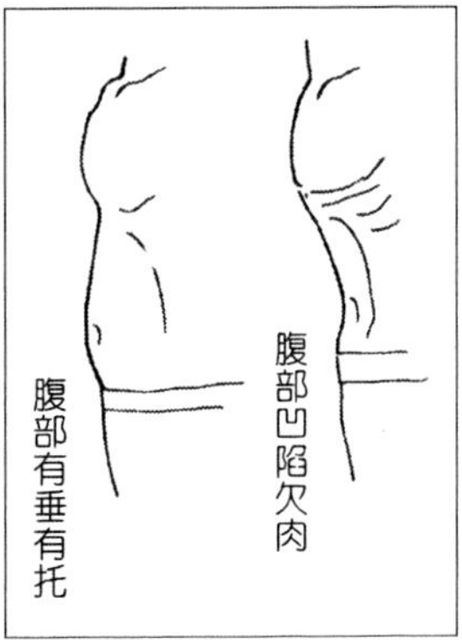

相神秘訣

人以神為主，有神則發，無神則衰。「神足」者富貴福壽，「神衰」則夭折貧寒。神從何處得，不徒眼中認，取合一身動作，周旋飲食起居，進退、言語、視聽、聲息中求之也。譬如坐則腰折是無神。

這裡又是一句至理名言，看人面相，必以其神為主，神藏於氣中，故而善察「氣」者，必也善於觀「神」。

這也是一句千古名言，相信一般看相的人，都會認識，但大家很容易便會以為，這是形容一個人的眼神，認為：「眼神足者富貴福壽，眼神衰則夭折貧寒。」如此認為也是無可厚非的，皆因這似乎會是任何人都認同的事情。

但雲谷山人對此，卻有他十分之獨到的見解，我們來看看這位智者的論點吧！

他說：「神從何處得，不徒眼中認。」

好一個神從何處得，不徒眼中認，他竟認為，面相學的所謂「神」，並非從眼中而來，看人的「神」，不能從兩眼出發。他的這個論調，可謂打破了歷來相書的常規。我們馬上再看看他接著說甚麼！

他接著說：「取合一身動作，周旋飲食起居，進退、言語、視聽、聲息中求之也。」大家看到了吧，這就是雲谷山人全書的精髓所在矣！

這亦是本文的標題所指，「相神秘訣」也，雲谷卻毫無保留地告訴了大家，看「神」的最終極奧秘。

坐如山峙是有神，立則足破是無神，立如石蹲是有神；語則斷續悲咽是無神，語如洪鐘，宮商各葉有神；默則眉鎖容愁是無神，聽則如聾令蠢是無神，視則昏昧不明，動則頭傾身軟，言不響亮；威不發揚，食則過緩過速，飲則如流如難，不睡而鼻有聲息，不語而日常呼吸，足搖手擺，睡仰行俯，此皆神不足之謂也。

「神之奧秘」

我們繼續看原文吧，先從一個人的坐姿來分析，如果有人坐時腰不正直，歪斜得有如腰折，此為坐無神也。若見人坐時有如一座山，八風也吹不動，此自必是坐有神了。

人在站立時，其人總是站不直，活像一個足有破傷的人，站得傾側不正，乃站無神。相反站立有如一尊石碑，一尊神像，是站有神。

語言斷斷續續，或有如悲咽者，語無神。說話聲音沉厚，其發聲有若洪鐘，是聲有神。就算細微如宮商角徵羽等音律，亦有神可尋，但這已到了非一般人所能理解的古法了。

一個人在沉默時，常不自覺地眉頭深鎖，亦是無神。聽覺有問題，像聾人一般，也屬於無神。眼睛沒有眼疾，但常看事物時昏昧不明者，無神。動則頭傾身軟、言語不響亮音太低沉、同屬無神。人

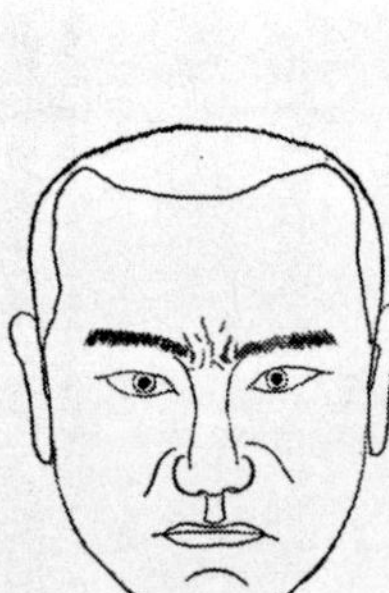

眉頭深鎖

常軟弱怕事，毫無威勢者、飲食時過於緩慢或過份快速、喝東西時則如流水般漏瀉、不睡而鼻有聲息、不語而口常呼吸、足搖手擺、睡仰行俯，以上種種都是屬於行為「動相」之神不足，會影響命運。

至於眼中之神，易以揣測，有力於視者，謂之神旺；無力於視者，謂之衰；視令人畏者，謂之神足，視令人慢者，謂之神歉；此更易於認也。眼若無神，如醉如癡，如昏如迷，昧此必夭折貧寒者矣。

至於眼中之神，是較容易揣測的，眼神強而有力，視而尊注有光采者，謂之神旺；相反眼神無力而暗淡，謂之神衰。視線強而有力，令人望而心生畏懼者，謂之神足，反之視而令人生怠慢者，謂之神歉；以上種種都是易於辨認，並不太困難。講到這裡，著者尚未有怎樣講解有神或無神的吉凶禍福，但以下便有一語以評論眼無神之弊處了。

眼若無神，如醉如癡，如昏如迷昧，此必夭折貧寒者矣。其意思甚為明顯，但卻有點誇張，只有犯上了多項無神的動相時，才會夭貧失運。

相眉秘訣

三十一歲至三十四歲行眉運，三十五至四十行眼運。如眉不好眼雖好，而仍十足，不若粗濃低壓者，宜改之，務宜於眼長短大小均配乃合，否則必困。

「眉太粗濃、眉修剪」

如果眉形生得略差，但眼生得雖好，仍有所補救，但若粗濃而低壓於雙眼，便是眼生得好，就算有運，也行得不暢順了，這時便宜改善

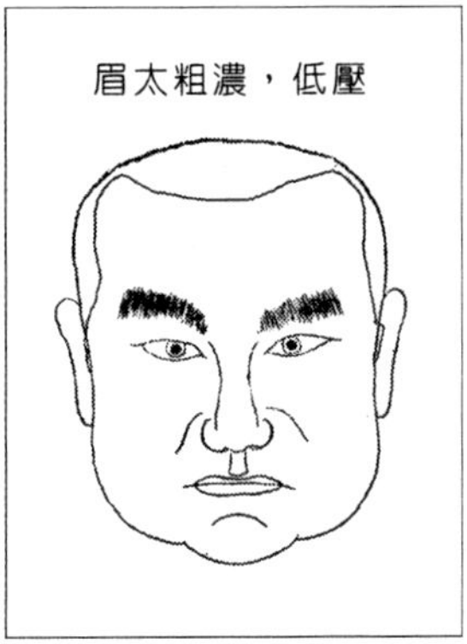

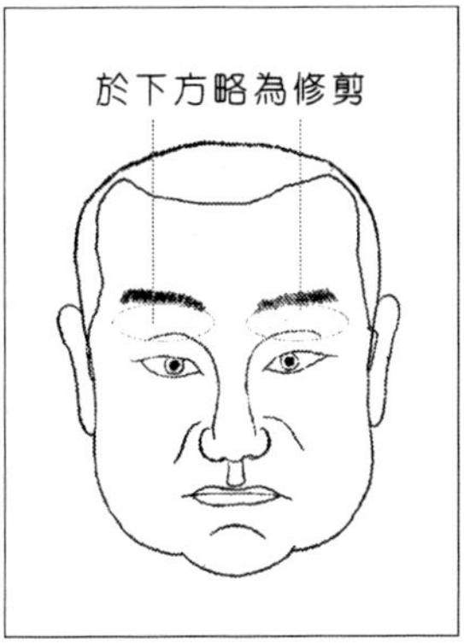

之，即於眉眼之長短、大小及粗幼之間，作平均相配合，這時運才會轉好，否則必生困頓。

現舉幾個例子，以供大家參考：

1 眉太粗濃，低壓，眼睛細小者，是為之喧賓奪主，宜於下方略為修剪，令眉毛高和幼一些，運道便會較為暢通了。

2 眉太幼細，眼大神強，亦是賓主不配之相，可以用眉筆略為劃深一些，以配合一對大眼睛。

3 若眉太短而眼過長時，便須要把眉劃長一些。

4 若眉長入賓，眼正常或略短，卻千萬不可把眉改短，因為眉長是好相，不宜亂改，所以改相必須理解相理，如果隨意改動，便有如整容，過了份便會出問題，惹來相應的惡運了。

5 一般來說，筆者只建議大家，把相連眉，眉心

粗濃雜亂為一殺

眉頭倒毛為二殺

眉毛間斷為三殺

眉尾分叉為四殺

多雜毛，和眉頭帶箭等情況改變，將多餘和不美觀的雜毛清除，但不要拔得太多和過份，如此運氣方吉。

左眉為羅侯，右眉為計都；未是凶星，最防帶殺；印堂為命宮，正宜光明圓闊，如兩眉連鎖命宮者，命必夭而刑剋多；兩眉退避命宮者，運必早而富貴遂；眉毛粗硬兼骨起弓，定招災；眉毛硬則性狠，眉骨起則性傲；兼之粗濁，主兄弟參商刑剋，敢作敢為，定招殃禍；眉毛濃粗，若逼貼弓當出嗣；眉濃眼闊，號曰重羅疊計，不利父母，宜當出嗣，否則父母防沖而兄弟亦防剋。

「眉毛間斷、眉毛逆旋」

左眉為「羅侯」，右眉為「計都」；本來是個凶星的名稱，其最怕是「帶殺」，帶殺即是眉粗濃雜亂為一殺，眉頭倒毛逆生（即帶箭眉）為二殺，眉毛間斷為三殺，眉尾分叉為四殺，眉毛逆旋為五殺。

犯五殺者，三十至四十歲間，運有破耗。

看眼要兼看眉，而看眉又須兼看「印堂」即眉心部位，這點務必注意。印堂，又名「命宮」，這裡最宜光明平滿而略帶圓，還要寬廣，若為眉頭所侵，如若兩眉頭之勢有交連，或眉頭倒毛逆侵印堂，是為眉鎖「命宮」，主命中多犯刑剋阻滯，甚至破耗。兩眉退避於命宮者，即印堂開闊，主必早運入富貴之鄉，心意得遂。若眉毛粗硬兼眉骨突起成弓形狀，定必因性格剛烈粗暴而招惹災禍。

眉毛逆旋為五殺

一對眉毛的質地，生得過硬時，則性情亦會過於剛烈，眉粗而硬時，人更會狠心亂性。眉骨高起的人，心性剛傲，有時會目空一切，因此每每出手跟人相鬥。並且會兄弟參商，刑剋敵對。但這種人敢作敢為，有著遇強愈強之性格，但也因此容易惹來災殃。

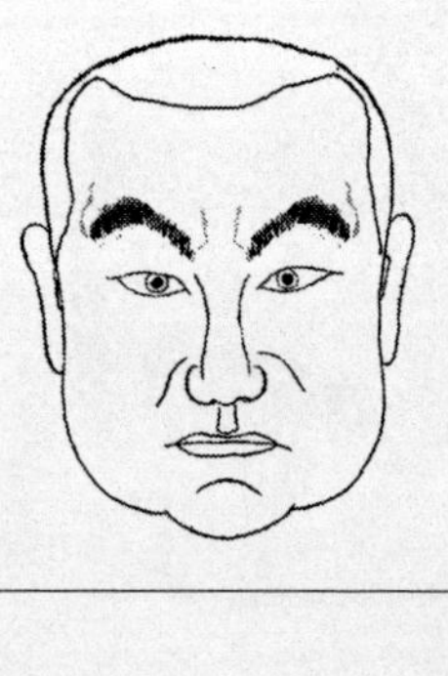
眉粗硬彎弓，眉骨突起

眉毛過於濃粗，又成彎弓之狀，會出嗣過繼於他人為養子。眉濃眼闊，即所謂的粗眉大眼，此號曰「重羅疊計」，是命書中經常提及的名稱，說到孩子年幼時若生此相，即不利父母，宜當出嗣，否則父母須防沖而兄弟亦防剋……

說到這裡，有須要先作聲明！

古時社會跟現代化城市，有著徹底的改觀，讀者不宜死守成規不變，現代人重教育，重視人權，不會像一些古人般，亂娶老婆、亂生子女，重視親子關係，絕不會生不好，便隨意轉贈於人，皆因人人都受過教育，一般都有文化和感情。

因此生有「重羅疊計」眉相的小孩，並非先天有罪，做家長的更要昔心守護，這才合現代之正知正見和正理。看書要圓通，與時並進，不好的與過時的便不要學。

灣長帶豔、帶疏，見底弓當貴性柔，散濁繽紛，短縮形弓，則耗心亂，眉頭帶箭，若不拔弓定遭沖；帶箭即豎者，主刑剋之眉，毛尾帶箭，交此運弓災禍遇，刑剋破財，官非口舌；眉粗濃而不見底，應知血旺貪淫；眉婆娑而又下垂，應交妻妾狐媚，此皆色慾之格。

「彎月眉、帶箭眉」

眉毛彎長、疏秀而帶豔麗，名為「灣月眉」，是難得的好眉相，主有文才秀氣

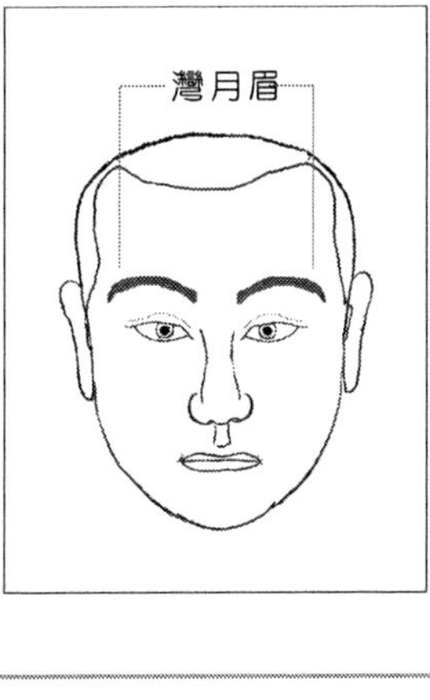

和貴氣，其人性格較溫文爾雅。如再帶疏而根根見底，且微微彎弓者，當有貴氣而過性溫柔。

若性格猶疑不決的人眉散碎又亂濁，短縮眉者，享半生之繽紛而壽不長久，兩眉成反弓狀者，耗散無定，因為心亂之人，其眉頭亦會不自覺地常作緊縮，日久必形成眉頭帶箭之逆毛倒生，宜從日常生活改變太緊張的心態。又或者拔去這種所謂的「反弓毛」，否則日久必遭刑沖。

「帶箭眉」多數指眉頭帶箭，又指眉中倒毛逆生或眉毛豎起，此相主刑剋必重。但有一種眉毛卻是尾部帶箭反弓的，交上三十一歲至三十四歲行眉運時，災禍便至，會因刑剋而破財，或犯上官非口舌之類麻煩事。若眉毛過於粗濃，密而不見底，應知其血氣旺盛而貪淫，性喜發洩。眉毛有婆娑之形態，即支支彎長

帶箭眉

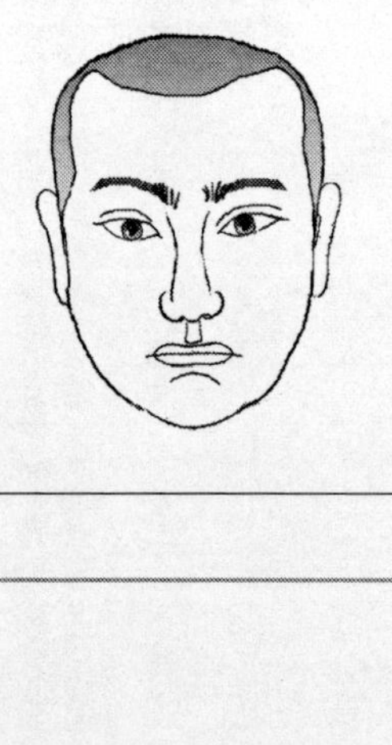

而又下垂，主妻妾雖艷，但卻不忠於已，此皆有色慾煩惱之相格。

眼中無殺又主懼內；眉短不蓋目，富貴難言；眉豎若反弓，刑凶迭至；眉為開鎖，短促露天倉，主破財；眉反弓帶殺，官非口舌俱防；兩眉下垂，女多生而男少育，兼主性懦人愚，且招小人破財；眉濃髮厚，身已賤而行亦游，又主人憎鬼厭；眉中有黑子，主防水火之災；眉濃而黑，帶黑子在眉主水災；眉黃面紅，帶黑子主火災；眉寒薄帶黑子，有疾病纏；眉毛有交紋，應防妻妾之禍；奸門位有交紋，主妻妾有非命於縊死

「眉短促、眉寒薄」

眼中無殺（即無神），主乃懼內怕妻之人。眉短促而不蓋雙目，主富貴難取；眉毛倒豎又作反弓之勢者，刑凶迭至。眉為開鎖，短促而又露「天倉」（太陽穴），主破財

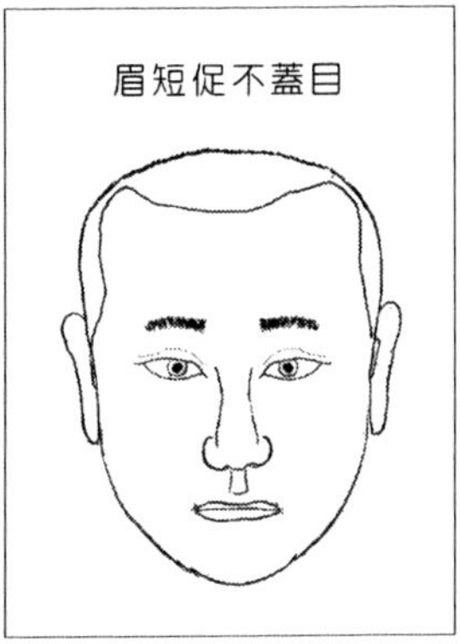

失物。眉反弓帶殺前面提過了，是官非口舌。兩眉下垂而成「八字眉」者，主女多生而男少育，兼主性懦人愚，且易招小人破財。若眉濃髮厚，因性格有點呆頓，每多為職位底微之人，又主惹人之憎厭。

眉中有黑痣，主須防水火之災。眉濃而黑，並帶黑痣藏在眉中，主易犯水災。眉色枯黃而面帶赤紅，眉又帶黑痣，主較易遇上火災。眉寒薄而又帶黑痣，寒者眉毛根根無力下垂是也，主有疾病纏身。眉毛有交紋，即眉的中後段，出現一條分界，劃開眉毛以致另外伸出，應防妻妾之禍。「奸門」眼尾的位置有交叉亂紋，主妻妾易有不測事，其好風流而刑妻。

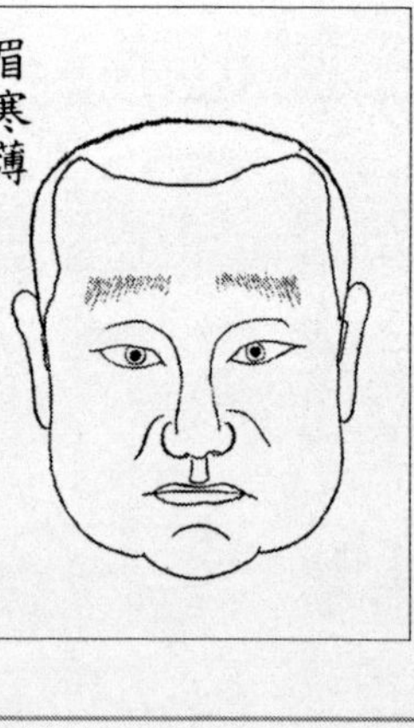
眉寒薄

眉毛薄黃準頭紅，定見火厄之慘；眉毛粗壓，眼睛昏，定遭牢獄之患；眉黃亂而妻淫，眉短散而財困；眉黃眼暗，非死於獄而何；眼暗如漆，無殺、無刑、無耀；眉稀眼浮，雖散家財難了，防破產兼王命；眉豎起而太陽陷，定見行劫身災；眉豎起而纏紅筋，應知官設刑辱；紅筋沖眼主官非；眉纖細而形如柳，風流陣上多情，好花柳漁色之徒；眉彎秀而様似蛾，閨閣床前好慾。

「黃薄眉、眉粗壓、眉黃亂」

眉毛薄黃準頭卻紅，最易遇上火厄之痛。眉毛粗壓一雙眼睛，眼神又昏暗，其人定遭牢獄之災。眉毛黃亂之人，心性自私，對身邊人不好而易令妻之不忠。眉短散而財亦易散。眉黃又眼暗，神昏死，易犯牢獄重災。若眼暗如漆，無神采、無氣；眉稀疏眼又浮凸，雖有家財亦難聚，更防破產兼喪命。

眉毛倒豎而起，成「刀眉」之狀，兼且太陽穴凹陷者，心性剛直，因財和因情而惹禍，易於犯劫而陷入困境。若眉毛豎起而眼纏紅絲筋者，性格過於剛暴，易被官非纏身，以至受刑受辱，若見紅筋沖眼更主官非橫禍。

眉纖細而形如柳葉，每多是風流子，多情多愛，好花柳漁色之人；女子眉彎秀而樣似蛾眉，是懷才女子，每多理想慾望，多愛多恨。

眉手纖細，多伎倆之才；眉毛飛揚，皆好高之輩；相眉大概不外如斯，更參五官便無妄斷。眉長於目，兄弟五六；眉如掃帚，兄弟八九；與目同等，兄弟一兩；短不及目，兄弟不足，縱有一雙，也非同腹；眉有犯重羅疊計，帶箭毛者，主刑剋；雖多兄弟，獨底獨一；左眉高右眉低，父先歸而母在；在眉重當家早，鬚黃發達遲。

「眉入鬢、鬢眉同論」

眉毛纖細秀巧，多為技藝之才，最適宜當個現代化設計師、藝術或創作人。眉毛飛

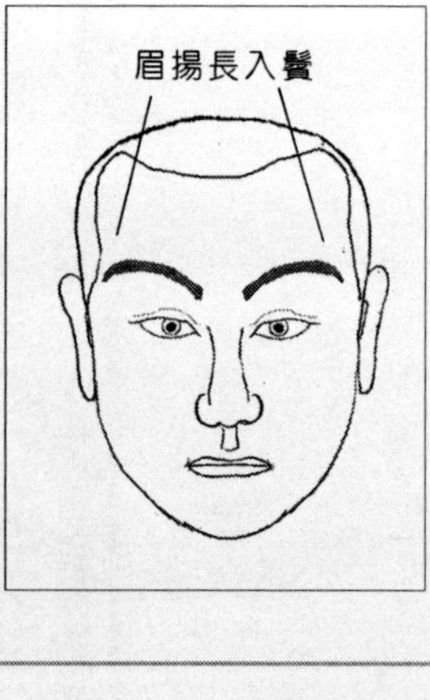

揚，長而有入鬢之勢者，其志比天高，理想遠大。

相眉之法，不外如上所述，種種變化，還須參考面上「五官」而定斷。

有句相學的流傳名句：「眉長於目，兄弟五六」。「眉如掃帚，兄弟八九」。這都是說眉之外形的長與粗。雖眉與眼的長度等長，兄弟一兩個而已。如短不及目，兄弟不足，縱有一雙，也非同腹所生，即同父異母是也。眉若犯前述之「重羅疊計」或「帶箭毛」者，主刑剋重，雖多兄弟但不和睦，爭鬥多或各不相干。男子左眉高右眉低，父先歸而母還在；女命則相反。左眉重於右眉者，主早出身，投入社會工作，擔起整頭家。

向來便鬚眉同論，兩者有著連帶關係，故而看眉亦宜兼看鬚，眉雖好，應發於三十多歲，但若鬚黃形惡的話，亦會受到影響，以至發達也會推遲。

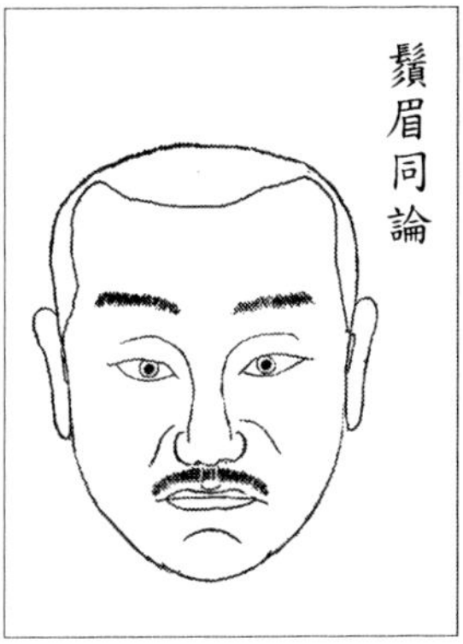
鬚眉同論

相鬚秘訣

五十一晚年，俱一鬚以定吉凶；又能催五十前之丁、貴、財；地閣不朝，上唇薄短，宜早長；井灶為太薄，露宜早長；人中短促淺平，宜早長；當門牙缺齒露，宜早長也。

「井灶太露」

人到了五十一，已是步入晚年，應以鬍鬚之好壞以定後運之吉凶。鬚相又能催旺五十歲前之「丁、貴、財」，亦宜兼顧。

若「地閣」下巴不朝或欠肉短小等缺點時，上唇薄或口短者，均宜早留鬚以遮閉下巴欠佳的缺點。另外若「井灶」即兩邊鼻翼，生得太薄或鼻孔太露，最宜早長鬍鬚。

鼻孔太露宜早長鬍鬚

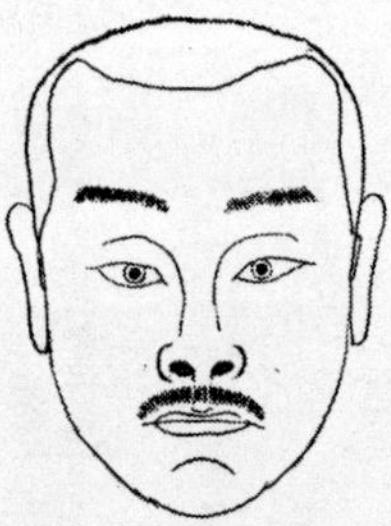

若人中短促或淺平，亦宜早長髫鬚。還有當門二齒有崩缺、口不蓋齒而外露的人，亦同樣適宜早長髫鬚，以改運勢。

凡男子女人，于眉毛反生，及有鑽毛者，主父母宮定有不妥之處；或兵或戮、或離娘者，不等也，所謂內髯與鬚為晚境，可定榮枯，可分貴賤，可辨刑沖；宜疏宜潤，宜軟宜索；得此則福壽綿長，子孫蕃衍；忌硬忌枯，忌密忌蕪，犯此則當年困鈍，作事顛倒。

「眉生鑽毛」

不分男女，其眉毛反生，及有鑽毛旋生者，主父母定有不妥之處，多數是出生於一個頗複雜的家庭裡，或生於有戰亂的國家，又或因某種原因而須離開父母者。

所謂髫子與鬚髯，皆為看晚境的依據，可以決定人在晚境時榮枯得失，亦能分別人之晚年貴賤，即在社會、在家庭上的地位，尊貴還是低濺。也可辨別人事六親之刑沖與否；故鬚宜疏、宜潤、宜軟、宜有索（即鬚尾略呈捲曲狀）。得此鬚相，則福壽綿長，子孫興旺。鬚相最忌是質硬而枯、忌太濃密、忌男人無鬚，犯此忌則晚年困頓，身心不暢快而生逆滯，以致作事顛倒。

鬚不過溝，人中無鬚。多招訕謗，為人無功；鬚如困口，必遭迍邅，晚境必滯，做官到此，不能必食天祿；平等人得此，則運滯；為官者，鬚密困蔽，祿位可虞，為商者，鬚疏潤澤，財富自足。

「人中無鬚、鬚困口」

鬚不過溝，溝即「人中」，意思是指人中無鬚者，此多招人之誹謗，欠缺人緣而難得朋友之助力，功勞易遭劫奪。

按：人中雖然無鬚，但其弊也應看其它五官

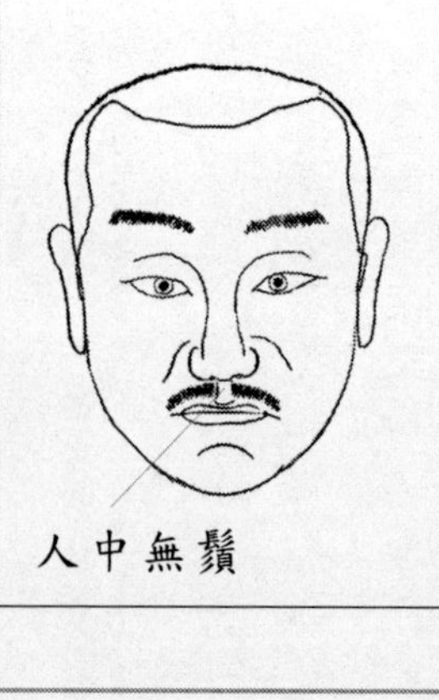

人中無鬚

部位而作定論。

鬚如成困口之狀，是鬚中最壞之相，主遭蓬迍邅，晚境必滯，因此人生到此為退下來的時候了，做官的、有權位的，到此便再不能得到豐厚的捧祿，也不要再有任何戀棧權利之心了，否則後來失敗便是自取其究。

平常人得此困口之鬚，則運滯，若身處高級或為官者，鬚密困蔽於口，其捧祿位置便要被別人所取代了，如果是營商謀生的人，鬚疏潤澤，財富必然能夠自給自足。

五行各形人與鬚之配合

木形鬚白，不染而病，必遭金剋木也；木形鬚紅，不染而災立至；木形面紅主災病，或狂、或血、或瘡。金形面紅而鬚白，亦主官非破財；金形面暗面鬚黃，又主財傾病至；拂左拂右，懼內之人；開叉開歧，運滯之輩；上密蓋口，湧滯時鈍；下密而顏，刑剋運蹇；雙分燕尾，晚境淒涼，主刑剋破財；密號鬍連，中年混沌；帶焦黃而血結，火燥血熱為病，若秀潤而身安；面紅湏鬚赤。因官非而大破背財，湏鬚燥面灰，因火傷而大傷為產業；鬚密、眉密帶黑子，水中渰；鬚黃、面黃、帶紅筋者，火中喪。

「八字鬚、鬍連鬚」

木形人忌見金，未到晚年即見鬚早白，乃金剋木，主經常無源無故地染病。如木形人（以下五行外形之分別，請參看前文），鬚赤紅色焦，是木洩於火中，主氣弱而生災。木形面紅主災病或發狂、或出血、或生惡瘡等問題纏擾。金形面紅而鬚白，火剋金、金又剋木，亦主官非破財。金形面暗鬚黃，乃主財傾病至之相。

鬚分燕尾

拂左拂右的鬚，又名為「八字鬚」，懼內之人。開叉分歧鬚雜亂，此運滯之人也。鬍鬚上密而蓋口，時運不濟者居多。鬚下密而顏，相信是原文錯字，刑剋運蹇。「鬚分燕尾」即兩邊的鬚尾都同時向外向上伸展，是晚境淒涼無依靠之相，亦主刑剋破財。鬚太過濃密，包圍著整個口部，有時會見到有些西方人是這樣子的，中國人便很少見，相學中認為此是「鬍連鬚之相」，主中年混沌及失敗居多。

鬚帶焦黃而易生血液或結石等病症，火燥之人，每多患有血熱之病，若鬚色雖然不好，但勝在鬚的質地和形狀佳，幼細而秀潤，故得身安而病未能侵。面紅鬚赤，皆因官非而破財損耗，鬚燥面灰，因火傷而產業傾危。鬚太濃密、眉太濃密，並帶黑痣，主易犯水險。鬚黃、面黃、面帶紅筋者，易犯火險之人。

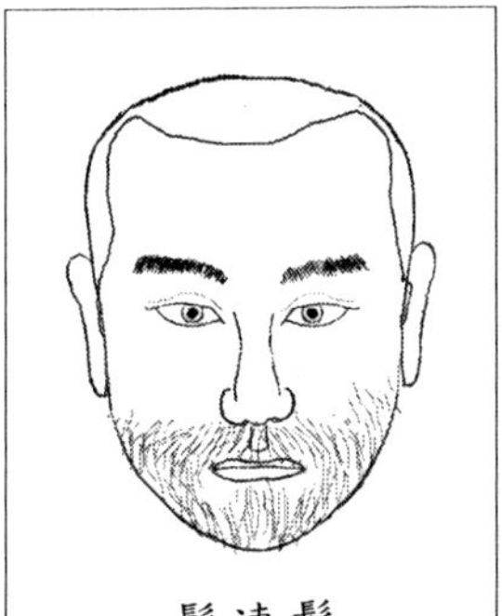

鬍連鬚

嫩幼而清潤，官宦必亨，庶人亦福；粗硬而不索，性情剛硬暴，智識愚蒙，倘若過少而堅硬無妨；明白鐵線，少流不妨健硬，過多而牽連鬢腳，號曰連帶鬢鬍格，四皆忌；多者宜拔之，使少便免迍邅，少者宜求之，欲多似難，强至鎖喉縮頸，無非晚境貧寒也；如五縷清奇，亦是人間貴相也。

「鬚幼清潤、鬚連鬢鬍」

鬚嫩幼而清潤，主官宦必亨，事業亨通而得厚職。

庶人在古時的地位較為次等，現代可以形容為一般低下階層，若得鬚嫩幼而清潤，亦主有福。鬚粗硬而尾不見有索者，性情剛烈暴燥，智識愚蒙，乃欠缺文化之人。

倘若鬚過少而堅硬則無妨，鬚明亮而色白，略硬而不妨，鬚過多而向上牽連至鬢腳者，此為之鬚帶鬢鬍格，任何人種、階級與地位者皆忌。總之一臉上之鬚眉鬢髮太多太密，入侵面堂的人，都宜拔去之，只有這樣才能減底迍邅，心智才開，相反若臉上的鬚眉鬢髮生得疏少者，則宜補之，古時人只能以較原始的方法來加補賞，但現代人便不同，可以通過科學的方法來培植，如流行一時的植髮植鬚等技術，這雖說有利於鬚髮形狀生得不好之人，但通過假髮之植入，始終也有點美中不足。

鬚下生得太密太多，以至鎖喉縮頸，入侵頸喉部位，此乃濁相，主晚境貧寒之相，改變也不會太難，立即剃去，只要時常保持光滑便可。

如見有人生得五縷長鬚，生就一副清奇之相者，此比之前所述濁人剛好相反，乃人間清貴者之相格。

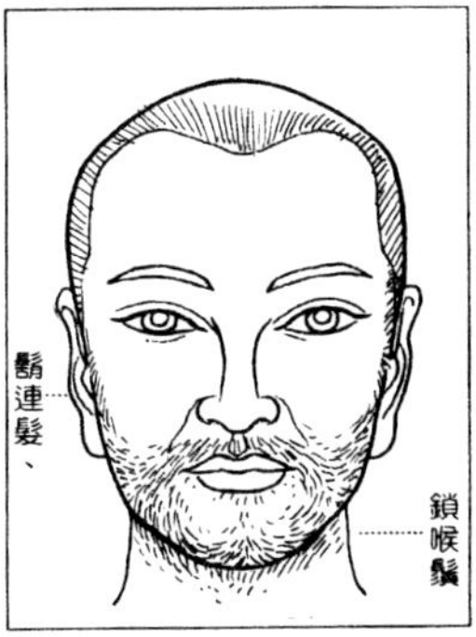

相髮秘訣

髮粗主刑，髮厚主愚，髮禿主愚懶，髮黃主貧，髮健主刑，髮白于少年主短命，髮腳生鑽主刑剋，髮腳偏主刑剋，髮理不順，主兇暴蹇滯。髮者，血之餘也；而人生之富貴、吉凶、禍福、貧賤均可知矣。髮宜軟，宜紛，宜疏，宜香，得此則為富貴福壽；忌硬，忌粗，忌長，長過身也，忌穢；得此則為貧寒夭折。婦人髮長過身，貧賤而不善終；男人髮長過身，貧賤而不安逸。

「髮太厚、髮際太低」

髮生在頭頂上，保護著頂門，誰能說不重要呢？以下就是各種各樣的頭髮之相。

「髮粗主刑，髮厚主愚，髮禿主懶，髮黃主貧」

這幾句說話，輕輕帶出了頭髮之於人，竟有著莫大之影響。原來頭髮是不宜：「粗、厚、禿、黃」。十分之易記和清晰。

先說粗，頭髮粗者性格亦粗枝大葉，故多刑剋不和。髮厚不是單獨一條頭髮之厚，而是整個頭的頭髮很厚，髮太厚者頭腦便不靈活。此外少壯之人頭早禿，即髮線往後漸收至通頂，主既愚且懶，但人過中年多數都出現髮線後退的現象，在須要急速思考的社會上，最易出現上述情況，如此則不計算在內。髮色枯黃，也是不宜，但時下太多數人都有把烏黑亮澤的頭髮染黃，這相信絕非好事，必然會影響命運，起碼被那些不明不白的染髮水，透入了身體內，久而久之便會產生現代普遍的甲狀線病變，甚至患上癌症。

髮健者，即頭髮生得太過頻密，主多刑剋。少年白頭，壽不長久。髮腳生鑽，主刑剋，髮腳偏歪，主刑剋甚重之人，內心有正邪之掙扎。髮無條理，開叉而不順，主性剛暴，運也蹇滯。

髮太厚

髮者，血之餘，此說明雲谷山人對中醫有較深入的認識，依中醫理論推演，髮者血之餘也，頭髮的榮枯與血的飽和度有關，而思慮憂愁會耗傷心血，使血液的飽和度下降，可能平素心血已經相對非常不足，在極度憂愁耗傷心血之餘，其他臟腑機能也救援不及，才使有生命力的黑髮一夜之間枯萎。因此，人生之富貴、吉凶、禍福、貧賤均可據此而知曉矣。故「髮宜軟，宜幼，宜疏，宜香」。

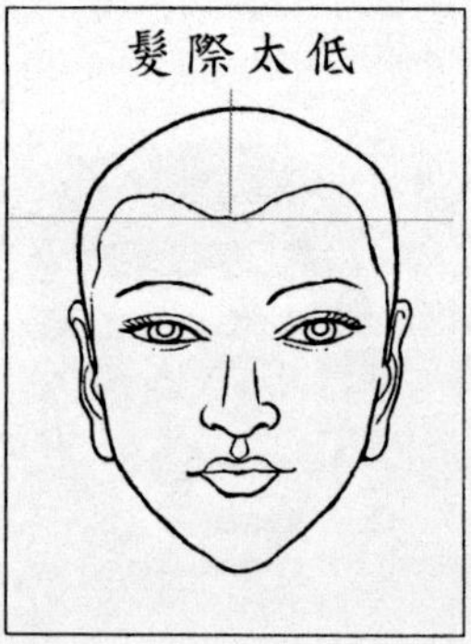

這與先前提到的：「粗、厚、禿、黃」等髮相，洽成對比。故而若得「軟、幼、疏、香」等髮相者，可得富貴福壽。

又髮忌硬、忌粗、忌長、長過身亦然不好（此論點似乎不合時宜）、忌穢。若有上述髮相，是貧寒夭薄之人。

文中指婦人髮長過身，貧賤而不善終，此論相信是對古代某個風俗而言，時至今日變得沒有根據，可以棄取，但論及男人髮長過身，貧賤而不安逸，也有過時之嫌，但長髮男子給人們的感覺，便見人見智，有人覺得美亦有人覺得怪異。

髮粗而硬，男女多刑，刑剋之相；髮軟如絲，夫妻恩愛；髮黃多貧賤，女亦貪淫；髮焦者，多貧寒，老猶困屯；孩提髮密，性多頑，男女髮低，運多蹇；髮腳岩巉，早年服色；髮腳生鑽，少過悲傷，刑父母也；髮拳難理，愚魯之夫；髮禿而濃，蹇運之人；髮多血旺，性貪淫；眉濃亦似髮，捲髮亂，運必蹇，髮密亦然；魯莽性暴，皆須鬚飛蓬；刑剋命剛，無非鬢髮乾燥；髮幼而疏，求謀必利；髮濃且密，訟獄宜防，官非纏繞；髮中赤理，不主兵戈，定遭喉疹；赤理主兵戈死，倘相不犯凶者，主喉疹斑症而亡；髮上通，早不防，命短則慮財空；髮落太早，一妨壽短，二主退財運蹇也。

「眉髮捲曲、髮線後退」

若要以髮相觀男女情緣，髮粗而硬，男女多刑剋。髮軟如絲之人，性情每多柔順，故夫妻恩愛。髮黃多貧賤，女亦貪淫；髮焦色啡者，多生貧寒困屯。小孩子的頭髮一般都較幼細，若然髮密而多，性格頑強難於管教。

無論是男女，皆不宜髮際太低，主少年運蹇滯。髮腳不齊整，太過岩巉，早年運差，難得父母之愛護。髮腳之下若生旋毛，少年運遇悲傷之事，主父母之問題。髮如拳難於打理，乃愚魯之夫，到底甚麼樣才算是髮如拳呢？有時看見一些未開發的非洲黑人的髮型，短而又捲曲的，大概就是這樣吧，但現今的黑人大都已和白人無異，故相信是這種髮型配在黃種人之上，才會有愚魯的情況，但問題是近人每多電髮，令頭髮產生造型之美，故而此說看來已不合時宜，除非証實是中國人，先天生成頭髮成捲曲之狀，且又厚又實，這才會不佳。

此外髮禿而濃，是蹇運之人；髮多血旺性貪淫，血旺即赤紅色是也。眉太濃亦和髮濃一樣不好，眉和髮捲曲，混亂而無序，均主運逆滯不通，髮過於密亦然（可以見到的是，某些較激進主義國家，其人民一般都有此種現象）。

魯莽行事、生性暴燥者，皆鬚尾兩邊飛起，其刑剋特別重。命硬性情剛烈異常，無非鬢髮乾燥。相反髮幼而疏，主謀事每多順利。髮濃且密，中年須防訴訟及牢獄，被官非所纏繞。髮中有赤理者，即黑髮中見赤紅者，主須出戰沙場，否則也生喉部之疹。髮生赤理主易喪於刀劍之下，倘若其餘部位沒有犯凶相者，即有喉疹斑症。

書中又說年輕時已見髮線上升最為不利，不是命短便是財空，但這種情況現在也很普遍，也未至於影響會那麼大，始終現今醫學昌明，未老先衰也很常見，看法會有所不同。若年輕便脫髮，主先天不足，便須防健康將出問題，否則也退財運蹇。

眉髮捲曲

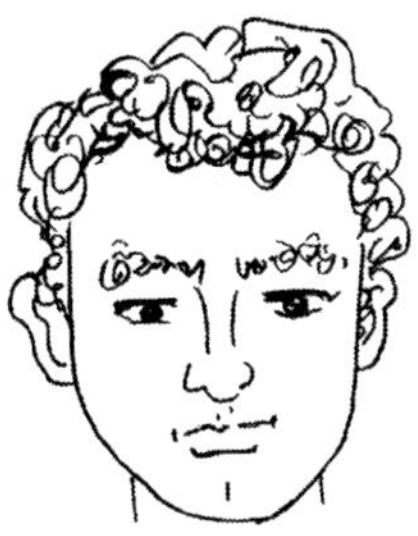

髮須鬚密而粗硬異常，兼以眉濃，不忠孝；髮鬢退而參差濃厚，兼以眼惡，少仁慈；髮際高弓，運不蹇滯；髮際低弓，運多困屯；少年髮白，刑剋多防老年；髮烏古稀可卜，額窄髮厚，服色身災；頭水髮長，刑沖夭折；髮卷刑傷多見，髮亂散走他鄉；此相髮之大概，而吉凶自可見也。

「眼無神、眉短促」

髮鬚密而粗硬異常，再見眉濃者，其忠孝有虧。若見人髮鬢線後退，參差不齊，濃厚兼且眼惡，主欠缺仁義和慈心。

髮際最宜生得高廣，有如彎弓，主運早亨通，相反髮際低，便會運途多困頓。少年頭髮變白，是未老先衰之象。髮烏黑亮澤，必生長壽而能夠年過古稀。額窄髮厚，主不得父母之力，本身少年多滯運。至於說到，

髮線後退

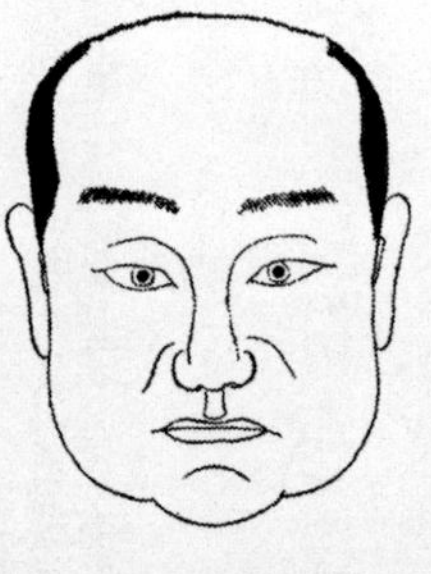

頭垂髮長刑沖夭折。髮卷刑傷多見，髮亂散走他鄉等等斷語，還有待引證，大家多方求証後才可判人之吉凶。

耳相秘訣

一歲至十四歲行耳運。

耳高眉齊，主少運發跡；耳低照顴，主中運發為跡；耳珠朝口，主晚運發為跡，行額運耳輔。左耳為金，右耳為木；有輪廓宜分明，則為佳；有星直高聳，則為佳；高聳過眉之謂。耳反無輪，少遭刑剋；耳低失氣，少防疾病；耳高照顴，少運亨通；耳骨堅硬，耳險無妨；耳白則名揚，耳暗則運蹇；耳門闊，量大聰明；耳門小，量小識狹；耳頭墜，便是金木無神；耳低大運必遲。

「耳高眉齊、耳低照顴」

一歲至十四歲行耳運。

耳朵主要是看童年運，耳要高，高過於眉是最為理想的耳相，主聰明必能夠少年得志，一般耳低是較愚頓的的耳相，但雲谷卻有其獨有的見解，說耳低照顴，中運仍能發跡，但卻沒有說清楚其麼是「照顴」，但大至上耳型應該也要達到標準，才說得通（起碼耳端在眼尾至眉尾水平線之內）。還有耳珠朝口，主晚運發跡。另外如行額運，須要兼看耳朵，皆因一個人由十四歲前童年進入少年運，十四歲後即須看額頭，所以耳朵起著輔助額頭的作用。

在耳相中也有五行屬性，面相中有「五星」：水星為口、火星為額、土星為鼻、左耳為金、右耳則為木，金木二星亦主掌人的童年運。

耳相要輪廓分明，耳輪厚捲耳廓起而內藏，是為上佳之耳相。又要金木二星直而高聳，最好高聳過眉。耳反無耳輪，童年及少年運都

耳的位置

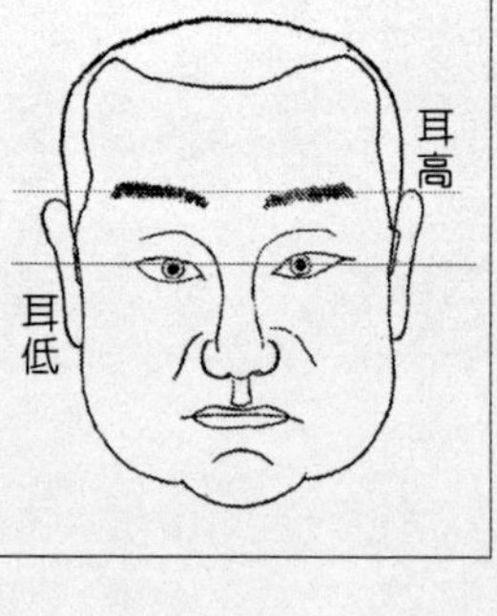

不快樂，家庭裡的問題很多。耳低者失氣，幼年易生疾病。耳高照額（原文照顴有字誤），主得運於少年，耳骨堅硬的人，蓬凶化吉，未怕險病而終能安渡。耳色白潤透亮澤者，早能名揚四海。相反耳暗則運蹇早不開通。耳門即耳孔，闊大者，量大又聰明。耳門小，量亦小，見識淺狹。耳頭微墜，便是金木無神，而耳低大運必遲。

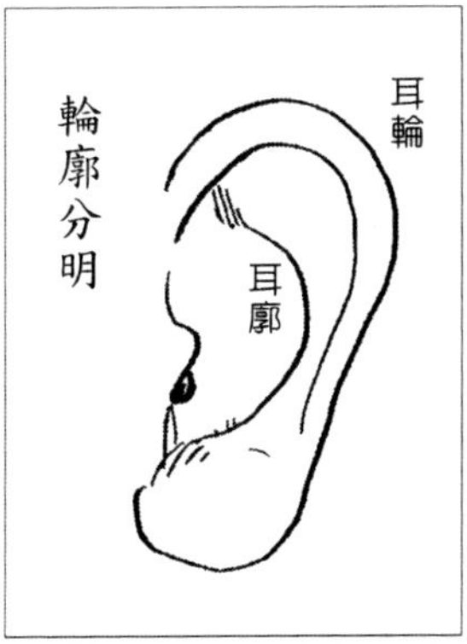

少年科甲，多半耳夾天庭；中運豐隆，多半耳照顴鼻；兩耳黑灰，應卜壽元不久；兩耳丹赤，應知回祿終防；耳尖似火，紅又屬火，無珠屬火，如復髮密而紅，須鬚密準紅、顴紅，定主火喪；猶必參各宮部，以定終身，不可拘泥；兩耳星辰，以為評斷也。至於人瘦耳多不貼肉者，無大礙；人肥耳反不貼肉者，有大礙焉。左耳缺，先死父；

右耳缺，先死母；耳門有瘡病；耳白莖，耳白薄壽夭，耳堅壽永。婦人左耳厚先生男，右耳厚先生女，一大一小曾食二母之乳。

「貼腦耳、反張耳」

少年科甲考取到優越成績者，多半耳夾天庭，即耳高照額是也。中運豐隆，多半耳型佳，雖未過雙眉，但照顴鼻，亦屬佳相。兩耳色變黑灰，如屬久病之人，則壽元不久矣。

兩耳色赤如丹者，須防回祿之災，古代楚國有一人，名叫吳回，掌管火正，有人說他就是「回祿」。《左傳》記載：「鄭禳火於回祿。」今人有稱火災為「回祿之災」。亦有一說是福祿不能享盡，最終也遭劫數，是為「回祿」。

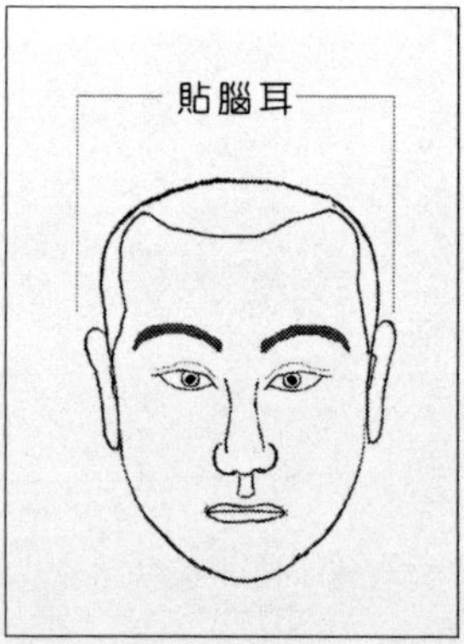

耳頭尖，形如火狀，是為火形耳，色紅者又屬火，原來耳無垂

珠，形成耳朵上凸而下凹，此狀態亦屬火，又見髮密而色紅，鬚密又鼻準紅、顴骨紅等等，有上述情況者，均須慎防「回祿之災」。但說到生死大禍，猶必參看面上各宮位與部位，方能確定終身之禍福，斷不可輕言吉凶，千萬不可拘泥於某一個部位而直指終生，這是原著者和註者的忠訴。

面相中以兩眼為日月，以兩耳為星辰。耳又以貼腦為佳，反張為不佳，但是瘦人則耳朵每多不貼肉，這並無大礙；反而是肥人兩耳見反，不能貼著肉者，甚為不自然，故其運必有很大障礙。

左耳缺，先死父；右耳缺，先死母；耳門有痣病；耳白莖，耳白薄壽夭，耳堅壽永。婦人左耳厚先生男，右耳厚先生女，一大一小曾食二母之乳。

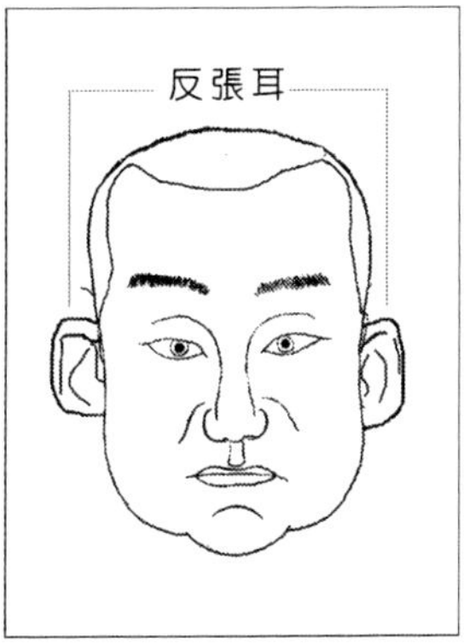

口相秘訣

五十至六十三直參此位。

口宜大，宜紅，宜朝，宜有稜宜唇厚，宜紋多，宜鬚疏，宜鬚不困口；宜不落當門牙，宜地閣朝，宜湏鬚軟有索，方能行淂，缺此不利，是水星不成也。口為水星，位居北坎，主衣祿，主官階；上應乎額，中應乎鼻。直朝上為有氣，忌覆下謂反元，元者額鼻是也。小則為弱，晚運必貧，反則為逆，晚運必敗；合小開大，淂乎水之正星；上朝有稜，淂乎水之正局；人中深而水星不反，紋理多而色潤朱紅；此乃水之旺格。而富貴福壽，預可期也。

「唇厚有稜、覆舟口」

五十至六十三直參此位。

面相以口為中年步入晚年的一個部位，故口宜大，宜紅，宜嘴角

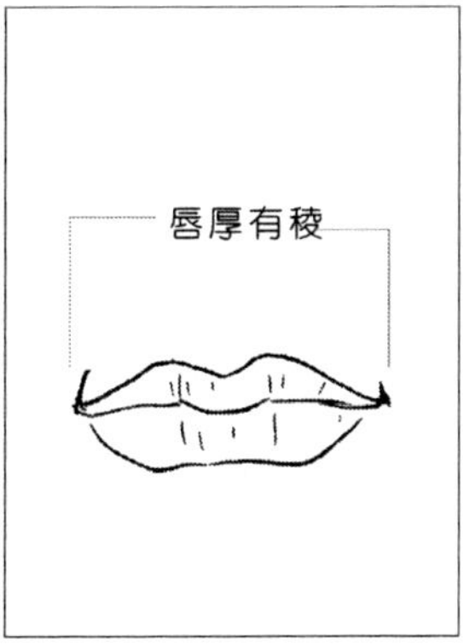

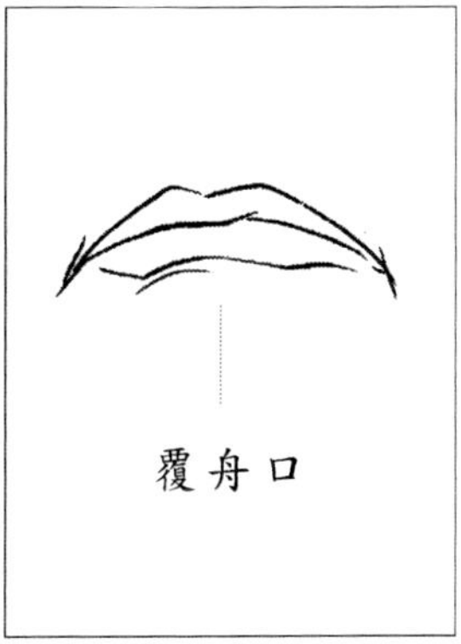

上朝，宜有稜宜唇厚，宜縱紋多，嘴上宜鬚疏，鬚不宜困口，門牙不宜崩缺或失去，更宜地閣微朝，宜鬚軟有索，方能行運，缺此不利於晚運，因水星不成是也。

口為水星，位居北方，屬於坎卦之位，主衣食捧祿之依歸處，主掌人的職位及階級，上與額部呼應，中則與鼻應。兩邊口角起菱而直朝向上為之有氣，最忌口角向下，下覆之口角，謂之「反元」，元者口部之上的額和鼻是也，小則人懦弱，晚運亦貧寒，口反而成「覆舟口」則為之氣逆，晚運心不歡快，行事亦多敗少成。

看口相，有個很特別的方法，就是要收合時較小，張開時較大，這才是得水星正局之氣。嘴角上朝有稜，故而為水之正局，人中深而水星不反，更是配合得天衣無縫之佳相。另外嘴上縱直之紋理多，色潤帶朱紅者，是為水星之旺格。富貴福壽必可以預期。

口小而撮，刑剋貧寒之憂；口大而丹，富貴福壽之局；朝元則為水火相得，子孫盛而福澤昌；反下則為水土相剋；家道衰而時運敗；弦稜潤澤，應知福壽多增；狹小歪斜，又慮貧寒立至；紋多而子孫昌盛，過潤而誇張自圖；唇外紋如皺理，財少而係多刑，索袋口是也。唇薄色似黑灰，壽稀而福祿亦寡，吹火形防孤獨；總理紋防饑餓，尖嘴（觜）者，偷食之人；有痣多食之輩；口大主肉食不厭；口反過，主食生災。

「索袋口、吹火口」

口小而撮起者，刑剋貧寒之輩。口大色鮮帶丹紅，富貴福壽之局。嘴角朝元是為水火相得，子孫豐盛而福澤昌隆。口反下則為水土相剋，主家道衰落，時運不濟。口角弦稜之位，其色潤澤，應知福壽健康。口型狹小歪斜，此刻貧寒即至。縱紋多而子孫昌盛，嘴過潤，口橫而無收者，乃浮誇圖利之輩。唇外之肉生了很多皺紋，主財少而多刑剋。此乃「索袋口」是也。唇薄色帶黑灰，壽稀而福祿亦寡。相書常提到口如吹火是為「吹火口」，有此之人刑剋孤獨。壯年之人，若見口外有縱理紋入者，主生處饑餓之境地。尖嘴者，偷食之人，主貪心。口中有痣，喜好暴飲暴食居多。口大主好食肉而不生厭；口反形如覆舟，主因食生災。

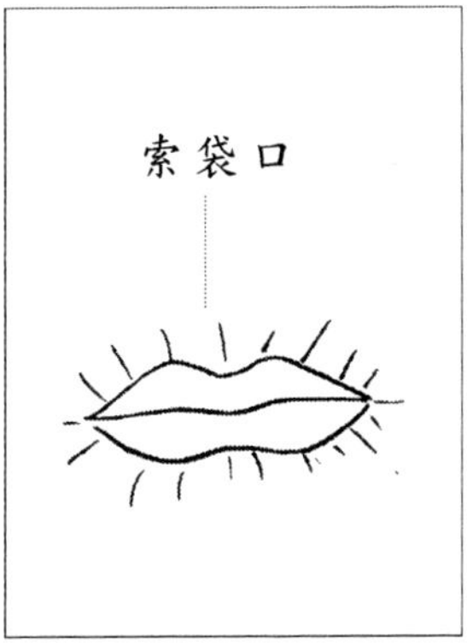

口似含丹，那有餓寒之士；口疏唇反，必是訕謗之人。女子有夫有緣，定是口似赤丹；男子與妻合意，必然齒白唇紅；口如縮囊，雖有

兒而難受，到老防刑剋；口如露齒，已有事而難遮；口大面小，好為歌吹之流；口大面方，定作朝丁之上；口大唇粗；面方主祿；此乃相口之大略，宜更參部位以推評也。

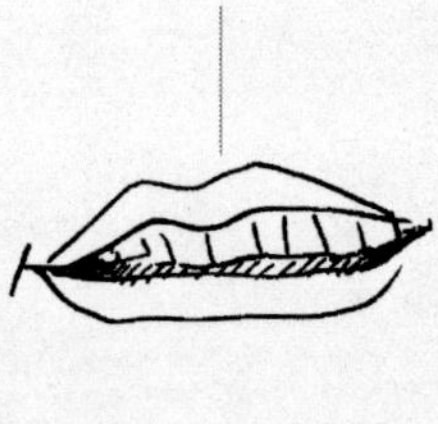

「含丹口、口不蓋齒」

口似含丹，口外有肉圍著而咀不輕張，絕非貧寒之士。口常張開唇又反，必愛誹謗別人，平素則惹事生非。女子有夫子之緣者，定是口似赤丹，即色紅潤又口外有肉，上下唇自然地輕貼。兩夫妻情投意合，必然齒白唇紅。若口如縮進去的袋子，雖有兒女而難享子女福，到老須防刑剋力重。口不蓋齒，從口中外露，難以保守秘密，口疏多言之人。口大面小，好唱歌吹虛之人。口大面方，每多是運動健將，威武之人。口大唇粗方主有祿；此乃相口之大略，宜再參考其它面上各部位，加以推詳及評論。

頭相秘訣

頭有三要：一要在山林位起，起則有風水所催；二要在邊城位起，起則有祖德所催；三要在壺中骨起，起則有夙根；而生尖，此非夭則賤。

「相頭三要、眉短促」

有所謂「相頭有三要」：

一要在山林位起，即在額頭的上側處，須要骨起有肉，此是為有氣，如若骨肉起則有家山之福力，得到祖上風水所催生出來的助力。

二要在邊城位起，起則有祖德所催。

三要在壺中骨起，起則有夙根；有慧根，最忌是生成尖形露出凹凸不平現象，此絕非善相，主非夭則賤。

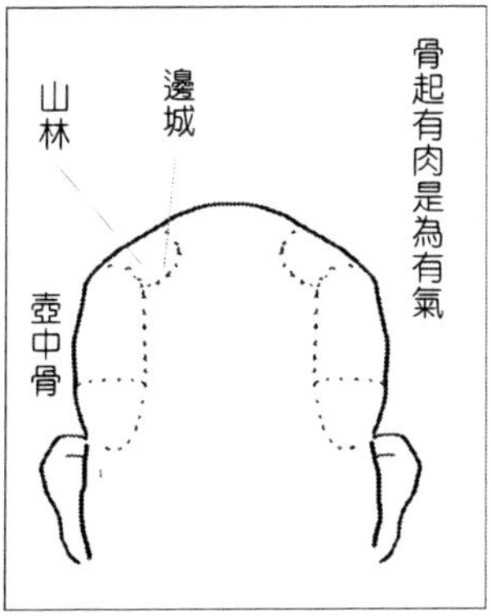

頭為諸陽之首，其位尊而配天；宜圓宜豐，宜健宜正；如其豐圓健正，未有不富貴福壽者。何為圓，如珠之圓則謂圓；何為豐，骨肉定勻則謂豐；何為健正，不傾不敬請之健正：頭能得此，斷未有夭折貧寒者矣。蓋貧者頭無天倉、天城；賤者頭無左輔、右弼；夭者頭無主骨、星辰。頭骨暴露，刑剋早而操勞先；頭骨缺陷，疾病防而夭折；懼山林不起，祖業縱有必傾；天庭不揚，功名縱有亦滯；三尖六削，是為破耗身家；肉緊皮緊，定必運迍；命短貧賤之相，那見圓滿；頭顱孤寡之形，莫非離奇骨格；況及尖頭財主，世所罕聞；凹腦壽翁，人所未見也。

「天城、天倉、頭角崢嶸」

頭為諸陽之首，乃面相中的至尊之位，以天來比擬之便最為貼切了；最宜圓而豐隆，其人健康，心地光明正直。頭圓健正，未有不富貴福壽者。在這裡，云谷對頭相的「豐」與「圓」，極其重視，他說：

「如珠之圓」。

大家可以意會，就是頭圓如一棵大珠，而骨肉的比例也須要注意，便是要兩者勻稱，不會骨多肉少或是肉多骨少。至於豐者又宜得其正，而且是要「健正」，不傾不倚是為正，骨肉平滿是為健：頭能得此健正之相，一生福惠也受用無窮，絕對不會夭折貧寒。

貧窮者其頭必無「天倉」及「天城」。身份低賤者，其人之頭無左輔、右弼。夭壽者頭無主骨、皮肉虛，又星辰昏暗即雙目無光。若頭骨太強，暴露於外，皮肉不能包骨者，主刑剋早見，童年便要操勞奔走，難享安定。

若見有人之頭骨有缺陷情況，須防為疾病所纏，甚至會夭折；此外頭臚兩旁又怕見山林不起，主祖業縱有亦易傾倒；前額正中之天庭窄小而不開揚，主功名縱有亦滯遲不振；又有三尖六削之頭型，此為破耗重重，

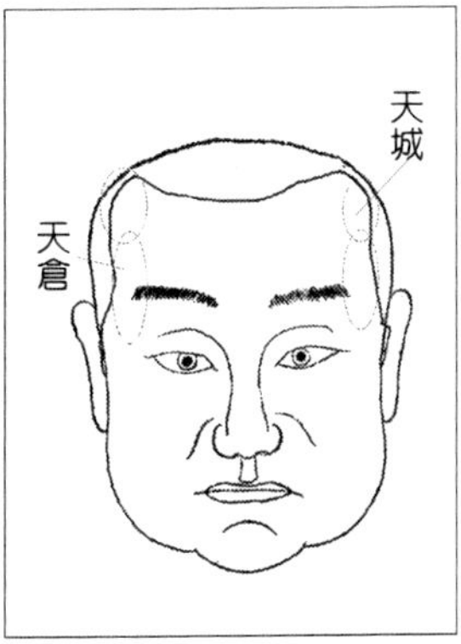

敗去身家之人；若頭額顯得皮肉俱緊，其人運必逆迍，產業難守，作事不能圓滿；若眼再失神，主貧賤甚至會命短。頭顱生得奇形怪狀，會變得性格古怪，甚難相與，最終會成為孤寡之人，若見人生得頭尖額削，其人絕無財運可言。只有頭圓飽滿的人方有財運，若腦後凹陷者，則難以享福壽了。

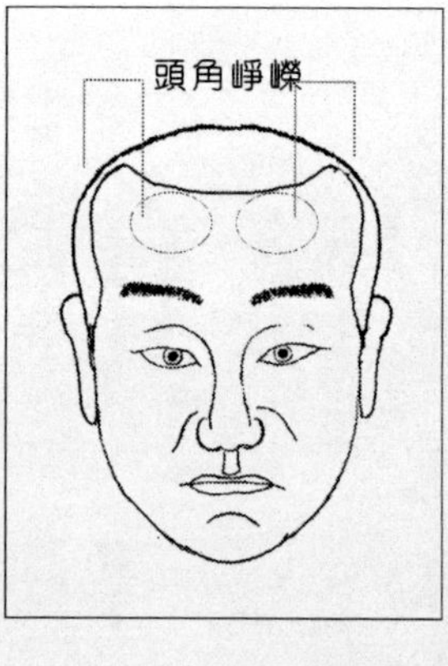

至頭為風水所鍾，得風水則頭角崢嶸，陰陽得配；失風水則頭顱尖削，陰陽反和，頭大面小，是則始逸終勞，頭小面大，是為終亨始困；邊城起為祖德所司；山林起為風水所發；邱陵、塚墓、分左男右女之司；日月、輔角分左嚴右慈之別；髮宜疏而蔽額，乃蓋夫親，且宜高而不宜下垂，早邀祿秩；偏頭多從庶出，豐頂宜主嫡生；南人更看頭額，北人當看地閣，泰其大略推斷無差。

古人以頭比作風水之地，若人頭相得風水之力者，則頭角崢嶸，即額和頭骨起而肉厚包，此即所謂的陰陽得配是也，皆因骨為陽而肉為陰，內外均穩的話，陰陽必然相配。

人的頭相，若然失去風水的話，則會頭顱特別顯得尖削，此乃陰陽反差失調和的狀況，決非善相，如果發現有人頭大面小，如此的比例必然甚不自然，他會是個開始時閒逸，但始終勞苦之人。相反若見有頭小面大的情況，其人雖然是得到最後的成功通達，但開始時卻會遇上困難重重，而須要付出沉重的代價。

頭部的兩側上方，是頭相的重要處，若邊城有肉微起者，是為邊城起，此為家山有福，祖先甚有德行所至。山林位於頭側上、髮鬢邊，若飽滿而微微隆起的話，是為風水及家山有所發蹟之相，主早年會得

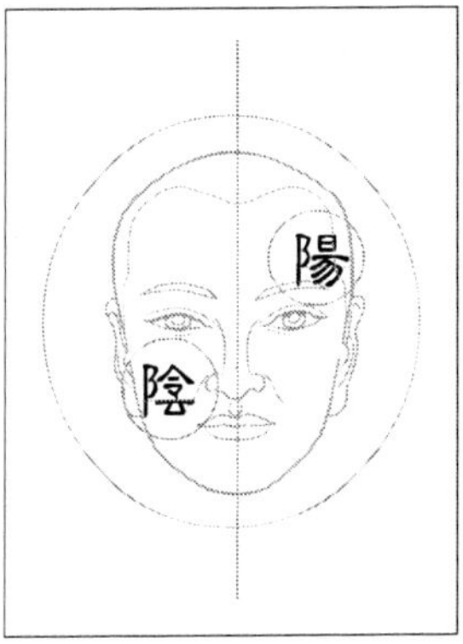

到家運的帶旺。

另外頭上的邱陵、塚墓、是有左男右女之分；也包括了額上的日月、輔角等部位，左邊各部位為陽，代表著父親，相反右邊屬陰，代表母親，是為陰陽及男女之別。故無論左或右，均宜平均。

與額相連的，正正是頭上的一把頭髮，最好是髮疏幼順，不太過密集粗濃，最好是柔而輕輕地垂蔽頭額，且髮際宜高不宜低，令前額顯得低窄，否則早運遲滯，若有頭偏而不正者，多從庶出，為他人收為養之子或私生子，頭圓頂豐，其必為嫡生。此外說到南方人的頭相，更須以頭額為重，而北方人則有所不同，應當著重看他們的地閣即下停部位，此乃頭相之大略，以上述方向推斷，自無所誤矣。

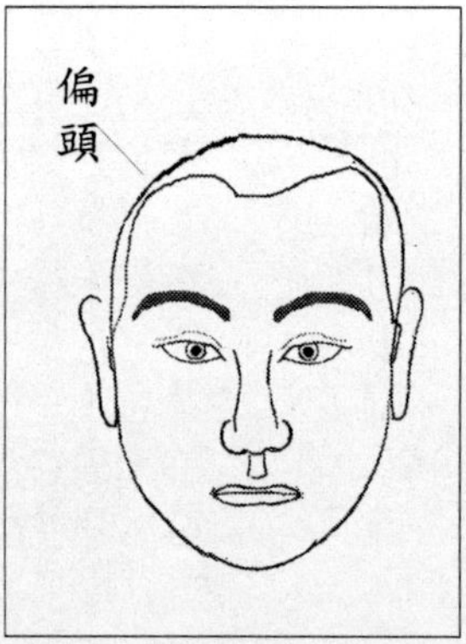

眼相秘訣

三十五至四十行眼運。

以眉為佐，天倉山根為輔；眼若深陷，主剋劫身災；若露筋露神，主劫害夭折；若眉壓山根陷，主牢獄，紅筋纏主官非也。

「眉壓眼、山根陷、紅筋纏繞」

三十五至四十行眼運。

由少年運至中年運，其接應之部位，必從眉至印堂，又從印堂轉入眼睛，所以眉為「佐」，是為眼睛的大臣，眉尾之上的「天倉」，和鼻樑上的「山根」兩個部位，是為「輔」。所以眼相極須要跟其它部位作配合，才能夠發揮最佳的個人力量。

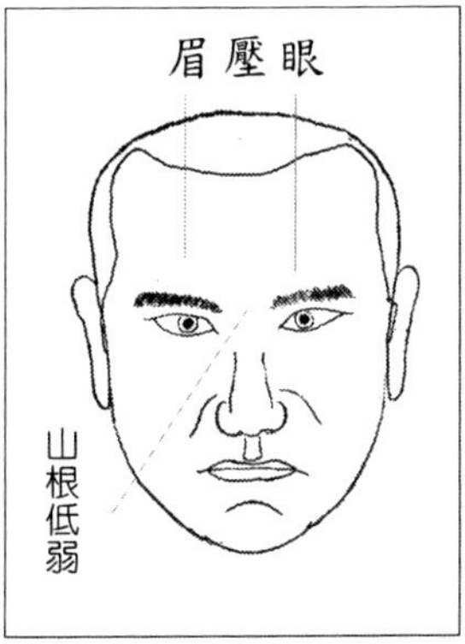

如果眼睛往內深陷，此乃剋劫身災之劣相；若露筋露神，主會遭劫害，早年便有這種眼相者，更可能會夭折。若有人眉毛低垂，是為「眉壓眼」，加上鼻上之山根亦低弱，更有下陷之勢者，主壯年易得牢獄之災，若眼有紅筋纏睛者，亦主官非破敗。

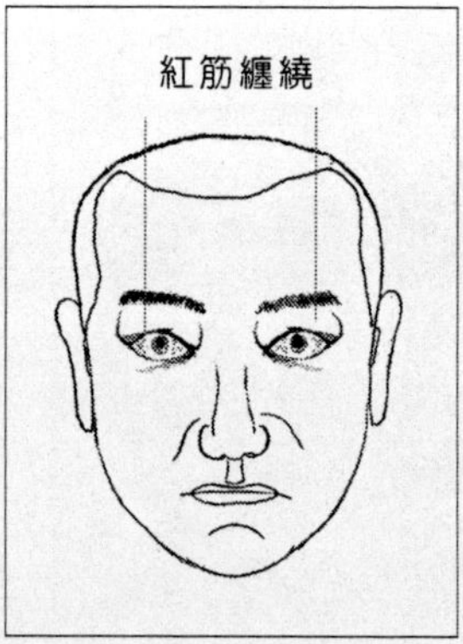

左眼為陽，右眼為陰，如天之有日月。日月最宜光明，眼睛則貴清朗；眼內黑白分明，定是賢良之輩；眼紅筋纏繞，定是剛愎之流；眼長秀而有神，富貴福壽；眼圓大而睛突，勇悍難馴；眼黑大而光明，多才多藝；眼眶小而殺無，志卑識卑；眼光浮露定貪淫；眼神不強少決斷；眼濕之流多好色；眼深之人欠貲財；眼蓋深陷而且烏，難言子嗣；眼肉黑子而斜視，便是姦淫；轉眼突露無情，人多兇悍；眼開四白俱露，良心何存；眼常淚濕，男防妻子女防夫；眼肉通黃，病主生

痰痰生濕；一大一小，主為俱內之男；半開半合，定是愚蠢之性；光浮暴露，睛如雞眼，便防偷；蒙昧無神，視似虎耽曾是賊；慈善多行，眼有神而光隱；兇惡多習。

「眼圓睛突、眼光浮露」

左眼為陽，右眼為陰，如天之有日月。日月最宜光明，眼睛則貴乎清朗，這好比日間之天清氣朗，一片光明；眼內黑白分明，定是賢良之輩；眼受到紅筋之纏繞，主性情剛暴，多數是個剛愎自用，有勇無謀之輩。眼長秀而有神，富貴福壽；眼圓大而睛突，勇悍難馴；眼黑大而光明，多才多藝；眼眶小而欠神采者，失去自信，意志薄弱而自卑感重；眼光浮露於外者，定主貪淫；眼神不強，少有決斷力；眼睛經常有淚水或濕浮之情況者，主每多

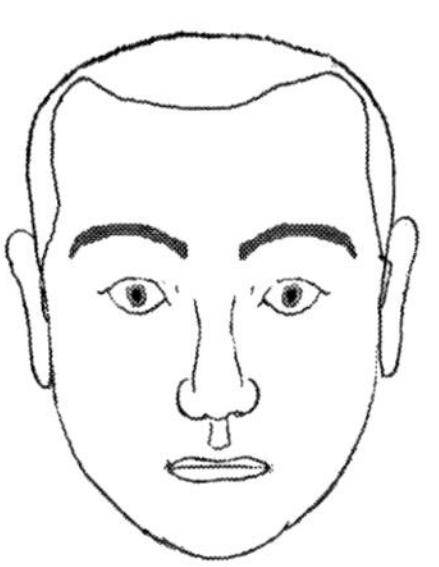

眼圓大而睛突

風流好色，若面相生得端正者，一生也會受到感情之折騰，愛情難得安穩。眼深之人難以儲起金錢；眼蓋深陷而且烏暗者，難言子嗣；眼內有黑痣，又見斜視者，主有姦淫之行為；眼睛突而外露者，反臉無情，其人多兇悍，因此絕不宜深交；眼睛四白俱露，即眼珠小眼白多是也，主其人的良心何在，兇惡異常；眼常有淚濕感情不定，男防妻子女防夫；眼內通黃，每患有肺病，主生濕痰；眼睛生得一大一小，而且是左眼小右眼大者，主為俱內怕妻之男性。

這裡雲谷提到了一些較不易分清楚的眼相，如眼睛呈半開半合狀者，生性愚蠢不明，但若發現有神光於其半合之眼內隱現，則又當別論，反而是個聰明而機心特重的人；若然眼光於外流露者，又或睛如雞眼，便須防此人之偷盜本性了；蒙昧者其眼必無神，視線有如虎視耽耽者，直視而帶有搶奪之意欲，其人多數曾經淪為盜賊；故必須多行慈善，眼神端正後，始能改過自身，及後其眼會變得有神，而以前作惡時的眼上凶險浮光，自必隱而退去，此由壞轉好之眼相，大家務求分得清。

眼有筋而睛黃；眼多魚尾，防子刑妻；眼蓋胞浮，破財夭命；眼突睛黃白又暗，顛狂之死無疑；睛昏睛黃眉又亂，兵戈之傷可虞；眼小面大是為有殺難削，面小眼大亦主有財多劫；偷眼視人，奸狡猶防賊害本身；邪眼視人，淫亂又主貪婪無厭。眼忌眉低，恐防三泰陽運蹇；眼忌骨壓，猶防日月不明；刑沖者，眉豎而太陽位凹；破耗者，眉短而眼眶內深；臥蠶色暗，必須寡慾乃多男；魚尾痴紋，獨忌妻孥逢惡死；更及奸門低陷，夫婦定必無緣；淚堂坳深，兒女定然難育也。

「眼小面大、眼外浮腫、臥蠶色暗」

性情兇狠而多惡習之人，其眼中多筋而睛暗黃；眼多魚尾亂紋者，性風流，防子又刑妻；眼蓋浮腫而眼又呈凶惡者，防破財夭命；眼突睛黃白又暗，是個顛狂之漢，若為患重病者，須防病發身死；眼

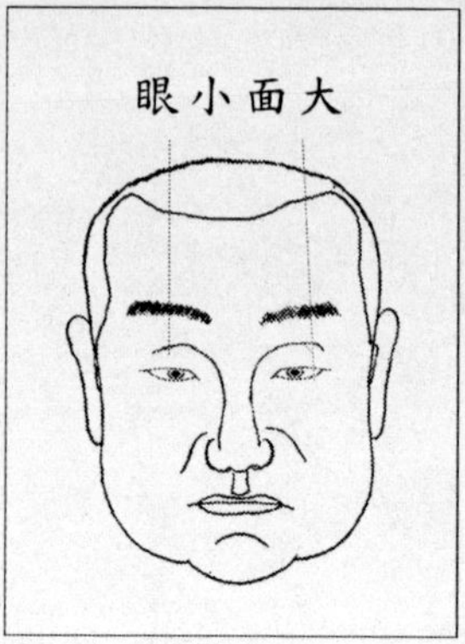

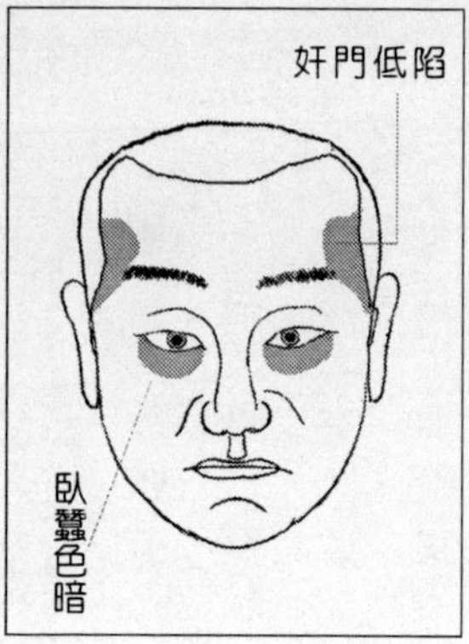

睛昏暗，睛黃眉又亂，主犯兵戈之傷身；。

這裡所說的，是不甚平衡的眼相，就是眼和面的比例問題了，有類人是「眼小面大」的，眼小的人，雙眼必須有神，有神則權位不會被別人輕易削去，但若其人是面小眼大的話，則眼神不可太烈，須要適度收藏，否則主縱有錢財，最終亦會遭逢劫奪；另外有種眼相，在望人之時，有偷眼視人的情況者，其人心性奸狡，猶防其起盜賊之心，加害本身，故須防避之；若見對方的眼神有異，帶有邪眼視人的情況者，乃淫亂之人，又主貪婪無厭足之心。

眼忌眉低，恐防礙了眼上的三陰三陽，主中運蹇滯低迷。眼眶又忌骨重而下壓，是陽氣過強，若其人眼神同樣的強，也只性情剛烈，易得罪人而已，運尚有進取，如若是日月不明，即雙目無神或暗淡；是為陰陽不調和之相格，主命途多犯刑沖，倒運之象徵。眉直豎而兩邊的太陽穴位置凹陷；必為財破耗之失敗者，眉短而眼眶內深；眼下即眼肚處，稱為「臥蠶」，若這裡色暗，必須要保持性生活正常適量，禁止縱慾，才能有子息傳宗接代，所謂寡慾多男，是為古人的智語，值得參考。魚尾亂紋多生，夫妻不和，若其紋更向上觸及奸門（太陽穴），兼且奸門低陷，主夫婦定必無緣；眼下眼肚上，又名「淚堂」，若淚堂太深陷，則難生育子女。

額相秘訣

十五六至三十歲行額運。

以枕骨主骨為應，以耳輔；宜山林、塚墓、日月角位起，中正無紋沖，無黑子耳行。額為火星，宜日月角明朗，天庭位光聳；降如霞肝，髮不低壓；印堂貫而直起，貫項邊城；滿而伏神插中，兩耳高懸照額，富貴早運可期；輔弼夾拱天中，名譽青少年得運。黃明在額，紫氣臨印而功名顯。

「額如覆肝、天中骨起」

看額頭的相法，一般只知以前額為準，卻原來也須要看後腦上的枕骨，詹前而須顧後，故看額以枕骨為應，還有，額的兩旁下有耳朵，亦須兼顧，因此看額取耳朵為輔。最宜山林、塚墓、日月角等部位骨起有肉包，額上中正之位，不可受紋痕之沖侵，不見黑痣者方為吉相。

因為額又名為火星，最宜日月角的氣色明朗，天庭位置就在正前額中正之上，要有光澤，也要微微圓而聳起方佳，最不要見到骨橫突尖斜；是額之敗相。說到額之最理想者，無如「額如覆肝」，即整個正前額，有如一個既圓又大，異常飽滿的肝藏，此乃少年行運，根基

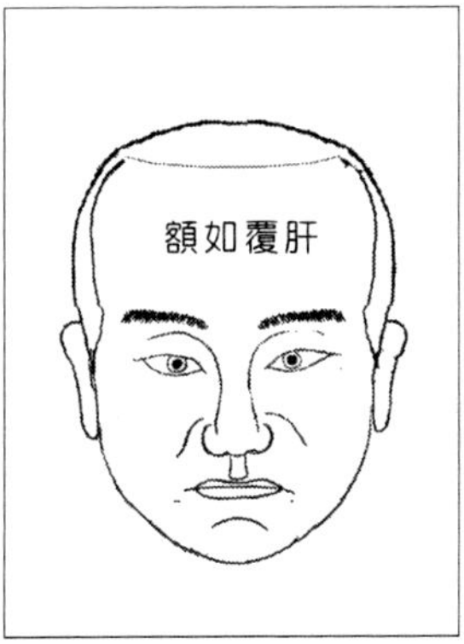

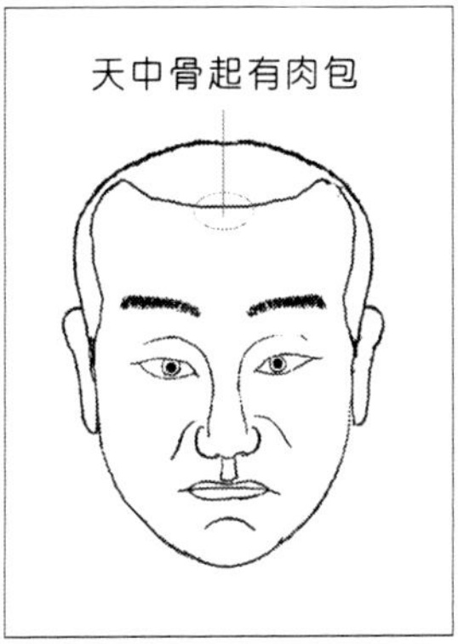

良好之佳相。此外又要髮不低壓，才算合格；印堂要有連鼻之勢，氣貫而直起上頂，此乃甚為尊貴之「氣貫頂」奇相。另外又要看額之兩旁近髮際處的邊城；是否飽滿，最好是兩耳高懸，有照額之勢，主富貴早得，大運必至；輔弼也是在額的兩邊，夾拱著正額上方髮際對下的天中，色澤鮮潤而骨起有肉包者，必主少年得志。又見黃明之氣，是為吉氣，生於額上者為佳，另外見到有紫氣臨印堂，是為得到功名之象，必主顯達，若逢考試或有關重大爭取之事情時，額上現此二氣，必主成功。

忌低、忌陷、忌衝破，運防二十五之前；位管三十四之內；日月角暗，父母堪虞；髮腳岩巉，刑傷疊慮；髮尖沖印，不防改去免刑沖；髮鑽額中，不妨出斷免損害。額過突而陽勝陰，刑親難免；額而左與右，過偏庶出相宜；額上忽暗，親病牽連；額上忽烏，天災疊至；印堂白氣，服色三年；中正青筋，病沖數載；中正紋入天倉，早子妻生不利；中正沖過眉尾，父業縱有都空；筋沖、印陷、紋多、骨粗、兩眉豎起連逼印堂，眉骨强横，懸針正破，此等之相，不過刑剋父母，猶防本命鰥寡也。

「髮尖沖印、懸針紋」

額相最忌是有以下幾點：「忌低、忌陷、忌紋痕衝破」，見者須運防二十五歲之前，出現失敗而運勢不前，主要在功名學業上出現問題居多。額的位置主要是管一個人在三十四歲之前的運氣，故看少年運便須細心觀察整個額相。要看左右兩邊的日月角，是明還是暗，暗者父母問題多，家運不好，簡接影響其本身的童年或少年運，若見髮尖沖印，主刑剋多，根基淺薄，並容易受傷或多病，以致令父母擔心和焦慮。

又有一種額相也經常看到的，就是所謂的「髮尖沖印」，即頭髮中央，形成尖咀之狀，正對著印堂是也，這是早年易與父母分離之相，亦有家宅不安情況，不防改去而避免刑沖之力，即是剃去髮尖，將其改平，這對少年運有所助益。另外頭上若見有髮鑽生於額上，亦對少年運不利，主刑剋必重，亦不妨將其剃去，以免對少年運有所損害。

額頭一般都以突出、隆起為好，但過份突起而影響到到其它地方，變得凹陷不平時，便不算好了，此乃陽勝陰之現象，六親易有刑剋事出現。又額分左與右，絕對須要平衡對稱，不宜有任何一邊出現偏側，偏者是為庶出之相，以往每被送給他人，作為養子，現今世界，此舉已不合時宜，我們可以看到的是，有很多偉大的父母親，對於自所生的兒女，無論他們怎麼樣，也都不離不棄，因此，我們可以看到頭有偏側的孩子，每多屬於一些患有先天性疾病，或有先天缺憾者，對於一些不幸的人，不單止做父母，就算是一般社

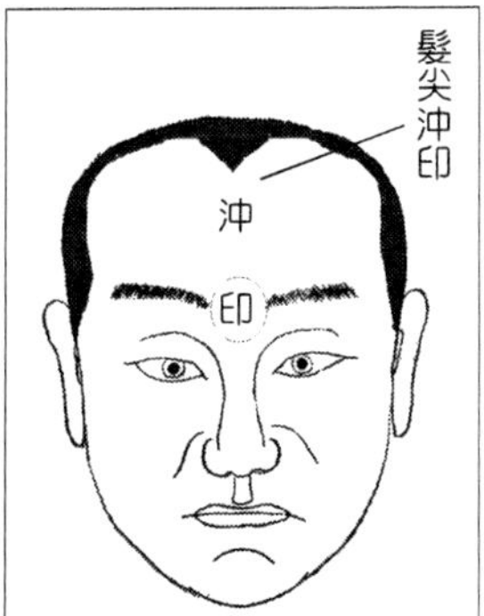

會人士，都很應該伸以援手。

看氣色最容易看的部份，當推額頭了，而事實上，喜忌之色每先發於額，如見額上忽暗，主有親人發病，自己則會受到某些事情所牽連；若額上忽然烏暗起來，好像天色忽暗，即將下雨那樣，天災便即將疊至了，此外印堂出現一度白氣，主有喪服在身，即家中有人身故；額上中正之位出現青筋，主將會受到疾病之沖擊，一個處理不好，可能引至數載的身體不安寧，故不可掉以輕心；額上中正有紋痕橫入天倉太陽穴之處，主早婚不利於子女及妻室；中正若有紋斜沖而過眉尾，主父業縱有亦空。

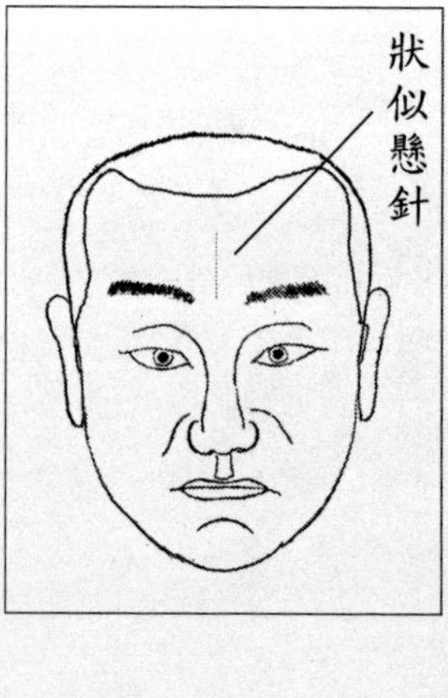

總之，額上不宜見到有任何的，筋沖、印（即見花紋有如蓋印）、凹陷、紋多、骨粗、兩眉豎起、兩眉相交連、眉頭逼印堂、眉骨太強橫、額上有紋向著印堂，狀似懸針之插破，此等之相，不單止

多刑剋，不得父母之愛，因早年的影響下，性格每易生成孤獨，應早立善心、積善行，以免出現寡恩失德之命運。

鼻相秘訣

四十一至五十歲行鼻運。

用兩顴為夾輔，兩耳為外纏，用枕骨為後樂，用唇、地閣為朝用；井灶為倉庫，少一不是大運。然有顴而鼻不好仍行得，其貴人輔也；獨鼻無顴，不可言行，其無輔也；鼻好而準垂下，是為洩氣，宜長須鬚以聚其氣，否亦不發；鼻孔過大無攔，即發即敗也。

「井灶倉庫、獨鼻無顴」

「用兩顴為夾輔，兩耳為外纏，用枕骨為後樂，用唇、地閣為朝用；井灶為倉庫，少一不是大運。」

以上是雲谷山人在他的著作裡，所講到的風水相面法的精華所在，最後一句所提到的「井灶為倉庫」，說明了鼻子在風水所佔的一席位。而面上各部位均須要絲絲緊扣地，不能缺少一樣，否則也會令運氣減弱。皆因氣接不通，便會在行運時，受到一定的阻力了。

有一個很值得大家留意的事實，就是很多人都只知有鼻而不知有顴，以為鼻子生得差，便會一事無成，但卻不知曉，原來有豐厚有肉而起的顴骨，雖然是鼻子生得略為不好，例如低平不挺，或鼻子小等，仍能行運而得到貴人之輔助，當然其成就及不上顴鼻俱佳的人，但亦算不錯了。

相反地鼻子高挺卻欠顴骨，是為「獨鼻無顴」，表示其人未能掌握命運，言行無力，亦難得賢人之輔助。鼻好而準頭垂下者，是為洩氣，宜長鬚以聚其氣，否亦不發。鼻孔過大而無鼻翼的遮攔，即發即

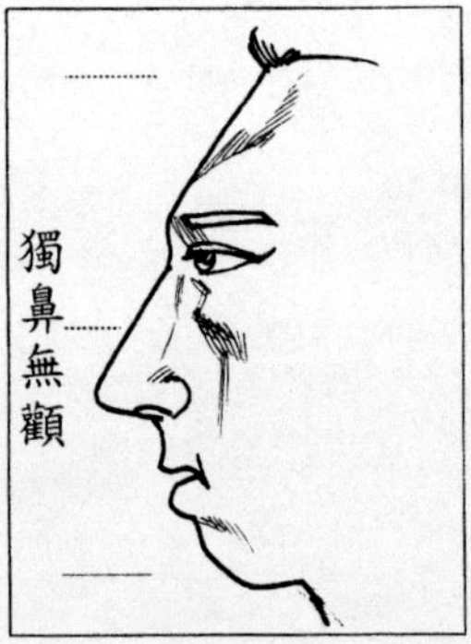

敗，運短而難以長久。

鼻為土星，居中而屬戊己，在面而居中停，理可決人之富貴福壽也。故鼻為土星，必須有輔，無輔不榮；必須有氣，無氣亦敗；有氣貫頂，則鼻樑豐而印堂滿，是有單犀伏；無氣貫頂，則鼻樑塌而印堂陷，是為氣旡，退凶臨；氣旡即紫氣，凶即月孛。

「土星、犀伏鼻」

面相五星以鼻為土星，人到中年便行這個部位了，它屬於戊已中央土，在面上則屬於中停，其可決定一個人之富貴福壽。故鼻為土星，必須有輔，無輔不榮，鼻樑要有顴骨相輔，準頭要有鼻翼相輔是也。也必須有氣，無氣亦敗，鼻子有氣則

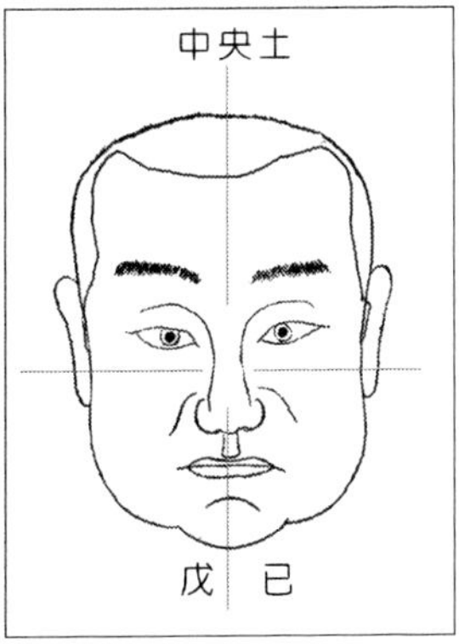

鼻直而氣勢貫頂，鼻樑肉豐及印堂飽滿，此是為有「犀伏鼻」之大富貴相。若鼻無氣貫頂，則鼻樑低塌而印堂下陷，此為鼻無氣之相，主中年遇到禍事臨身；氣旡即紫氣，凶即月孛。

斷山根而後有橫紋，應主腳疾；黑年壽而又或青暗，俱防血災；年上有節，少主刑親；年上有筋，應遭橫禍；豐而有肉，得顴而富貴可期，年壽位是；聳而孤高，無顴而寒貧愈逼，低塌而無樑柱，倉庫空虛；纖小而無情神，身居寒賤；黑子壓於年壽，人財兩劫宜防；青氣生在中央，疾厄須防漸至；山根青暗為催屍殺動；準頭青黑為占疾垂危；鼻上斑臨痣點，血痔一生。

「斷山根、孤峰鼻」

鼻相最忌是山根折斷，又怕山根一帶現橫紋，主患腳疾。山根之下是年上和壽上之部位，色青又暗，主防意外損傷。年上有節骨高起，少年運多刑親。年壽起青筋，主易遭禍患。年上豐隆有肉，主得顴而富貴可期。

整個鼻樑包括了兩個部位，就是年上與壽上，上為年上而下為壽上，統稱為：「年壽」，此處雖然宜高宜聳，但卻不宜太過孤高突露，但卻臉上無顴骨，此謂之「孤峰鼻」，乃因太自我孤立而破敗，受貧寒所逼迫。「年壽」低塌而無樑柱可言，天倉地庫又低弱無肉者，鼻子又過於纖小，主欠缺進取情神，身居貧寒而身份低微，受人操控難得自主之人。若有黑痣壓於年壽　，青氣生在中央，即將有疾病的來臨了，須防範於未然。

山根青暗，是常見之色，當人有憂患及疾病將至時，這裡會首先出現這種青暗之氣色。若這種青暗之氣非進入山根，而是佔據準頭，如問重病者必然垂危。鼻上斑臨痣點，主患上血痔或有秘尿系統毛病。

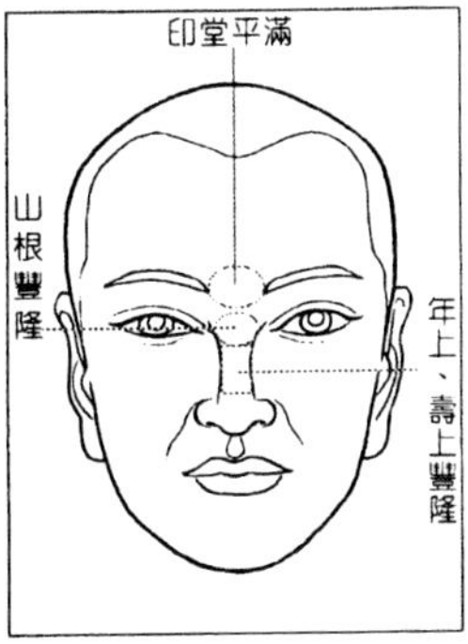

鼻上年壽總論

年壽羊刃紋拖，刀鎗屢遇；若有橫紋，夫妻隔角；若縱理紋，義子螟蛉；生八字定剋妻，山根位是；直射印堂亡祖業，山根有紋，直射印堂；蘭廷筋生紅白，酒色多貪；年壽帶筋而紅絲，水火為患；光潤無暇運將通，暗色不開財必累；如懸膽，如截筒，兼得兩顴照應，非富貴而何；似鷹嘴，心似劍鋒，兼之兩顴失氣，非孤寒奚有。

「羊刃紋、紋射印堂」

年壽有羊刃紋橫拖而下，主過著刀鎗之生涯，若有橫紋，夫妻隔角，皆因又為男子妻坐，女子夫宮是也。若有聳理紋在鼻，主養他人之子。山根紋生八字，定然剋妻。有紋直射印堂，主敗去家產祖業。

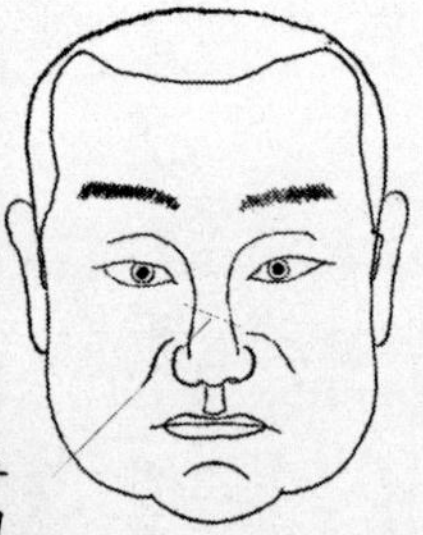

羊刃紋

山根有紋直射印堂；鼻翼生紅白絲筋者，酒色財氣滿身，性格又多貪。年壽帶筋而現紅絲者，慎防水火二災為患。若年壽光潤無暇，主事事亨通。若暗色不開，主錢財會受到別人之拖累。若鼻頭有如懸膽、年壽豐寬鼻頭豐厚，有如截筒，「是為截筒鼻」，兼得兩顴之照應者，非凡之富貴必指日可待。鼻似鷹嘴者是為「鷹嘴鼻」，心似劍鋒之險，兼且兩顴凹陷而失氣，更主孤獨寒刻薄。

紋射印堂

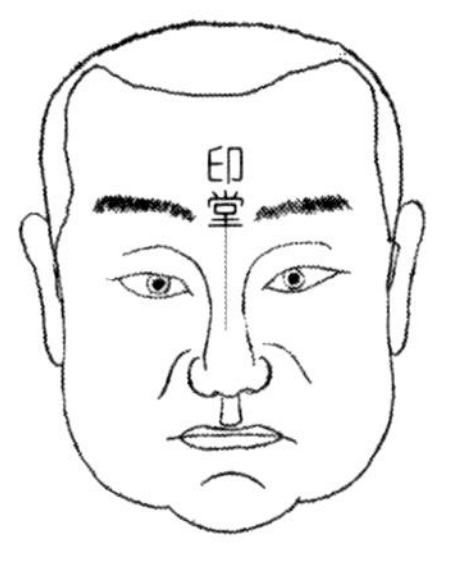

顴插天倉，準如懸膽，應得大富姣妻；顴骨胸橫，準無樑柱，應招六親冰炭；鼻垂肉而貪淫，鼻觜而心毒；鼻孔露而耗財，鼻孔小而吝嗇；鼻頭破而刑妻損子，鼻頭紅而耗散家財；蘭台廷尉最怕薄削無欄，金甲倉箱又怕沖流塌陷；準有肉而心慈；準得顴而勢足；又為肺

竅，紅主肺熱之處；又為土星，亦主火災之患；最忌空虛淺弱，分明好用又無財；最愛圓滿光凝，縱處困窮仍得福；樑柱端正，不憂貧賤而為奸；樑柱彎斜，縱富貴亦多狡；為皇者，鼻綜聳天庭必長、必厚，為相者，鼻聳中正亦厚、亦豐；三品官員斷無鼻上失氣；五品以下間有上塌而下圓；必宜慎審其氣之由方，不至之矛盾也。

「鼻頭破、顴插天倉」

顴骨插天倉，準頭豐厚有如懸膽，主娶富有之妻。顴骨橫突，鼻無樑柱，主六親緣薄。鼻頭下垂生性貪淫。鼻頭尖如鷹咀，其心狡毒。鼻孔仰露者耗財不聚。鼻孔細小主吝嗇。鼻頭破主刑妻損子，鼻頭通紅之人耗散家財；蘭台、廷尉最怕薄削無欄，兩邊鼻翼又名「金甲」和「倉箱」，最怕瀉氣成塌陷；準

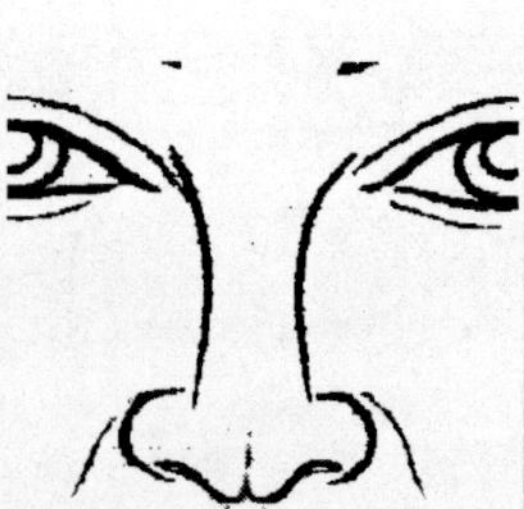

鼻頭破

頭有肉之人心性純善；準頭生得豐圓，更有顴骨起，主中年運勢必佳。

鼻子又為肺竅，鼻紅主肺熱，要注意健康出問題了。鼻又為五星中的土星，亦主火災之患；鼻形最忌是空虛，即無樑柱，又怕鼻翼淺弱，最宜鼻翼和鼻頭分明，主財富充足；更喜圓滿而有光澤色潤，主縱然處於困窮環境當中，仍能得因禍得福；鼻樑柱骨一定要端正不歪，主一生不愁貧賤，而且為正直心不邪；相反若見鼻樑彎斜，其人縱然得到一時之富貴，亦多奸狡行為。

鼻骨氣勢聳起而直插天庭，是為皇者之大尊貴相。又其鼻必長、必厚，為相者，鼻聳而中正亦樑直肉厚。古時的三品官員，一定不會鼻上無氣者；若身居五品以下之官員，間中亦可以見到有鼻樑低平但鼻頭豐圓之鼻子。大家必須審慎觀其鼻

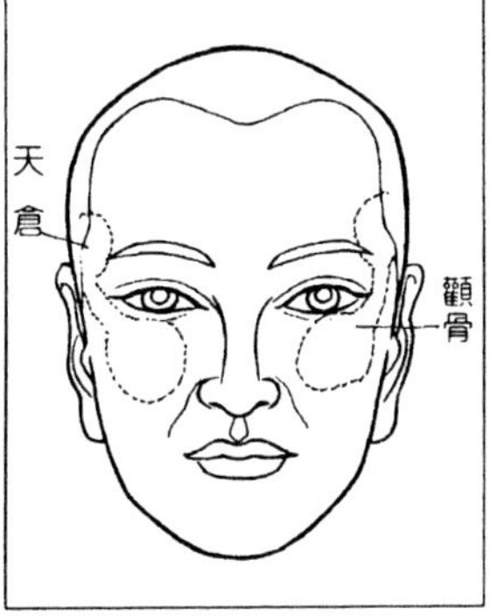

顴骨直插天倉

之氣勢，氣又是由何方而出，才不至於產生矛盾的情況。

註：鼻氣從山根出，也可以由印堂出，更有從額上而出，貴氣各有不同，若氣無從出者，即其人必額低斜，印凹陷，山根平，如此即氣無從出矣。

鼻頭有痣主痔病、年壽有痣缺者偏僻病，準頭多黑子主迍邅，山根年壽有橫紋及生節，主夫妻隔角；有縱理紋者，主養他人子；有紋如線過兩邊或二三條，妻主產死；直紋穿印堂及羊刃眼，主自縊；蘭廷紅白筋，主貪酒色。

「鼻頭有痣、鼻上縱紋」

鼻頭有痣，主生痔瘡病、年壽有痣或有缺口者，主身患奇症，準頭多黑子者，主運途迍邅，山根年壽有橫紋及生節骨，

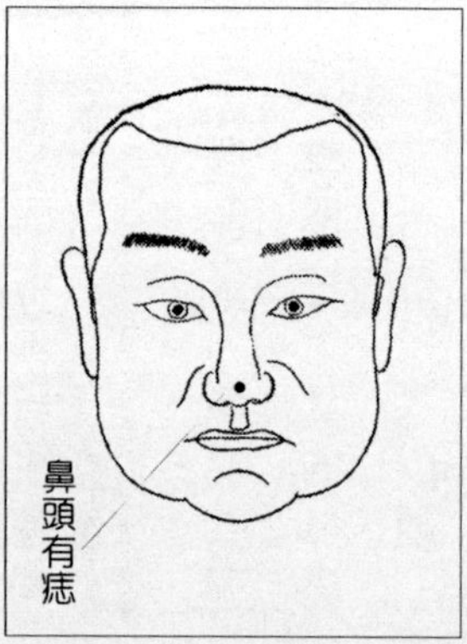

主夫妻隔角不和；鼻上有縱理紋者，主養他人子；有紋如線橫過鼻子兩邊，或見二三條幼紋，亦主妻生產或康健問題多；直紋穿破「印堂」之位，是為「懸針破印」，乃相中之大忌，這相跟眼露鋒芒的「羊刃眼」同樣是兇險異常的惡相，大都不能得到好收場。

準及年壽有紅線絲筋，主溺死；年壽上有羊刃紋多在上者，主刀鎗險，一紋一次；山根有八字紋主剋妻；直射印堂主祖業消亡及火災；黑子斑在年壽上者，帶宿疾；山根青黑色為催屍殺動，主旬內死；忽然生斑麻子點，主痔病。

「準頭紅絲、羊刃紋」

鼻翼紅白筋兩現，主乃貪圖酒色之輩；準頭及年壽有紅絲盤纏者，主防溺於水中；年壽上有「羊刃紋」交叉地劃破鼻樑者，主

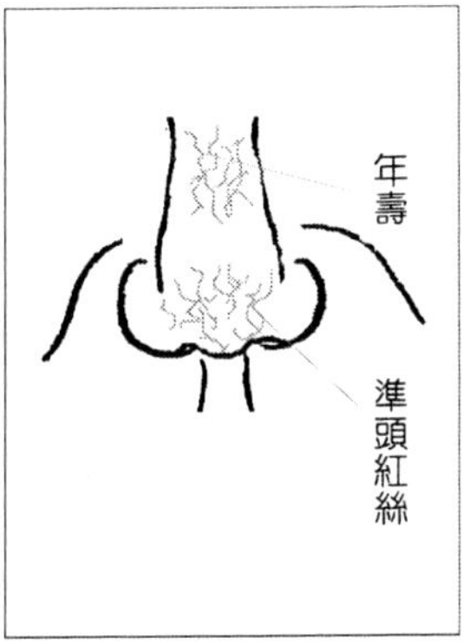

刀鎗之險，若交叉重疊，一重紋則有一重災。山根有八字紋，主與妻不和，否則便生離別；聳直紋上射印堂，主祖業消亡及得火災；黑子斑痕生在年壽上者，主身帶宿疾；山根青黑色長佔著鼻樑，名為催屍殺動，若然是重病或久病之人，主這一年之有生命危險；忽然面上生起斑痕、痲子或黑點，主患痔病。

齒相秘訣

齒者骨之餘也，可以卜富貴，可以定壽考。宜多、宜長、宜大、宜正，福壽富貴可期；忌缺、忌少、忌尖、忌疏、貧賤夭折可慮；內管丹田之氣，缺則破財而祿稀；外職壬癸之司，備則祿榮而壽永；短黑斜飛者，刑傷子嗣；白長正大者，福祿自身；疏少偏斜者，言多不信；端齊縫密，言必真誠；露齒言語不密；長唇多主慎言；結喉露齒，必死在他鄉；缺齒口垂，終防凍餒。少年齒落多不壽，四十前落牙是也；中年落齒多劫刑；中年復齒主添壽，晚年複（復）齒更延年；齒白唇紅潤大，朝元必祿厚。

「齒端齊整、露齒口、牙齒脫落」

齒者骨之餘，可以探知人的富貴，更可以定人之壽考。因此牙宜多、宜長、宜大、宜正，得以上齒相者，福壽富貴定然爭添；相反牙齒忌缺、忌少、忌尖、忌疏、犯此則貧賤，人際關係差，身體多病。牙齒內管丹田之氣，故不能缺，缺則破財，更影響到人的福祿；此外，牙齒齊備，完好無缺，兼且甚整齊而細密者，財祿充足榮顯，更是長壽之相。若牙齒生得很短，色又天生暗黑不潔白，齒向外斜飛者，主多刑剋和傷害，因子嗣問題而多生煩惱。牙齒潔白，長而又正大者，福祿隨身；牙疏而少，更有偏斜者，信用不好，或好說是非，出口傷人居多；齒端齊整，牙縫密而

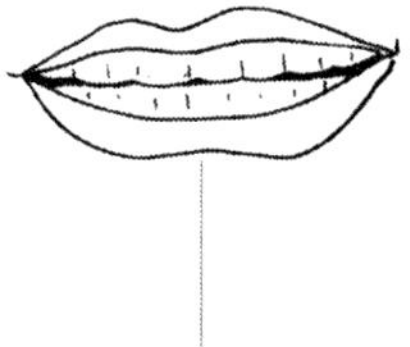

齒端齊整
牙縫密而不露

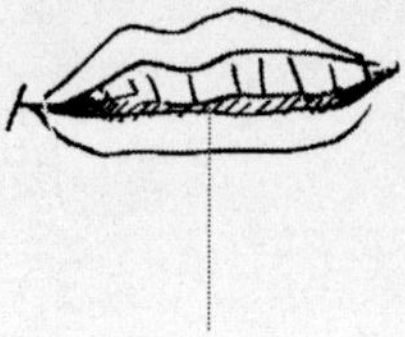
露齒口

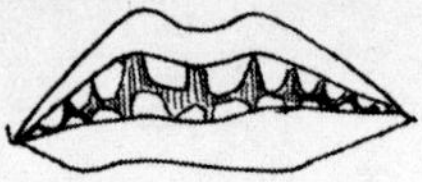
牙齒脫落

不露，其人言必真誠，能守秘密；若牙向前伸出，或口不能閉而露齒，言其不能守秘密，故不能訴之以心復之語。

另外，口唇長者多數是慎言之人；喉骨太突太現，又露上排牙齒，是為之「結喉露齒」相，主每身負難治之症，且他鄉而終者居多。口中有缺齒，口角又下垂的人，終防凍餒。

少年人牙齒大量脫落，多數患有牙周病，古人認為是未老先衰的現象，視為難享高壽之命，但這點須驗証，方能說出來。四十歲之前牙齒大量脫落，即是為早也。

若見有人剛踏入中年，便即滿口牙齒盡落，則主多劫數及刑剋；中年「復齒」主添壽，晚年「復齒」，更能長壽延年；齒白唇紅，兼且外形壯大又地閣朝元，晚年必主祿厚。

齒枯唇淡斜歪，緊皺必孤寒；黑堅忠貞，黑枯者貧賤；長大堅實，女貞節而男亦忠良；淡疏小尖，女貪淫而男獵色；庸夫俗子、或黃、或暗、或枯疏；輔宰公卿必密、必長、必堅、必厚重；生一二少主刑傷，疊生牙內外者是；露出當門，中年必劫，當門牙露；齒多者，固為富貴壽考，仍須辨色審；形齒少者固夭折貧寒，尤貴揣神而定相也。

「齒枯口歪、當門齒露」

齒枯唇淡兼口有斜歪現象，或咀太緊閉，又見咀外皺紋者，必主老來孤單貧寒。

齒黑堅忠貞，黑枯者貧賤；長大堅實，女則能守貞節，而男亦忠良之士；若牙齒生

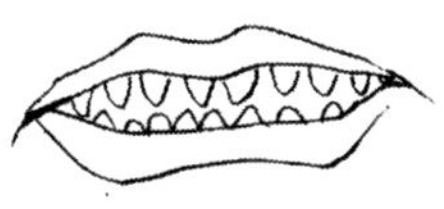

齒枯口歪

成「淡色」暗淡、疏、小、尖，四者俱全則不利於齒相，會女貪淫而男好色。一般庸夫俗子、齒或黃、或暗、或枯疏；輔宰公卿，即身處高位的人，其齒必密、必長、必堅、必厚。若見牙齒重生一二交連者，少年運差，有疊生牙，即兩隻齒牙生於內外者亦然。若見人露出當門二齒，主中年必欠運，當門牙露齒雖然差，齒多者固然好，但亦須要細心地辨色審形後，方能作準，齒少者固夭折貧寒，還須看其人是否神閒氣定，以肯定其人之實際情況，不要一看見別人的牙齒生得不好，便直指人非。

當門二齒露

相面秘訣

自髮際至眉為上停，自眉至準為中停，自人中至地閣為下停，此面之三停也；自頭至臍為上停，自臍至膝為中停，自膝至足為下停，此身之三停。面統耳、目、口、鼻、眉為五官，又統額、顴、鼻、頦為五岳；五官固宜相配，五岳猶貴豐隆。

「五岳、身三停」

人面以「三停」為看一生的指標，固而十分重要，自髮際至眉為上停，自眉至準為中停，自人中至地閣為下停。此面之三停是也；但身亦有三停，自頭至臍為上停，自臍至膝為中停，自膝至足為下停，此身之三停。

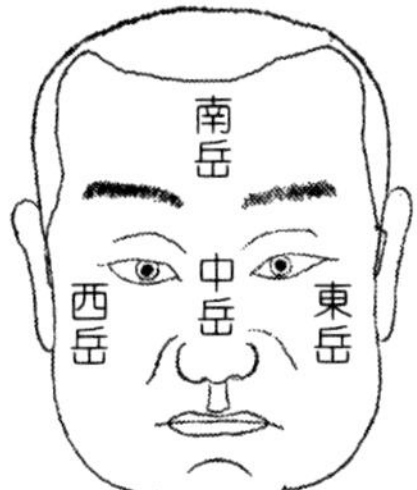

五岳

人面之相，以：耳、目、口、鼻、眉為「五官」，為一個統稱，又統一了：前額、左顴、右顴、鼻子、下巴為「五岳」；「五官」固宜相配，「五岳」猶貴豐隆，亦即五官欲其上下外圍有肉，是為「崖岸不走」之為上上之相，五岳則要「朝捧」，即骨起有肉是也，此亦上等佳相。五官五岳俱美，必主大富大貴，一生盡享榮華。

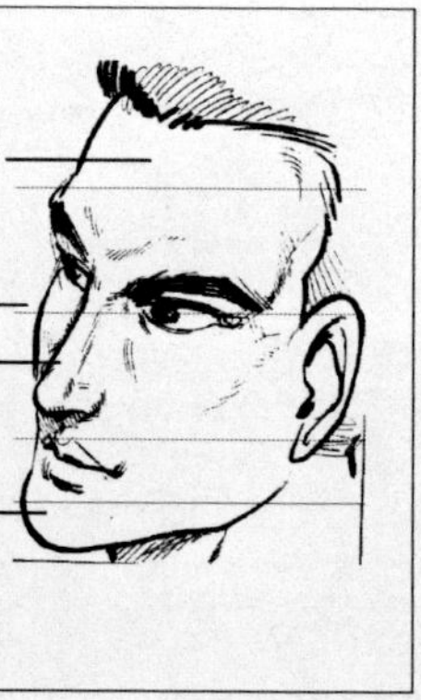

頭尖面小為一殺，亦刑剋勞苦；顴高鼻小為二殺，主刑剋，面大眼小為三殺，主刑剋，面大口小為四殺，主壽夭，面無城廓為五殺，主貧賤，刑剋不良，面光如油為六殺，犯天羅主，刑剋破財壽夭，而如傅粉為七殺，犯桃花，主淫刑剋夫，面如鐵鑄為八殺，主刑剋，招陰禍鬼昧，刑衝破害所宜，防天災橫禍所不免也。

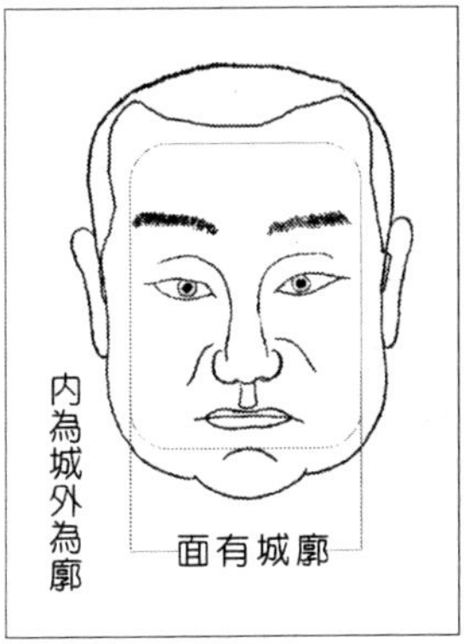

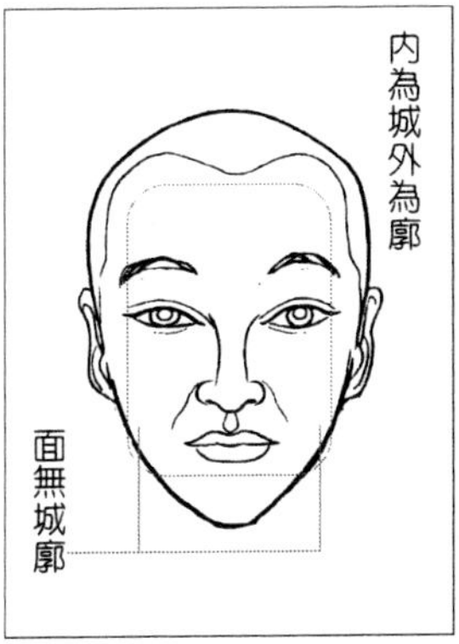

「面有城廓、面無城廓」

這裡說到「面相八殺」以：

頭尖面小為一殺、、顴高鼻小為二殺、面大眼小為三殺，均主刑剋及勞苦，面大口小為四殺，主壽夭，面無城廓為五殺，主貧賤，刑剋不良，面光如油為六殺，此又名「犯天羅」，主刑剋破財壽夭，面如抹厚粉為七殺，犯桃花而淫，面如鐵鑄為八殺，主刑剋甚重，招陰禍鬼魅。

以上「八殺」，犯一二項者，即生刑衝破害等情況，若然多犯，超過兩項者，更防天災橫禍臨身，這也是在所難免的了。

上述等都屬於刑剋重之面相。

此外要講的是面上之「中停」，主要看鼻和顴這兩處部位。

至如上尖刑剋面，中尖倉庫空，中狹無顴柄，中橫火性；因田字多福，日人多貴，顱面人多勞，兔面人多孤；上停豐滿福祿天來；中停隆盛富貴自享；地閣朝元晚福大；金木垂珠晚福豐；他如如腮骨不起，貧乏之流；腮骨大起，豪吞之輩；耳如張扇，耗家初年，兜風耳；耳若貼肉，守成立志；面粗身細，安樂一身，身逸心勞，面細身粗，貧寒到老。

「中停狹窄、兜風耳」

顴骨尖露欠肉，天倉、地庫又下陷無肉者，定然影響著中年運，中停狹窄的人，必無顴無勢而任人差犬，中停橫向發展，即骨粗顴面俱橫是也，主性如烈火暴戾燥狂；因字面、田字面型者多福運，日字面型之人多主貴，顱字面人多勞碌，兔

中停狹窄

字面人多孤獨。

上停豐滿者，福祿自天來；中停隆盛者，富貴得以自享；地閣朝元者，晚年福壽康寧。

耳為金木二星，取其有耳珠下垂，主晚年得享豐裕之環境；若見人之腮骨不起，乃貧乏之流；腮骨太露者，主霸道又犯上之輩；耳朵恰如一對張開的扇，主家財耗散應於初年，兜風耳者，耳圓向前反出，跟前耳略有不同，但命運一樣，後者則家庭破耗於少年。相反地，兩耳貼肉而生者，主乃能保存家業，守成立志以發揚傳統。此外若見人面粗而身細，是一個追求自在和安樂的人，雖然手頭上有很多工作，但卻很懂得忙中作樂，享受生活的空間。相反其人身逸心勞，即表面上安逸，內裡卻甚勞累者，其必面細而身粗，主終日貧寒。

兜風耳

耳目口鼻為四瀆，露則乏財，耳及口，露牙眼露；顴額鼻頦為五峰，硬亦無濟，露骨為硬，主刑剋辛勞；六府滿則富足一生，天倉兩頤，為兩順六府；四瀆露則貧寒一世；眉濃，陰際毛必盛，男陽物，女陰戶是也，眉密毛盛其性必淫；須鬢連胸腹毛必多。

「四瀆、六府」

耳目口鼻為面相的「四瀆」，代表這三處都有水，是發水之源，絕不宜外浮外露，主財運不濟，若耳和口露、牙與眼露，俱不能發。

註：尚有鼻孔露，更是財星洩氣，亦不發。

顴額鼻頦為五峰，又名「五岳」，若五岳生得太硬，亦屬無益，露骨又欠肉包者為硬，五岳硬主刑剋，主辛勞之命；「六府」即天倉（太陽穴）、顴骨和地庫是也，若豐滿而骨起有肉包者，主可以一生盡享富足，

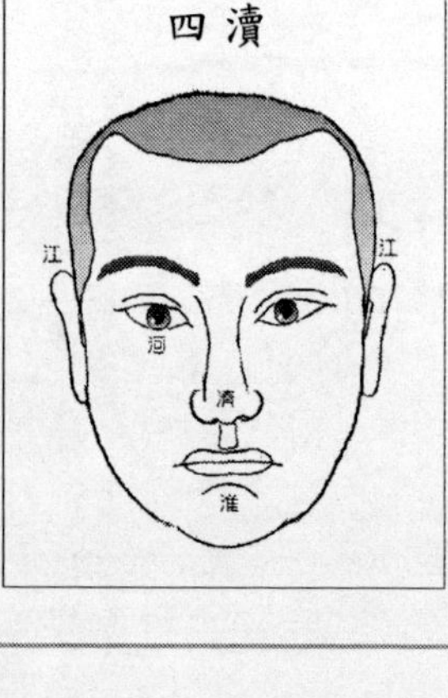

「四瀆」露則一生多飄泊，乃窮寒之輩。

眉濃之人，其陰毛亦盛，眉薄陰毛亦薄，此兩者卻有相通之情況，皆因眉看男性陽物，女性側為陰戶，眉密毛盛者，因為性荷爾蒙旺盛，故性慾較強。鬍鬚生得太密。以至鬍連鬢的人，其胸腹之間的毛亦必多，亦主性慾旺盛之相，若說其人會否淫亂，是有機會，但必須配合其面相各部位同參，方始作準。

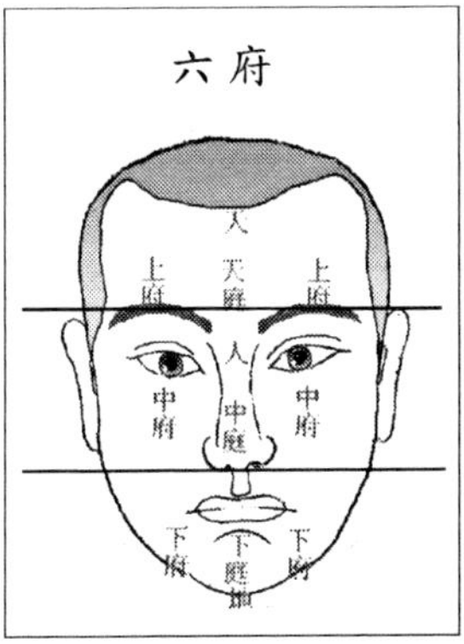

面無肉而人情薄；面中凹而機計深，凹者，額凹、地閣凹，獨鼻樑而不起，於趺斷者是也；面仰而人不義，仰頭無主骨，額不起，無兩頤，獨渇鼻起是為仰不義；面色暗而人多險，兩頭暗色，無光明氣；眉頭頻皺，多優多慮之人；印堂逢沖，多謀少遂之輩；眼露而鼻起節，中年夭壽。

「面無兩頤、眉頭頻皺」

面上無肉者，俗稱「面無三兩肉」，其人必情薄如紙。兩邊面頰凹陷（並非說生有酒渦，而是整片面頰下陷），其人之機心亦甚重、城府太深，滿腦子的計謀。

在一臉之上，凹者實為相中之忌，額凹少年人學業失敗、地閣凹晚年失敗，鼻樑凹最不好，主盛年及中年失敗，其敗每多因無情不義事所至。

面仰者，有兩種說法，一種是頭仰因而面向天，一副不可一世的樣子，另一個說法是，從側面看，可以見到其面型略斜，形成臉微向天者，兩者俱屬不義之徒。仰頭者無主骨，即額瀉，故而額不起，主少年運差。另外如果面無兩頤，所謂的「對面不見腮」是也，無頤而獨見鼻骨高起者，亦是不義之徒。面上色暗人多險詐，兩邊臉色暗淡無光，毫無生氣可言；眉頭頻皺，多憂多慮之人；印堂逢紋痕之沖，多謀少成之輩；眼露而鼻起節，中年夭壽，多

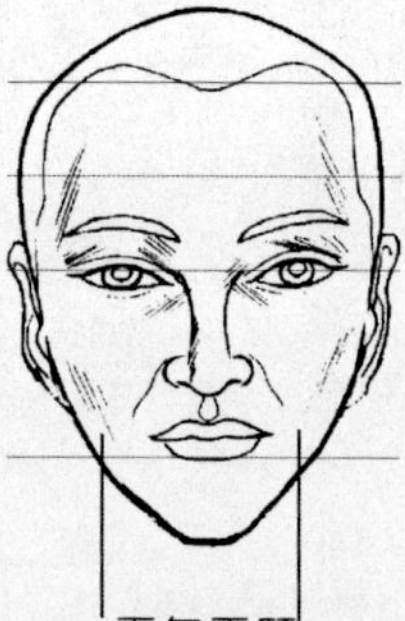
面無兩頤

數遇險事，否則也會急性病變。

額尖而鼻生稜，中年非分必有，主為匪人有逆理事；破顴而龍宮又暗，子嗣多虛；破額而奸門黑暗，妻室早傷；遲之格；眼睛深而倉庫空虛，天倉地庫，陷陽窩深；子遲之格，天倉陷而而龍宮破；名遲之格，耳低暗而學堂烏；少年得志，天倉深而福堂高；老大封君，地閣朝而須鬢唇潤；日月角起而知其父有功名，骨重肉輕，應知本身有刑剋。

「額尖、鼻生稜、龍宮破」

額尖，即是額有骨凸無肉包，鼻又生節者，中年易有越軌之行為，交上了壞朋友便會為非作歹，行事有逆常理。臉上最忌是「破顴」，即顴骨由面上斜削而下是

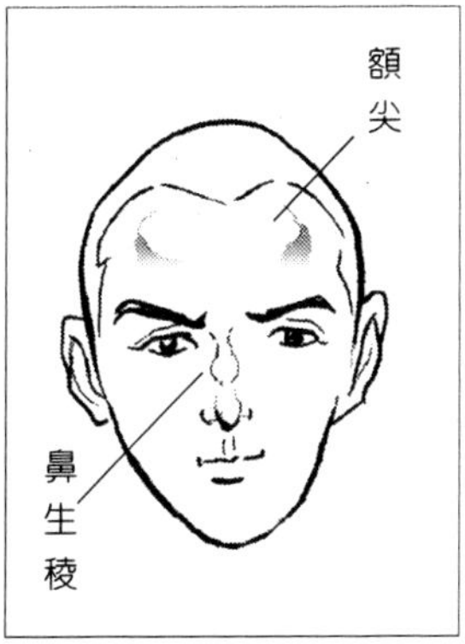

也，加上眼下「龍宮」又烏暗不明者，主膝下無子嗣。額多破損而奸門黑暗，主妻運會因子女問題而受影響。眼睛深入眼眶之中，但天倉地庫卻空虛下陷或欠肉者、陽窩深（面頰窩深），均屬子遲之格。天倉陷而眼下龍宮破（太凹陷），乃子息遲之相格。耳低暗而「學堂」（口部一帶）烏黑，主少年不得志，相反耳高色潤，兼且「學堂」明潤，主行少年大運。

「天倉」深（應該是平滿），「福堂」（耳端）高；主晚年事事順利運好，「地閣」朝元，鬚幼且唇色鮮潤，亦晚年甚佳。

要看人之父母，可觀額上的「日月角」，見日月角骨圓起有肉包者，即可知其父必有功名在身，或在社會上有地位及名望者。一臉之上或一身之骨重但肉輕，其人必多刑剋，人緣關係惡劣之相是也。

龍宮破陷

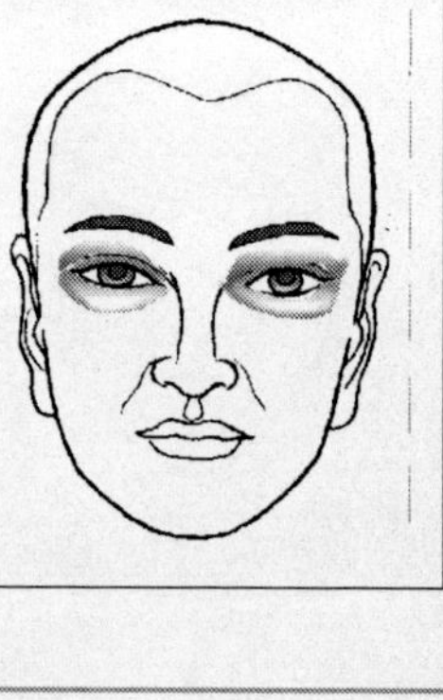

驛馬地陷出門；出門喪爲；月勃位暗，居家多憂；羅計八字，招小人而耗財；喪產月孛，位暗居家，多憂羅計，八字招小人而耗財，左眉爲羅侯，右眉計都主，招小人八字者過於下垂骨肉橫生，侮君子而兇暴，匪類不良之人；深睛凹額人多毒，厚唇頸短性必愚；眼豎顴高，假仁假義沽名望；眼大印陷，膽小心小見工夫。

「八字眉、眼大印陷」

「驛馬」凹陷，主出門必須十分小心，以免意外頻生。「月孛」即鼻部年壽中央位置，氣色昏暗，主居住環境及家裡多憂煩事；「羅計」即眉毛成「八字眉」，主招惹小人而耗財破產等事。左眉名為「羅侯」，右眉名為「計都」，招小人者會有「八字眉」，即眉尾過於下垂是也。

面上骨肉橫生者，是個不忠不孝之人，

八字眉

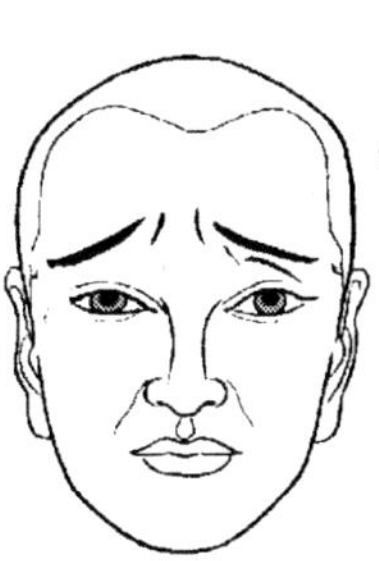

每每欺侮主人而生性兇暴，匪類不良之人是也。「深睛凹額」之人，即眼睛深深陷於眼眶之內，額又斜傾凹陷是也，其人性格惡毒而須防。厚唇頸短之人，性格愚頓；眼豎起，顴骨高，乃假仁假義之人，沽名釣譽之輩；眼睛生得大但印堂（眉心）下陷者，其人膽小，小心眼。

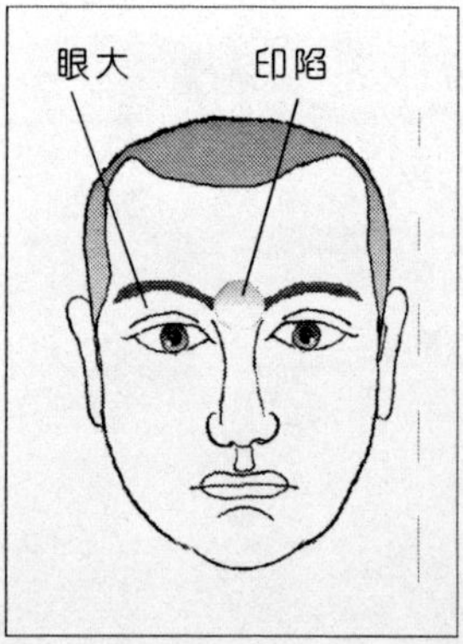

豪俠之人骨法峻；鄙吝之人鼻竅微；奸詐之人眼放蕩；涵養之人耳孔寬；兩眉高居額中，胸懷軒爽；兩眉低斜過目，好色貪淫，柳葉形，婆娑面；鼎甲之相，眉居額中，眉高伏犀，鼻其人鼎甲大貴；翰宛之形品格瀟灑，瀟灑者神清，而相秀軒爽；進士神剛而性介，神剛眼有殺，主官印即顯；舉人神藏而氣清；面目軒爽誰敢侮謾；形容愁慘定是猥哀。

「鼻竅微、眉低斜」

身懷絕技的俠義人物，警惡逞奸，其人骨法奇峻，必生有奇骨異相。相反鄙吝之人鼻孔微細；奸詐之人眼神如水光般主放蕩；有修德涵養之人，耳孔必寬；兩眉高居額中，主胸懷必大，運亦早得開通，兩眉低斜過目，好色而貪淫。「柳葉眉」輕清彎弓，配以「婆娑面」即面清秀者，能考取上好成績，十A狀元是也。眉居額中，即眉高照額是也，又有「伏犀鼻」，即鼻樑高骨直上透額，其人少年入壯年之大運，可取得社會上之領導地位，是為「鼎甲大貴」之大權貴相，於現代社會又如部門主管CEO。

酷愛讀書，成績超前於人者，而且取得成就的相格，如下以古時人作分類比較：

古時翰宛之形者，其品格瀟灑，瀟灑者兩眼神清，行動流暢是也，面相帶秀氣

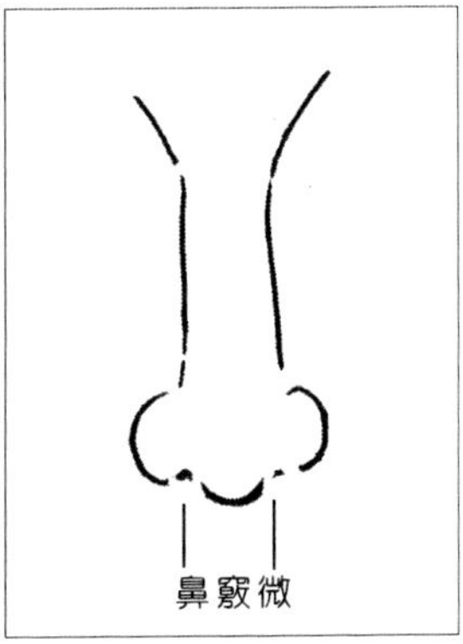

而有軒昂爽朗之感覺。

進士眼神剛強而有個性，神剛眼睛給人感覺到強而有力，主官印即顯。舉人神藏而氣清；面目同樣爽朗而有個性，給人一種不敢輕視的感覺。

若是形容帶愁，表情帶悽慘者，其人必經惡劣之命運。

眉棱骨起性多傲；面如滿月性常和；好食者唇紅口大，好色者眼醉眉濃；法清高形容瀟灑者道士可風；骨法孤寒，肉輕皮薄，僧尼可辱；眼惡之人宜速避，突眼睛，惡人也；準尖之人亦可防，鼻頭無肉，心多狡毒；顴暴之人多架禍，露齒之人多洩機，洩言敗事。

「眉棱骨起、面如滿月」

眉棱骨高起之人，生性傲慢。面如滿月者，性常隨和；好飲好食之人，每多唇紅且口大，好色之人，眼常存醉態更眉濃。

僧道的看法，有其獨特之處，因其脫離塵濁之世，故骨法亦跟一般凡人有所不同。一個道法清高的大德，必形容瀟灑，但卻骨法略為孤露，或骨格略帶寒薄。

身份低微的寺貫僧人，每多相有所不足而看破紅塵，其骨法每有所不足者，即有骨多肉少或肉多於骨之情況，這是長期修行和食素者的相，不能與常人相提並論。

若見有肉輕皮薄之僧尼相，此卻非真心向道者，因為有修行的人，就算是身面較瘦，但亦會給與人皮寬肉厚之感。

我們看相之人，若見到有眼惡之人，宜避忌之，眼白多而突眼睛者，是個大惡人；準頭尖之人亦須特別防，怕因鼻頭無肉，主心多狡毒；顴骨暴凸之人，每多生事打架鬭禍，遇之則吉。露齒之人多洩機密，敗壞事情，休與其交心多言。

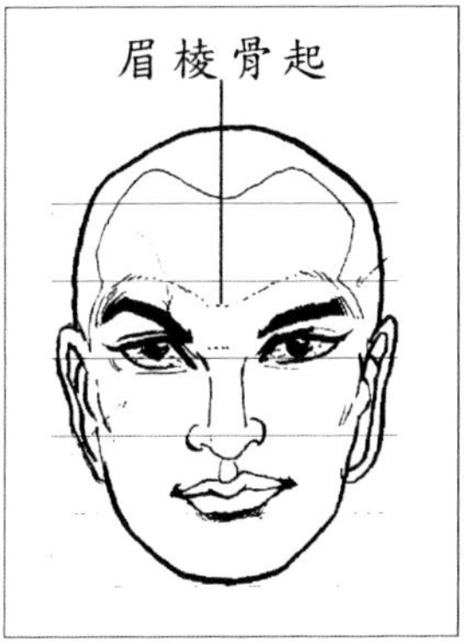

面白之人多無膽，面白之人不可與之謀大事，軍師不宜選此主，無勇；面紅之人多招災，官非口舌；面黑之人多隱僻，狡毒難測；面藍之人多好奸惡；面青之人多憂思；面黃之人多愼重，面紫之人多安逸。

「五行面色」

面白之人多為欠缺膽色而怕事之輩，因此不可與之共謀大事，軍師及行政之位，絕不宜選此相者擔當，此外有勇無謀之人，面常紅赤，主性格魯莽而多招無莽之災，易惹官非口舌。經常面黑如煙若一層黑炭灰之人，必多怪異隱僻，內心狡毒難測，須特別防範。面色常常帶藍之人，好弄奸惡；面青之人多主憂思；面黃之人每多慎重而思想周詳，面紫之人多安逸。

南方之人額為主；北方之人頦為主；東西之人看顴鼻，中省之人獨鼻尊；法令不可不明，不明為官必累，恐因刑法之人性；法令不可太深，太深殺酷必多；命門居兩耳之旁，滿則壽，陷則夭；鬢過命門心慈好德，此以福相。

反也正好，色者眼秀，而眉媚好，邪色者眼，光而眉濃，正色謂好

「各方面相、鬢過命門」

看相也要分南北兩方的人士，看法各異，南方人和北方的人，在面相上都有著不同的要求，南方之人，以看額為主；北方之人則以觀頦為主；東西方之人，主要看顴和鼻，中省之人獨以鼻為尊；法令不可不明，不明則為官必受累。因刑法而取人性命者，其法令定然太深，故法令適度即可，不宜太深，太深則殺業重，若眼帶凶，其人冷酷（日本軍國主義者，每多出此相格）其殺戮必多。命門

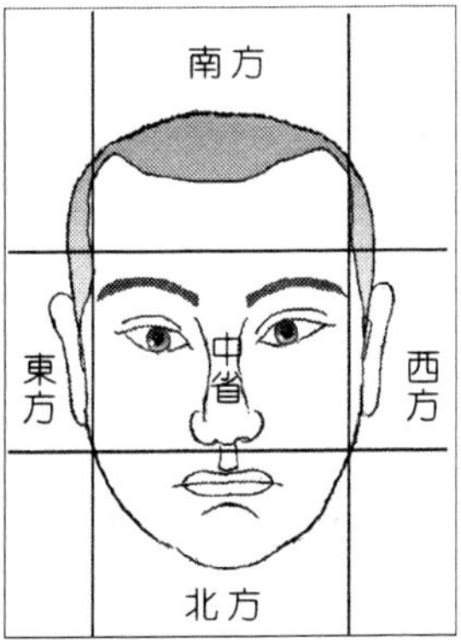

居兩耳之旁，眼尾之外，飽滿則主長壽，低陷者則夭壽。鬢過命門者，心慈而好德（有說中年運逆），但此處卻以福相論。

上面說明了各方各地之人士，其面相所須注意的要點，是近代講得最為淺明的了，其說法隱含了四方四維，東南西北中央等各地的風土特性，很值得大家進一步深入研究。

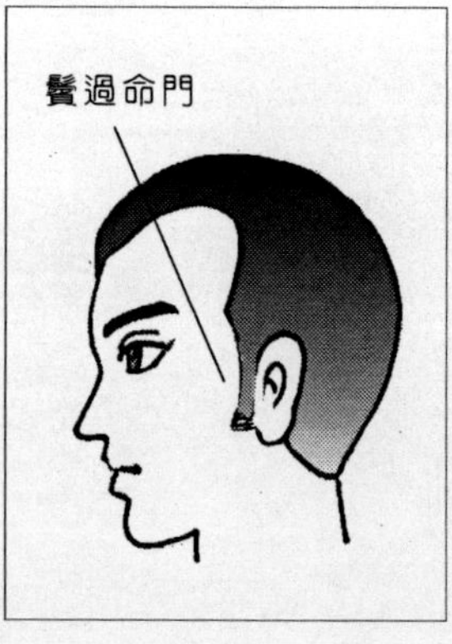

卷三

相顴秘訣

顴為兩岳，所以佐土星而行運也。無顴中運不發，縱有鼻亦為無輔，必須兩顴中聳有肉也。鼻有梁柱豐隆，准竅不露，準頭有肉，便是得配；忌露骨忌破，忌尖忌反，忌腫臃忌下，忌黑忌纏，忌邊高邊低，淚堂流破。

「有鼻有顴、準頭有肉」

面上一對顴骨，是為東南兩岳，其起著輔助中央鼻子的重大責任，因此，一個人想有大成就的話，那麼便必需要「有鼻有顴」，即所謂的顴骨俱起是也。只要顴鼻相配，主中年運必有大進取，這是成功者的一個先決的條件。

臉上無顴者，不發中年運，人生的黃金時間，恐怕就要白白浪費了，縱然有一個很挺的鼻子，亦無補於事，因此為「無輔」之相，故難發中運。

兩顴必須端正，高聳有度而肉包骨，鼻骨為一面之樑柱，必須豐隆，鼻孔為出氣口，故而鼻孔須藏而不露為佳，最後是準頭有肉，此乃顴鼻相配之相是也。

鼻頭忌尖，忌反仰，鼻樑忌臃腫也準頭向下垂形成鷹嘴鼻，忌黑氣纏於鼻上的任何一處，鼻翼最忌左右不對稱，邊高邊低（原文有說及淚堂，但與顴鼻似無關係，故而省略之）。

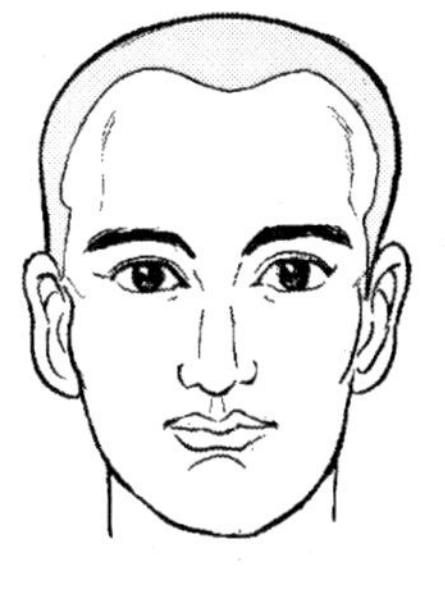
有鼻有顴

顴高則作事有權，顴低則作事遊移；無肉包則乖戾，有肉包則公正；太露主刑沖，帶破主壽夭；反則強悍，暗則刑劫；露骨則好勇為非，凹下則無權，偏則性情不定，橫則行為乖張，此相顴之大略也。

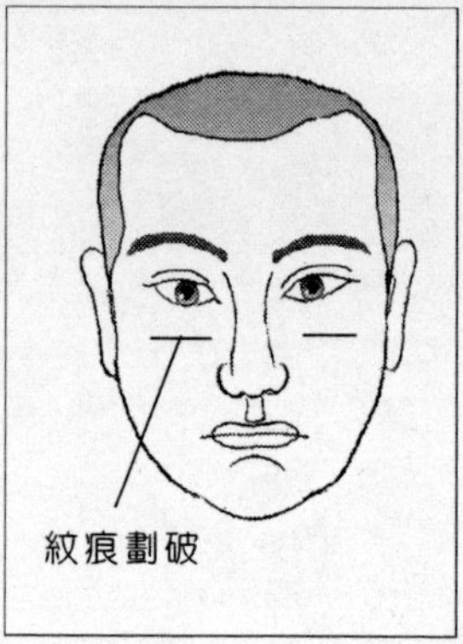

顴骨太露

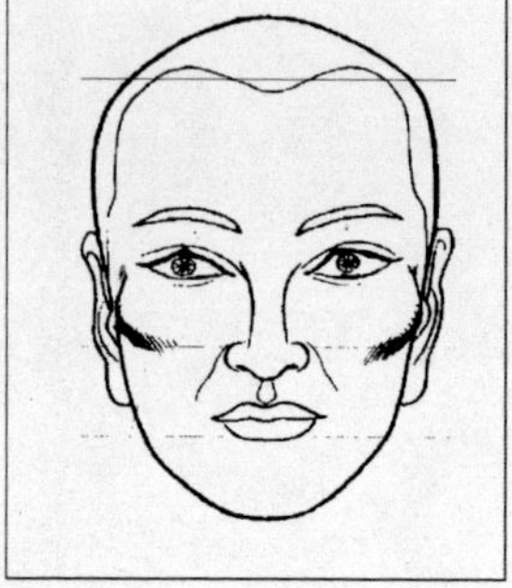

「顴破、顴骨太露」

看一個人有沒有權威，有否決斷力，大可以先觀其顴，故而兩顴最宜高聳有力，不宜顴低，顴低者性格會左搖右擺，處事則遊移不定。若顴骨惡露，骨雖起，但無肉包裹，其人心性乖戾，不及兩顴有肉包者為人公正，做事不偏不倚。顴骨太露者，命犯沖刑，易與人為敵，顴骨為紋痕劃破或骨分兩截者，是為顴破，主四十七、八歲前後有破敗事，顴反者，即是顴骨向外反露，有如一些打魚般，主個性太強，人好勝而倔強，有些人的顴骨經常地發出暗色，主多犯小人，易惹是非，顴骨粗露者，個性粗野，好勇鬥狠，顴骨凹陷者，無權無勢，一生受人差犬【遣】，顴骨偏歪不正者，性情左搖右擺，舉棋不定之人，心理不平衡，顴骨橫生，向面圍兩邊伸，是個陰險小人，心高氣傲，對人無禮，兩顴的看法大致如上所述。

顴之氣從命門來，如鬢門閉命門，顴必瀉肉，改命門位，肉必復生，然後准有輔佐，此秘傳口訣不可輕洩。

「顴有氣」

在這裡還有點可以補充的，就是「顴氣」了，在顴相中有看似不起，卻不起而起的，此實則顴中有氣，亦為顴之佳相，這種顴骨不外露，但看上去又像很有氣勢的，如此即使略低亦不損其貴氣，孫中山先生的面相便是（見圖），可以細看得到這個情況。大家還想更多的了解，可看本人的「神相金較剪全書」註釋本，這部份會有頗詳細的解說。

相頸秘訣

頸為天柱，上承元首，下貫一身；宜分形局以定短長，以配肥瘦

頸喚作天柱，在上承著頭部元首，在下則貫通著一身，最要因應各人不同的身形以決定頸項的短與長，以配肥頸項還是瘦頸項。

瘦人宜長忌短、忌筋，肥人宜短忌長、忌筋；筋露性暴，喉露性急；色黑多賤，色白多貴；圓潤而富貴並享，瘦削而貧賤可虞；傾則壽絕，健則壽長；頸後無肉多貧賤，頸有餘皮則顯榮。瘦人頸短壽必寡，肥人頸長財亦傾；頭歪者為之頸無力，壽有可虞；頭正者為之頸有神，福定然永；頭小頸大壽宜防，頭大頸小壽不永；結喉財必滯，如條命必長；過長者清貧高壽，班雜者性鄙貧寒；此乃相頸之準繩，理之現然易見者也。

「燕頷、頸筋現」

生得瘦的人頸項可以略長，而且忌見筋浮於頸，若是肥人，頸便宜短不宜長了，同樣地忌見頸筋，大凡頸浮現者性格容易暴躁。頸喉露的人急性子，頸上色帶暗黑多數地位低微，色若帶白者則主貴，頸項生得夠圓厚且皮鮮肉潤，是為「燕頷」上相，主富貴福壽，相反頸瘦而削者多數為貧賤之人，更忌頸項傾側，犯者其人壽之將盡，長壽的人頸必強壯有力，另頸後宜皮肉有餘，不要太緊，項上有餘皮者是主福壽之相，若是瘦人頸短者，恐其短壽孤寡，相反肥人頸長亦不好，主財運有損。

頭部歪是為頸無力，壽亦堪虞，頭部端正之人頸骨亦正，此為頸有神，定主福運持久，頭頸須要兩者相配，若頭生得小但頸部卻生得大，又或生得頭大頸小者，同樣須防壽不長

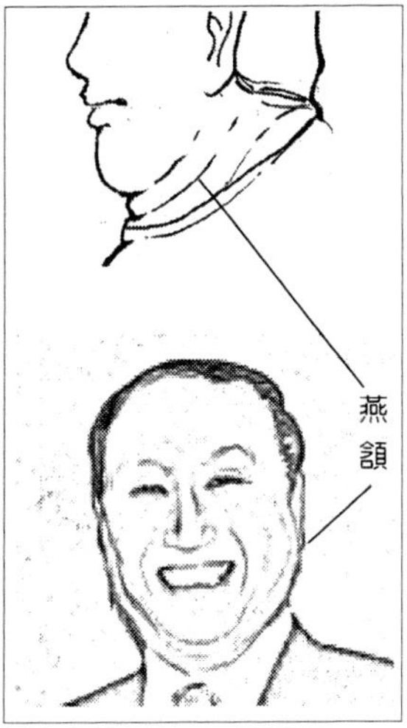

久。結喉者即喉核外露，主財滯不通（見註），頸項夠厚便會生出橫條紋，是壽相。頸又不宜太長，太長則有壽亦清貧，若有斑痕及雜紋交纏於頸，是貧寒相。以上種種都是看頸相的準確方法，其法理顯而易見。

註：男性都有喉核，這不足為奇，故人倫大統賦曰：「瘦人結喉身孤兆，肥人結喉刑剋」，通常相書都以「齒露結喉」一齊形這種相，即牙齒外露又頸無肉，喉核突出來(可參考作者人倫大統賦註釋本）。

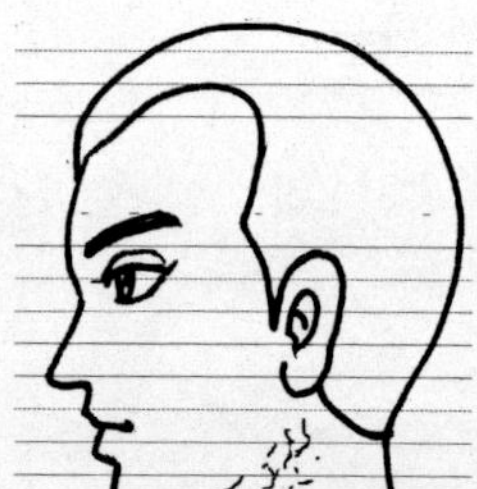

頸筋現

相骨秘訣

骨為陽，肉為陰，不可陽勝於陰；宜豐隆聳起，亦要肉包乃貴，倘孤露則俗而不貴也。

「陽勝於陰、孤露」

骨為陽生於內，肉則陰生於外，故不可以陽盛陰衰，骨粗露而暴露於外，皮肉削薄所謂的（皮包骨），骨相只宜豐隆，故又不宜太弱，只要有肉包便為佳相，此為貴顯之人，即肉厚骨豐是也，最忌是骨孤外露，形成粗俗相便無貴氣可言了。

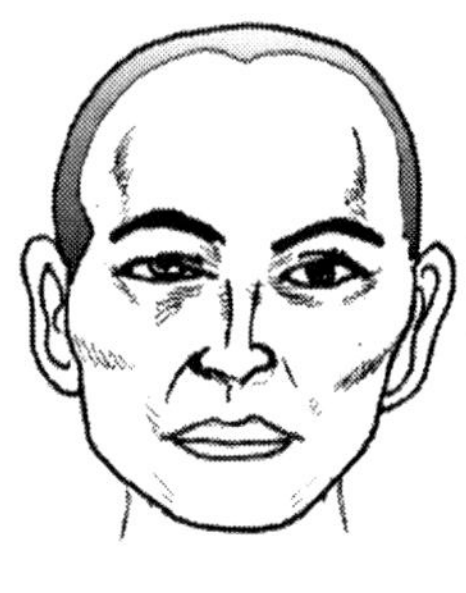

陽勝於陰

骨之貴者多在頭上，從鼻上天中，名曰天犀；從額上天中，名曰伏犀；日月角為父母骨；虎角為龍虎骨；輔角橫入邱陵塚墓，為驛馬骨；從邱陵上項心過塚墓，為仙橋骨；從天中項際分插左右山林，為金闕玉山骨；項心有小骨挺起，名曰玉環骨；項上有圓骨若軟若硬，名曰圓光骨；耳後有骨者，名曰壽星骨；山林塚墓豐滿者，名曰慕道骨；項上高圓者，名曰神佑骨；枕後有橫骨起者，名曰玉枕骨；若彎上者，名曰文曲骨；若三團者，名曰品字骨；一團圓起者，名曰金骨；孤露者，名曰木節骨；覆月樣者，名曰金水骨。

「伏犀、玉枕骨」

貴顯之人每多在頭上生有貴骨或鼻上見，大貴之人其鼻強骨壯，鼻勢直上至額上天中部位（天中即髮尖對下），所有相書都視為上上之富貴相，是為貫頂又為伏犀，此處則稱為「天犀鼻」，若骨圓而從前額起上天中位者，名為「伏犀骨」。額頭上兩邊日月角，左為日角代表父親，右為月角代表母親，可觀父母之強弱力量，虎角者又為龍虎骨。

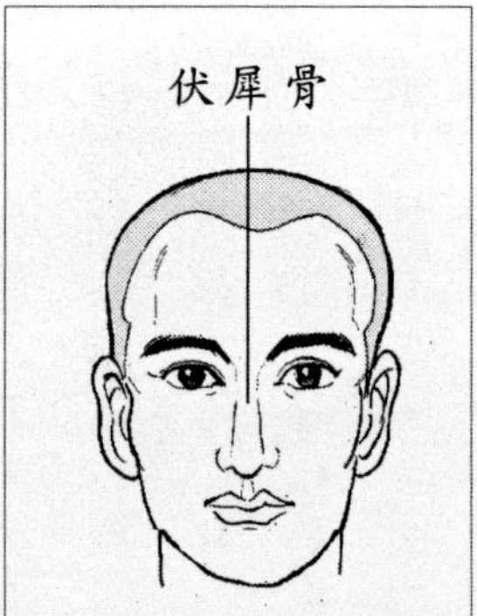

橫列頭骨部位分為輔角，邱陵，塚墓，驛馬等額頭骨，打從邱陵上至塚墓有骨顯又成一條橫於額的的骨氣（讀參考前文），名為「仙橋骨」。從額上天中髮際分別插入左右山林部位，這骨氣起者名為「慕道骨」。頭頂骨生得高圓者名為「神佑骨」。至於後腦有橫列骨起，是為「玉枕骨」，若此骨彎向上者名為文曲骨，若見左中右形成三骨相圍相向者，是為「品字骨」，一團圍著成圓起狀是為「金骨」。額之孤露亦即前面所指的肉薄骨露，陰陽不調，此名為「木節骨」，如成倒轉的月狀者是為金水骨。

註：總之骨相要整體「團結」與有「圓圍」，不能單獨而起引至不平衡，此乃相中之秘，也是難度極高極難理解的，因為一向強調額要圓渾飽滿才好，讀者一不小心便會誤以為額要各處高起，豈知這樣便會高低不平，何喜之有？所以便總結出「團結」和「圓起」的額相要領來，讀者定要活學活用。

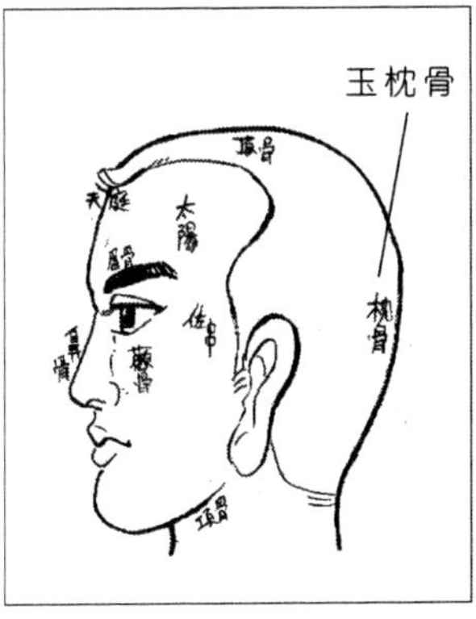

邊城有骨起者，名曰金城骨；印堂有骨起至天庭，名曰天柱骨；顴骨連入耳，名曰玉梁骨；顴骨入鬢，名曰驛馬外馳骨；顴骨插天倉，名曰富貴骨；仙橋金闕並起，名曰週仙骨；山林骨起，名曰隱逸骨；中岳豐隆，名曰神仙骨；旋生頭角，名曰晚福骨；旋生頤頰，名

曰晚富骨；諸骨俱宜肉包，不宜孤露；骨橫性兇暴，骨輕身貧賤；骨俗性愚蠢，骨寒多夭薄；骨露多刑沖，骨尖多蹇難，骨隆主福壽，骨奇定忠烈，此骨相之大概也。

「天柱骨、孤峰凸露」

邊城在兩邊太陽穴對上近髮鬢處，這部位名叫「金城骨」，印堂起直上至天庭，名為天柱骨，顴骨在面部兩邊，其骨連入耳門者，是為玉樑骨，連至顴骨是為驛馬外馳骨，顴骨斜插上天倉名為富貴骨，仙橋和金闕骨同起名為週仙骨，山林骨起名為隱逸骨。

中岳在人面的中間部份，包括了顴骨和鼻骨，這兩處都豐隆者名神仙骨，又說到有骨會「旋生」，但卻沒有作任何交代，我們只能意會其意，其指旋生於頭角的名叫晚福

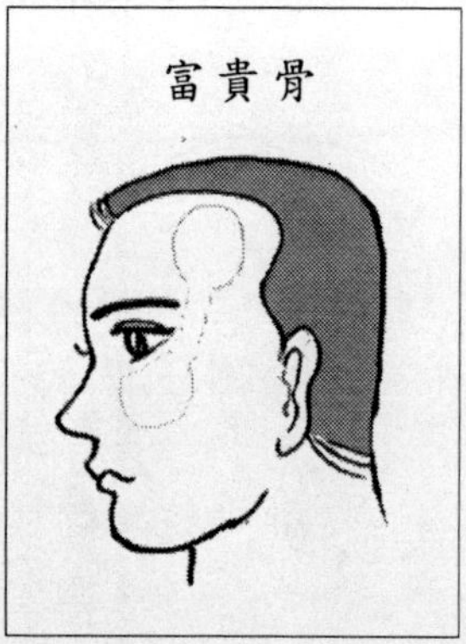

骨，旋生在頤和下頦的是晚富骨，但頤頦已屬北岳所管。

總之頭上所有骨都只宜有肉包，不宜孤峰凸露，以粗橫者為性格兇狠不仁，如果鼻太露而與面部不成比例亦視作孤峰獨聳，相反骨太輕亦屬不宜，骨輕肉浮者其人身份低微貧賤，骨粗露形惡者為俗主頑愚，骨格單薄者為骨寒相，主命薄而早夭，骨露故然多犯刑沖，骨格尖削亦多蹇滯生災難，骨隆豐厚者主福壽人，骨格清奇，相格特異，多出忠烈之士，以上都是骨相的概略。

註：骨格生在內而不能從外看得見，必須與皮肉相參，二者配合方能透示骨相之精華，骨相要看外而知內，其中深層之哲理，決非一朝一夕能懂，故這裡說是骨之概，骨之外相而已。

孤峰凸露

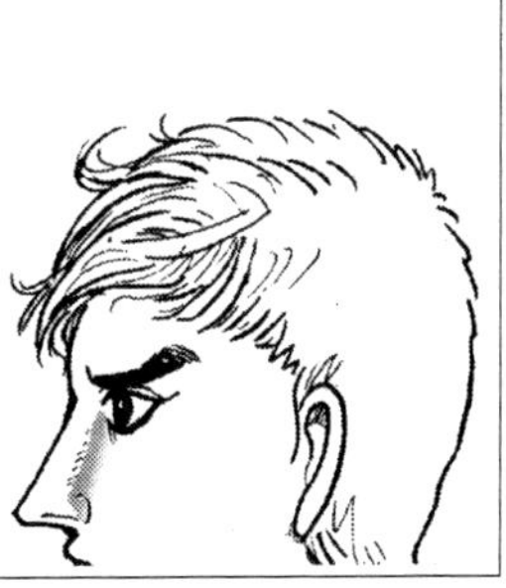

相身秘訣

身有三停，長短各宜得配；身有大小肥瘦，亦貴相宜。

面上三停大家聽得多，這裡所指的是人身上的「三停」，其長短亦須要相配合，人的體型各異，大致上可分成大小和肥瘦，亦要以配合得宜方為貴。

自頸至臍為上停，自臍至膝為中停，自膝至足為下停；上停長主安逸，下停長主奔勞，木形身宜瘦；長不露筋骨；土形宜莊重，背厚腰圓；金宜皮白肉潤皮鮮；火宜瘦硬，露骨起節；水宜肥胖，腫臃皮寬。諸形宜白宜黃，忌黑忌暗；水形、本形黑亦佳。

「身三停、五形身」

上停：頸至肚臍為。中停：肚臍至膝部。下停：膝部至腳底。這三停的相法如下，上停長於中下停者主安逸，下停較長則主奔波勞碌，木形人身形較修長，瘦長而不露筋骨為佳，土形人夠厚實，神情宜其莊重安穩，背部厚腰夠圓，金形人較方形骨壯，皮膚和肌肉均色宜白潤，火形人體格較為凸露，骨起節，且宜硬不宜軟弱，水形人每多圓渾飽滿，不怕肥胖，但亦不宜太臃腫，要有餘皮而不能太緊。

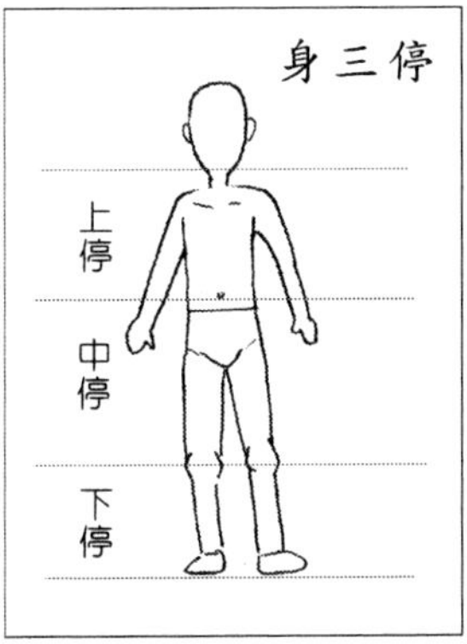

以上五行形相者，均須體色白中透黃明，切忌黑和暗滯，但因五行黑為水形之本體色，故水形者略帶微黑亦可。

胸宜平闊，忌窄忌狹；窄狹者。量狹識淺；乳宜堂大，珠多色黑、色紅俱利。主多子而貴；忌白、忌塌、忌破、忌小、忌毛多；毛以一二三條為玉帶，子貴而賢，過多則多生多剋；心宜平滿，忌陷忌拗，陷者心不足，拗者心有餘；忌尖忌突，心胸尖突名雞胸，主孤寒，心多狡毒。

「胸平滿、乳暈小珠」

胸部最好平滿，闊而不狹窄，否則其人器量也會差，兼且見識膚淺，另外乳頭四週名為乳堂，喜大不喜窄小，乳暈週圍的小珠宜多，色紅中帶點黑，若是女命為多子之相。乳色忌白，乳忌塌，即乳往下墜，忌太細小，忌乳上生毛太多，以生一至三條為「玉帶」，主得賢孝貴子，過多便成刑剋相，心胸上中間的骨切忌尖突，此名喚雞胸，是孤僻狡詐之徒。

肚上宜坳，坳則臍下有託，主人謙虛有福；忌飽忌脹，忌收忌瀉；肚上胞脹則腹下無托，主無結果；肚上若收若瀉，腹下無托，主無結果；肚臍宜深宜攔，深主有子而佳，攔朝主子無虛花，有結果；忌卸，卸而不朝，子必無結局，虛花有防；忌突，主子少有虛花，腹下宜有帶有托，有帶有托是為有氣，主子結局，無則無結束；忌凹忌收，收凹皆無托之謂，主無子結局。

「肚宜坳、臍有圍欄」

肚上宜現坳口，即如腹肌現凹凸是也，坳位凹處藏肚臍，是為腹下有託，主人謙遜有福德，忌腹上部現胃飽脹，如此即腹下無托，相反腹部太瘦弱凹收，肌肉無力而下瀉亦忌，此同樣屬於無托，主無後運可言。看肚臍相者，宜其深藏，臍外有圍欄，深則主生貴子。

總之肚臍要有圍欄，又要略向上朝方好，這便是生子有後，並得好結果之相。相

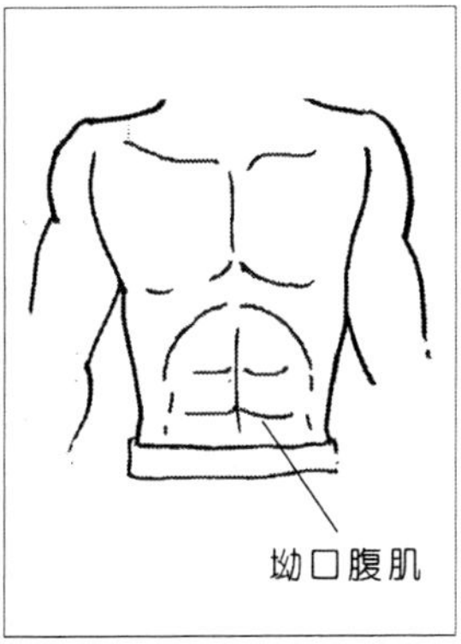

反，肚臍不能卸向下，此為不朝之臍相，有兒亦虛，子女總是病弱意外等問題，恐有無法教養長大之慮，亦即虛花不實之象。肚臍亦忌向外突，如此便不能藏氣，亦屬於子女運虛花不實之相。

此外，腹部須有圍肉以作承托，否則腹部瀉氣，有托者為有氣，主能結果，即是有子作承傳相。最忌是腹部成內凹收狀，此無托之相是也，是主無主承傳之命。

背宜厚宜豐，福壽富貴，並享三甲成也；忌陷忌骨，陷則無壽；露骨主勞疾病苦，又主無財福，腰宜平宜圓，主富貴福壽，忌折忌小，折則無壽，小則多淫。小腳宜骨肉勻調，股宜長短合配，膝宜圓而不過尖，尖主犯刑；趾宜而不過長，長則主勞；腳背忌露筋，露筋主辛苦無財；宜厚肉，腳板忌無紋，無紋主賤；足毛宜軟宜光，軟光安逸，粗硬勞苦。

「忌陷忌骨、腰忌太小」

背部主要是取其肉厚，是為富貴福壽之相，主三代同堂而子女有成，最忌是凹陷和無肉，背薄者不壽，背部見骨者勞碌多病，少有休閒。腰部宜圓，圓主富壽，腰要直不宜彎曲如折，腰又忌太小，折無壽，折而無壽，小則貪淫。

腳小的人宜骨肉平均，腳股宜長短合配適宜，膝頭則宜圓不宜尖，膝尖易犯刑剋，腳趾形文中漏字，筆者估計是方字，即趾宜方而不過長，太長則主勞碌，腳背則忌筋浮露，太露則主奔波無財，腳背最好是肉厚，腳板底最好有紋，平滑無紋者主低賤，腿毛要柔軟和有光澤，腿毛軟則安逸，硬者勞碌辛苦。

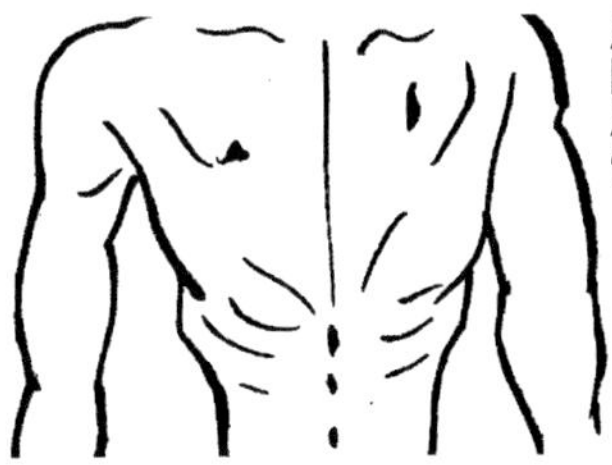
忌陷忌骨

臀宜肉宜肥，肥人無臀防子，女人無臀主賤；穀道宜有毛，有毛可聚財，毛多號淫；陽物宜小，大則淫賤，過長無子；陰戶宜軟，陰戶大無子養，太小主賤，寬主淫；陰毛宜少，男女同，陰毛多好淫；囊宜縮，腎囊帶皺如荔枝殼，是腎水足，相大足無病，多子且易成實；便宜散，散如撒珠；腋宜香，忌狐臭，凡有狐臭主夫婦無緣；膊宜平，卸膊主無擔荷，多貧苦，結局不佳，此乃相身之大概也。

「肥人無臀、膊頭側瀉」

臀部最宜肉肥，肥人無臀是為相之大忌，子女運差，女子無臀地位低，穀道為肛門，宜外有毛適中，財星得護，毛不宜太多，多則主淫，男性之陽具宜小不宜太大，大則淫賤，過長無子息，女子陰戶宜軟，太大不利子息，太小又主賤，太寬又主淫。男女皆陰毛宜少不宜多，陰毛多者淫亂，男子陰囊宜收宜縮，表皮皺紋如荔枝殼者，又如荔枝程成圓起狀，忌似洩氣垂囊，是為腎水充足，主

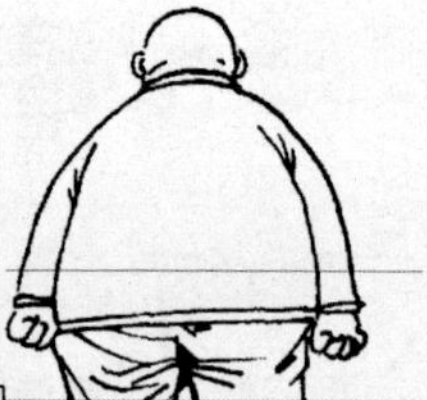

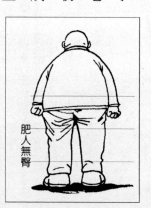

肥人無臀

無病而多生子，又易生養。

小便射出宜其散開如珠如點，腋下宜香忌生臭狐，會影響到夫婦關係，膊頭宜平滿，不宜卸膊，膊頭側瀉者人無擔帶，欠責任感，難當重任亦難望富貴。以上種種都是身相的一些看法。

夫人相貌形容，必有定局，如泥肥瘦黑白以定形格，則今日之瘦者，未必他日不肥矣；今日之黑者，未必他日之不白矣；以此相人焉有不差者哉！況夫金木水火土，各有肥瘦之分：如以金論，則有大金小金之別，所謂庚金辛金是也；以木論；則甲木乙木，以水論，則有壬水癸水，以火論；則有丙火丁火；以土論，則有戊土己土；是顯然肥瘦各一也。

「五行定局、各有肥瘦」

人的相貌形格，五行定局，若拘泥於肥瘦和膚色來定形格的話，那麼今天雖瘦，但難保將來不會變肥，而現在膚色黑，又不代表他日肌膚不白，如果只用這種表面方法來論相，未免流於簡單，易出差誤，更何況五行：金，木，水，火，土，各有肥瘦之分，若論金亦有大金和小金，所謂庚金屬陽，辛金屬陰，又如木，甲為陽木，乙為陰木，水則有陽壬水，陰癸水，火有陽丙，陰丁火，土有戊陽土，陰己土，雖然都同樣一個五行，但分了陰陽便不一樣了。

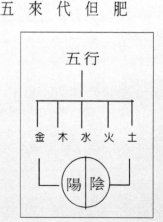

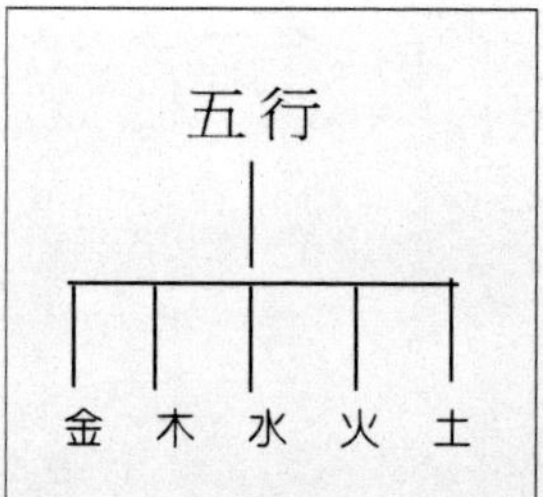

行文至此，原作者舉出古往今來都未曾有過的立論，就是借天干五行去認識面相五行，只可惜其著墨是點到即止的，因此筆者也無從解釋。但以筆者的猜測，應該是作者不想作深入細論，又是不想將其所悟得之相理輕易道出，怕後來者太輕易使用。又或者是作者根本只一時心血來潮，想到便說，並無根源可探，但筆者較傾向於前者。

總之這裡觸及「變相」，是面相學的大學問，極有發展空間。

又且有相生相剋之殊乎，甚矣，相面之不足定形局也；故掌屬先天，肥瘦有定，厚薄不移，相掌定形，此心鏡秘旨之真傳也。

通過五行相生相剋的配置，面上便產生出各種特殊形態來，觀面相而不足以定形局，因其每多受環境影響，故為後天。

掌相不同於形貌者，是掌的肥瘦厚薄基本上是故定的，不輕易轉移，故以掌為先天，看掌以定其人的五行所屬，是為原著之心要秘傳。

相掌秘訣

掌有八卦，而最緊要在巽、離、坤三宮。巽主財帛，離主功名，坤主子嗣。巽為福，離為德，坤為祿，掌心為明堂；宜平宜坳，忌卸忌突，忌暗忌筋。指為龍，掌為虎，指長固佳，仍求相配；木形之指乃長，其餘不能盡長也。

「掌中八卦、指龍掌虎」

一般掌上有八個隆起掌丘，中國掌相便以八卦作為代號，而巽，離，坤三個宮位，就在四指的對下，食指下為巽，中指和無名指下為離，尾指下為坤。巽宮看財富，離宮看事業，坤宮看子女。另外，巽宮主福氣，離宮主道德，坤宮主捧祿。至於掌心是為明堂，宜平滿或渦入，掌不宜瀉，瀉即艮坎乾（掌底下基位）三個基位太薄弱，以致掌瀉，又不宜掌傾，傾即巽離坤三個基位太薄弱，以致掌傾，更不宜

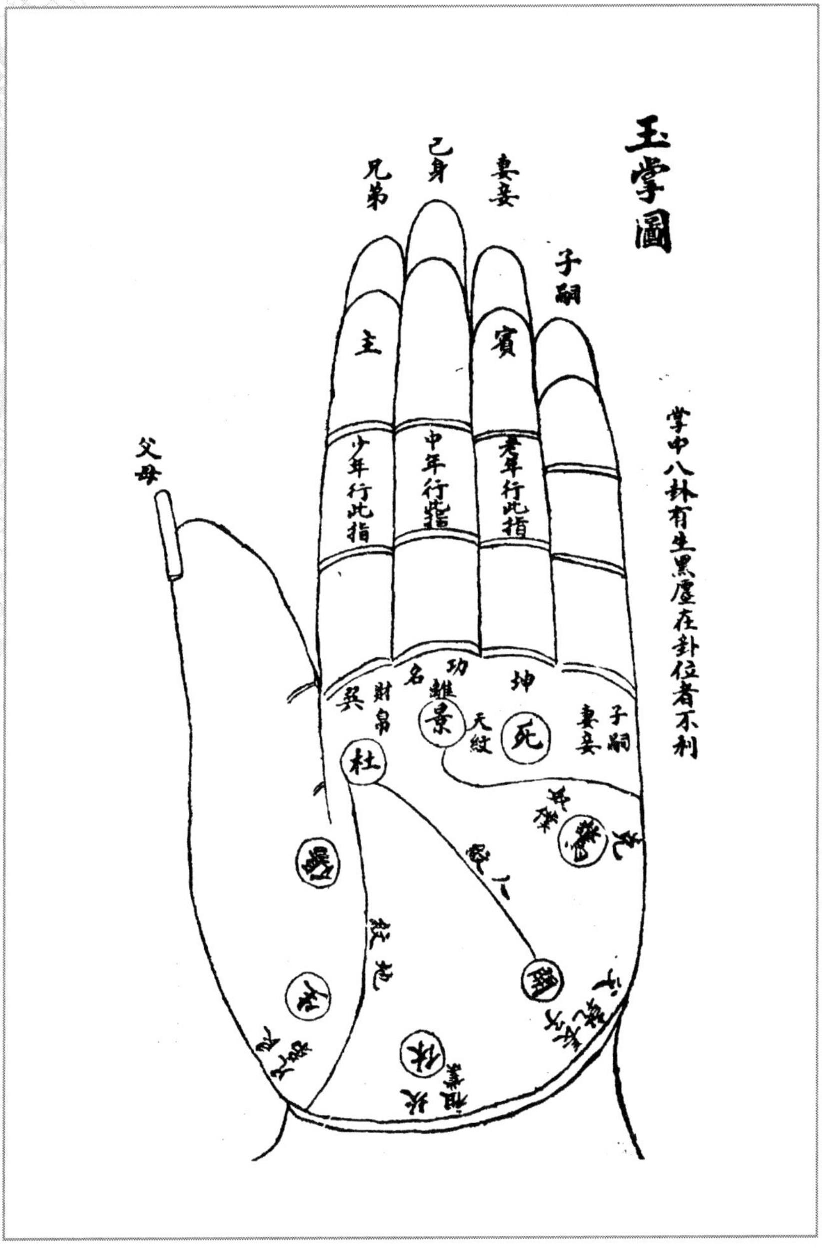
玉掌圖
掌中八卦有生黑痣在卦位者不利
兄弟
己身
妻妾
子嗣
主
賓
少年行此指
中年行此指
老年行此指
父母
功名
坤
巽
財帛
離
景
天紋
死
子嗣
妻妾
杜

木形

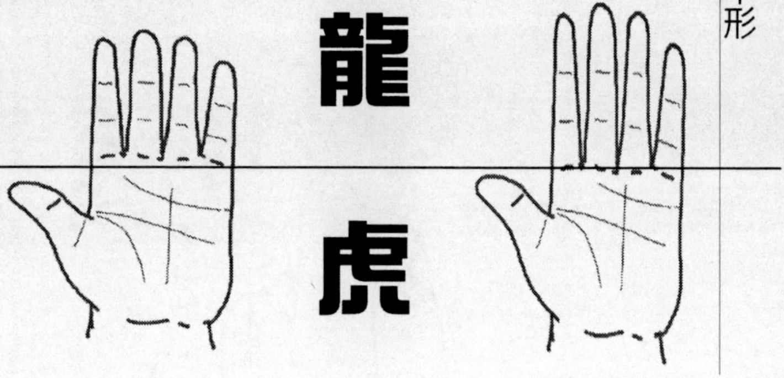

掌暗和掌中多筋。

指為龍，掌為虎，故手指宜長，但亦要與掌相配，木形之指取其修長，其它五形便不一定適合長了，例如水形和土形多數略短或與掌一樣長短。紋多固妙，或少亦宜；木形之掌乃多紋，其餘不盡多紋也、肥人掌厚，瘦人掌薄；肥人掌密，瘦人掌漏指罅疏也。瘦人掌厚主吝嗇，勤儉生財；肥人掌薄無財；掌背豐而筋不露，身逸多金；掌心紅而坳，不瀉富足有餘；露筋者勞碌，露節者耗財；掌小者貴，掌大者勞。甲宜健，主有膽，甲如鎚，主無能；節過大，主性懶；紋縱橫，主心雜，此掌中之大概也。

露節掌

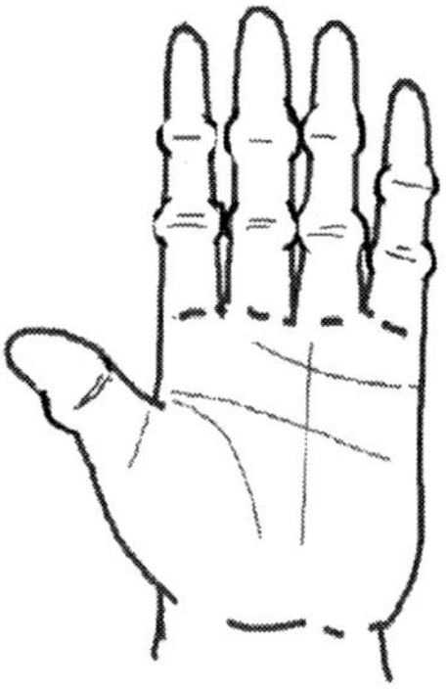

露筋掌

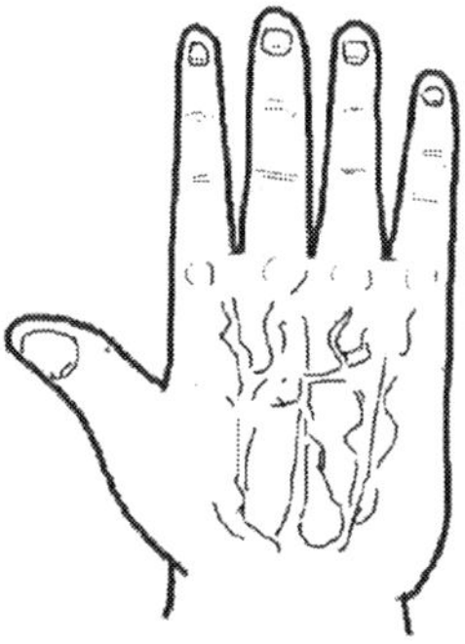

「露筋掌、露節掌」

掌紋的看法，不論是紋多或紋少，只要合於五行便可，木形掌一般紋多，其它五行則未必適宜掌紋多，肥人掌肉多而較厚，瘦人掌厚便屬不協調，是吝嗇勤儉之人，若肥人掌薄則財運較差了，掌背最宜豐厚，不宜筋脈太露。

金形掌的人方形，多安逸，掌心紅而微凹而不見掌底肉瀉者，主家有餘糧而錢財充足，一般以勞動為業或工作太勞碌的人，手筋每多外露，手指節粗露者貧困耗財，掌小主操作專業技術之人，掌太大則用體力勞碌工作，指甲要健康明亮堅硬，主膽色夠，但其厚若鎚的話，又為低能或無專長之人，指節過大如腫者生性懶惰，掌紋直紋與橫紋交錯者，心緒不寧之人。以上都是掌相中的一般看法。

帷掌紋宜深秀，深者現秀不粗；成字、成令、成印者俱宜；無名指下有紋沖近坤位，功名必有正路異路，多有此紋；末指下有紋沖，異路亦榮；直紋多，人必聰明；橫紋多，人必心紛；指節多橫紋主清貴，直紋主性靈；乾位豐圓紋不破，祖業可居；坤位缺陷紋多沖，多貪花柳；紋溢掌旁多好用，紅聚掌內運必通；

「掌紋深秀、坤位紋沖」

掌紋宜深，但深得來要幼細和清，即紋秀而不粗，若掌紋組合成一個字或印記的話，都是奇特相（按：現代掌相學著重三大主線本身不被沖破和清晰，成字或印之形的話，便有可能出現交錯而成忌，如若在其它掌丘上不壓在主線上，又不是太大，便無甚影響）。

無名指之下方為巽宮，縱紋由下而上伸

掌紋深秀

展至巽宮之上，是為沖紋，其人在事業上可以在正規大公司工作，亦可從事一些自由職業，若上沖紋到達尾指下，主異路功名，即在自由領域裡憑個人的某種技能闖出名堂，如掌中直紋為吉，中指下又為玉柱紋又名命運線，無名指下為財運線，尾指下為交際線，都屬於吉相。若縱紋多而細密者，主為聰明人，相反橫紋為凶，皆因橫紋會壓著甚至穿破掌中的人紋和地紋，故幼短的為影響線，深長的名障礙線，更不宜多見，會破壞掌紋的本身力量，因此被視為不吉之紋，如見細密而多的橫紋，是內心紛亂，心緒不寧之人。乾宮在掌邊底下，掌沿有肉厚圓者，無紋沖破，主祖上及父母有資產物業留下來。

坤宮被橫紋所沖或有凹陷者，貪花鬧酒之徒，掌的邊沿多紋浮現，指多好用，但其語不明略過，另外紅色聚於掌上明堂之內者運必暢通無阻。

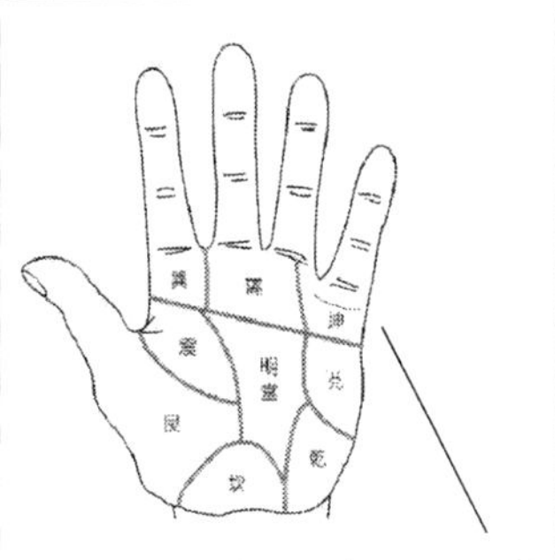

沖紋位坤

掌宜配面，掌長者面必長，掌小者面必小，掌方者面必方，掌短者面必短，掌圓者面必圓，掌厚者面必厚。如不合配，定從生剋以推詳也。掌又宜配身，亦如面宜配身，均同一理耳。故云身瘦面宜瘦，身配面要配掌，能身面配，富貴辨精微。又云頸短面長不利子，面短掌長不利財；身長頸短命必夭，膊聳頭縮壽早傾；宜身、掌、面皆宜配合矣。

「掌面相配、膊聳頭縮」

掌和面最好是相配，一般掌長的人面亦長，掌小面亦小，掌方面亦方，掌短面亦短，掌圓面亦圓，掌厚則面亦厚，這是針對一般人來說，若然兩者不相配的話，便須要從五行生剋原理來推其吉凶

按：例如掌方為金，面瘦為木，即先天的金剋後天的木，餘此類推）。另外掌和身都須要相配，其跟面掌相配的道理基本是一樣，因此，身瘦而面亦宜瘦，身配面再配掌，三者均等，屬

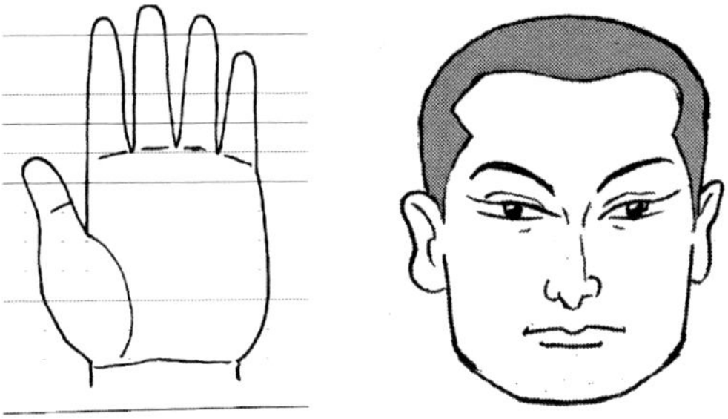

掌方面亦方

性相同便是吉配了，如是者富貴貧賤的細分便不難辨了。

又凡掌大而長者，粗者皆主勞碌之人；圓者、厚者、小滑者、軟者、不露筋節者，多是富貴之輩也，可不知乎哉。

「掌面相配、膊聳頭縮」

另外又指頸項短而面長者不利子女運，面短而掌長則不利財，身長的人若頭短是夭相，膊頭聳起頭部卻縮起，亦壽不長久，所以本篇最終都是提醒大家，身、掌、面三者要相配。

按：這裡再補充一點，大凡掌過大，長和粗的人，都是勞碌命之人，掌圓而厚，小而滑，軟而不露筋骨者，多數是富貴之人。

相行動秘訣

行乃一身之舉動，形為跡之所流露也。貴人之行，氣從下降，力聚踵履之間，故身不搖而足不亂也；得一「重」字所以貴。

「氣從下降、力聚踵間」

行動亦有相可尋，這是相學中動相，非一般形態上可得見，一身之舉動形態，只要細心觀察，亦有蹟可尋，有其形便會有其蹟留下可以細察了，貴人行路的動相，其氣不浮而下降，故力聚足踵腳根與鞋底之間，故而身不易搖擺，步亦不會亂，重心穩故而可得貴相。

賤人之行，多伸縮無腰力，多偏倚無足筋力；夭人之行多軟弱氣衰，多輕浮，得一「輕」字，得一「浮」字；奔走之人不住趾，得一「忙」字，得一「急」字；狡人之行多過頭，頭下垂者先足後計算，狡毒之為；剛人之行多挺秀，拼死不懼，敢作敢為；商賈之行身重而足輕，爭圖利便之相；封君之行身重而足定，背厚臀圓有福之象；位小者行必搖手，力在股肱，急公奉上之象；位大者，行必身壯，氣藏胸背有威而又能自狀，多觀便識喻毫微。

「伸縮無力、足不住趾」

人之貴者既可從行路相分得出來，低賤者亦不難分辨，其行路每多伸縮而無腰力，多偏倚不正，像足筋無著力，夭壽之人行路軟弱而氣速，腳步浮浮，像沒有重心以的，勞碌奔波波之常人，腳著地時足趾不著地，因其生活習慣於忙與急，狡猾的人行路每多頭先過步，且頭部下垂望地者，亦為狡毒之輩，剛強勇武之人行路身挺步秀，主勇敢而無所懼。商人行路相，其身重而足輕

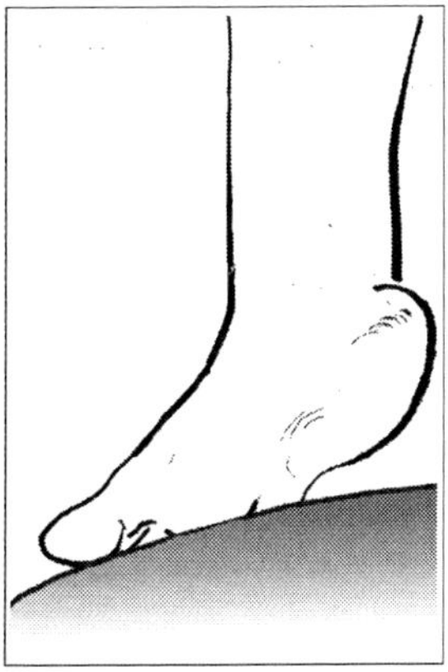

居多，性格每多圖利爭財，若看受封或有官職之人行路，其背厚臀俱圓，有福之相，地位低微者行路定兩手搖擺不定，行路力在股肱之間，多為替人奔走者，地位高者，其行路必身壯實而氣藏腹部，胸背有威而不傾不倚。大家只要多觀察，便可以看得出種種微妙之處了。

相飲食秘訣

飲食憑水星，水星為祿堂，飲食之司也。

紅潤嘴朝，食祿必豐；黑小覆斜，衣食必薄；貴人飲食，易容受而吞咽無聲；所謂龍餐虎食也；賤人飲食多泛溢，溢而咀嚼有響，所謂豬餐狗食也；鼠食者、夭折貧寒；雀食者，饑餓凍餒也。

「紅潤嘴朝、黑小覆斜」

相飲食的方法，主要看水星，即口部，水星又為祿堂，是掌管人飲食之部位。嘴唇紅潤嘴角向上朝，主豐衣足食，嘴唇黑，既小又反

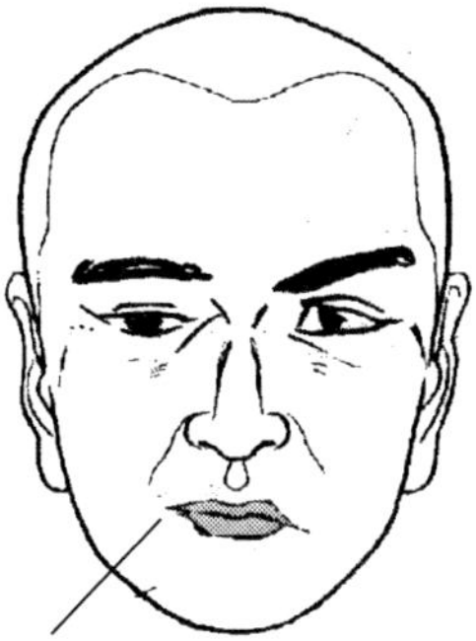

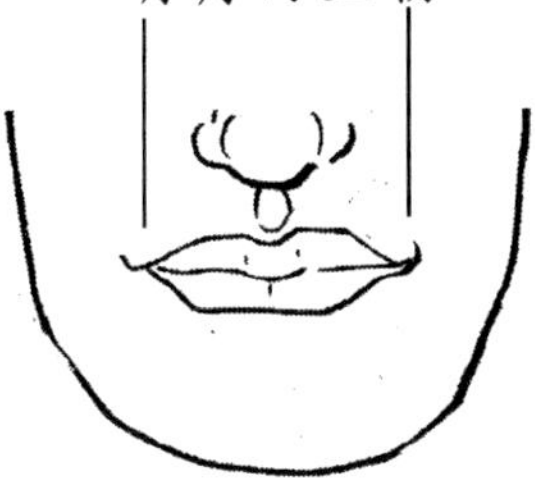

或斜的人，工資微薄，入不敷資，貴人飲食暢順，故吞食而不發聲，此謂之龍餐虎食，低下之人飲食每多邊吃邊跌出碗外，咀嚼時發聲，此為豬餐狗食，又有如鼠食類似之相，都是夭折貧寒之人，更如雀鳥之啄食者，主乃饑寒交迫之人。

食能兼人，地閣朝腹有托，大福之人，食能兼人；地閣不朝腹又無托，丐食之人；有食必病，皆因唇薄口小之人，（無安）皆是唇紅齒白之輩；噎食者，因鬚困口，故主胃寒；餓死者因口反，唇又遭紋破，凍餒紋入口或口外多紋；服毒皆由白氣入，絕食皆由黑氣侵，黑色蓋口病主死；放飯流歠皆是賤，人嚙骨咬筋亦同其類。

按：唇紅齒白本為健康好相，文中說「無安」，相信是字誤。

「鬚困口、白氣入口」

在進食的時候，能兼顧別人，地閣下巴朝向前，腹部不瀉是為有托，是有大福可享的人，若食能兼顧他人，但地閣不朝，腹又凹陷無托者，是為乞食之人，有些人很容易吃了東西生病，抵抗力很弱，只因唇薄與口小，唇紅齒白。

鬚困口者易因進食時堵塞氣管，又主胃生重病，因不能進食而亡者，其相多為口反成覆舟口，口部扭曲變形居多，又肌寒交迫者每見口形扭曲，和口外的肌肉變形亦是，服毒的人皆因其白氣入口，因不能進食而亡者，每多黑氣侵口，如為病者，是得絕症之表徵。

人之食相像野獸是為下賤相，若有人像猛獸咬筋噬骨，其性亦近於獸類。

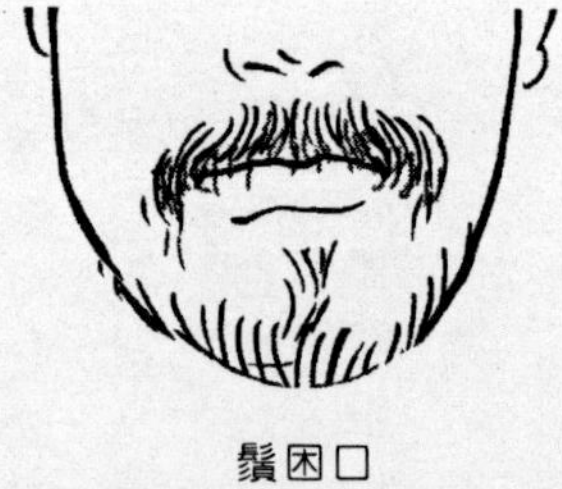

鬚困口

審痣圖

黑者凶紅者吉
紅在黑傍化凶為吉
婦人額上有黑子主刑剋不甚旺夫益子面上多雀痴主淫慾少子

鐵關刀 附 審痣圖

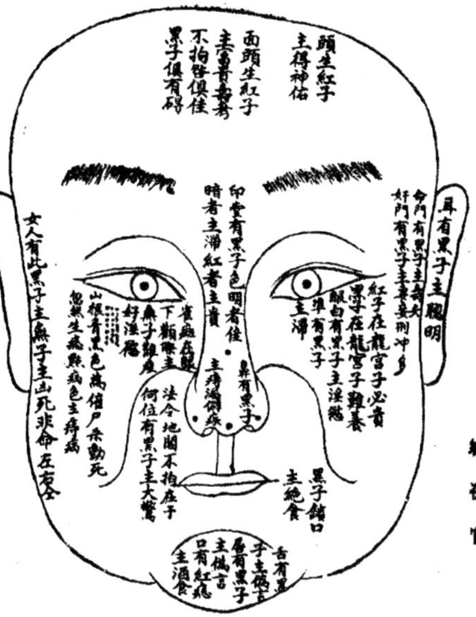

面上痣圖

紅者皆吉，黑者皆凶，左右仝，紅痣在髮際內主貴，在髮際外主大貴，天庭上主朝天子，天庭下主貴，利官爵遷升，在驛馬傍者，主出使外國或封疆之任。

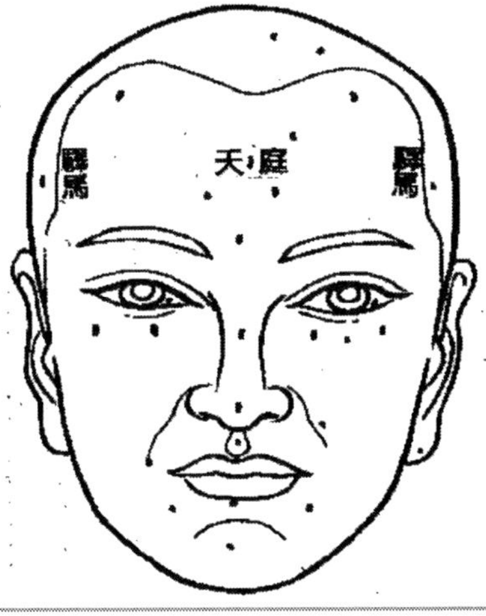

神相金較剪 附 面應圖

血癦者，由五臟六腑而生，本心田陰騭而發也。故人必以有血痣者為貴，而黑癦不與焉。

血癦從五臟六腑而生出，本著心田之好壞，與陰德而發露，故人以少見的紅色為痣（血痣），生善痣主貴，以一般的的黑色癦（黑癦）為惡為忌。

血癦根心田，存心善者則生也；前有惡而後有善則生，前有善而後有惡則瘀；人能以善存心，血癦必起，起於山林、塚墓、邱陵者主壽，而身得，又得吉地，起於山根、鼻准者主貴；起於淚堂龍宮者，子孫顯；起於奸門魚尾者，妻妾賢；起於口旁者主祿，起於印堂者主貴，起於頂心者主成仙佛；起於手腕掌指者，主通神道；起於乳胸腹背臍陰者，主貴子榮身；於腋下者主通神遊，於足者主貴，起於耳者主神聽，起於目者主神視；血癦之生無位不佳，至於黑癦光於漆，藏於身

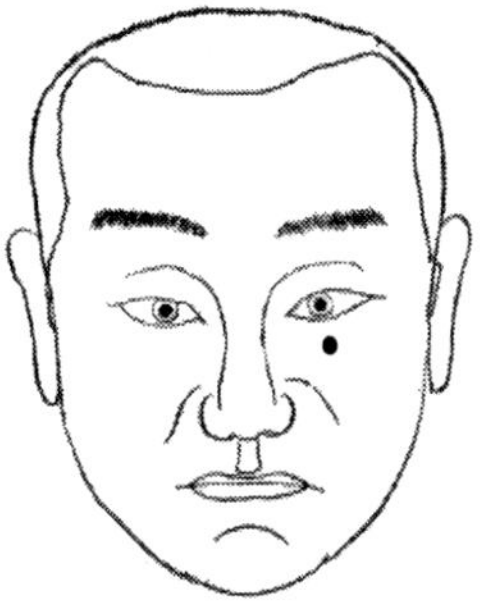

淚堂血廛

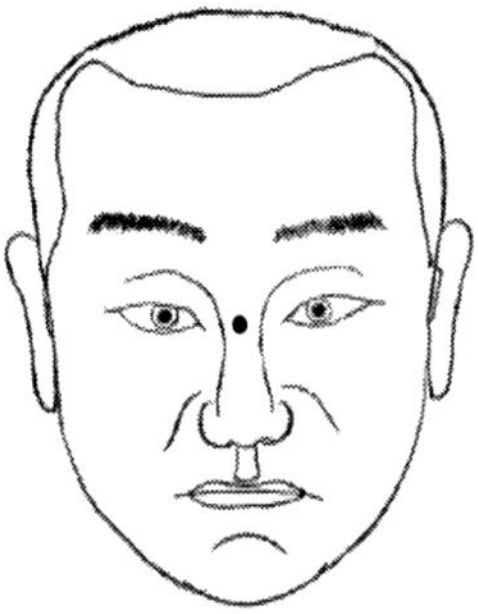

山根血廛

者亦佳，而面部五官仍不宜有也。

「山根血廛、淚堂血廛」

血廛紅痣，其源於心地裡，人存善心則生吉痣，前生有惡行，便會今世生惡痣了，至於前生有善而後來作惡，便生瘀斑，如人能本著善心，其自然會生血廛，若血廛起頭上兩邊山林、塚墓和邱陵，這一帶近髮之處，是為壽者之相，如果身上生得紅痣者是為得吉地，起於山根鼻樑對上，或鼻頭，亦主貴相，如生於眼下淚堂龍宮，主子孫昌顯，起於奸門太陽穴，或眼尾者，主妻妾賢淑，起於口旁有食祿，起於印堂眉心主尊貴，起於額頂則成仙成佛，起於手腕或掌指時，主能得道，起於乳胸腹背或臍陰者，主得貴子且能得享榮耀，生於腋下主能修道術，於足下者貴，生於耳朵聽力好，生在雙眼者可見神靈，紅痣之生無位不佳，至於黑靨雖說不好，但若其光如點漆的話，且藏於身體內不會外露，此亦不失為佳相，至於面部五官仍然不宜生黑色的靨。

相言語秘訣

言語關乎榮辱，輕則招尤，納則寡怨；泛言多露齒，狂言多口大；慎言多唇長，直言多齒齊；急言者多口薄，詐言者多齒小；好說便宜者多口反；好說長短者多口踈，唇不蓋齒之謂；當門齒大而齊，不狡不毒；當門齒小而斜，不謹不信；舌大口小，多言不了；舌小口大，言語急快；舌大多紋，言必合理；舌長者，言有根柢；舌短者，言無經濟；舌上黑暗，言無終始；有黑痣在舌主偽言，舌內鮮紅者言必有中；語未出而舌先見，好語人非；語不已而頭下垂，心非口是；此乃相言語之大略也。

「齒齊、口大」

言語發自心聲，身繫榮辱，一個不小心，便會輕則招來是非，重則生恩怨，說話輕率者每多露齒，口出狂言者每見口大而無收，說話慬慎者多數嘴長過鼻，說話中肯率直者牙齒齊整，說話急速者口薄，言詞欺詐的人齒小，言詞鋒銳，佔人便宜者口反，好說人長短者每多口疏，亦即唇不蓋齒，若門牙二齒生得大而齊者，心不猾毒，若門牙小而斜者沒有信用，舌頭大卻口小者，多言不斷，舌小而口大者，說話急而快，舌頭大又多紋者，言之有理，舌長的人言必有根據，舌短之人言無經濟力，舌生黑暗之色者，說話沒有始終，舌生黑痣者言虛偽，舌頭色鮮紅者，對事必能言中，未曾說話舌便先露者好說人是非，未語先低頭者口是心非。

以上都是語言之大概是也。

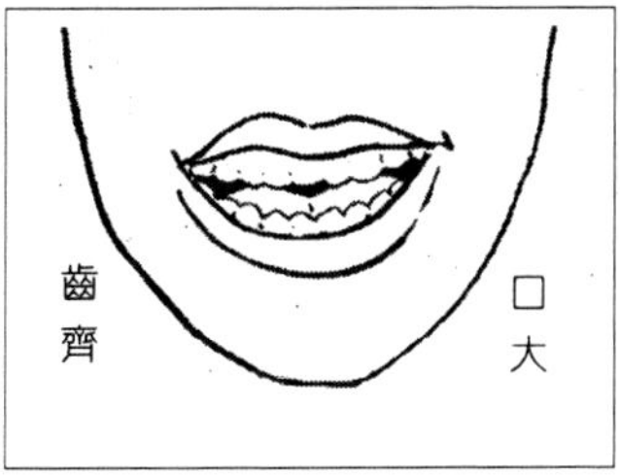

相前身因果秘訣

凡人：

形貌清古，氣清性善，言根至理，有山林之趣，此自修行中來。

形貌古怪，舉止陰毒；言涉淫邪，有殺伐之心，此自精靈中來。

形貌瀟灑，舉動風雅，性惠氣和，有修煉之心，此自神仙中來。

形貌秀麗，舉動嚴肅，心性靈明，有虹霓之志，此自星辰中生。

形貌奇異，舉動急速，性慧氣剛，言涉威福，祭祀之心，此自神祇中來。

婦人生得過於肖麗，好色貪淫者，此是前世花妖托生，斷無根柢福厚之格，所以主多夭折不貞，俗云紅顏多薄命者此也。

按：此篇文章涉及了前世今生，主要是看世人生有奇特之相，其前生是從何而來，頗具神化而不易解，故而從略。

形體魁梧面有麻，眉清目秀更堪誇，再兼五岳相朝拱，豈是尋常俗子家。目有神光麻有氣，兩眉不斷多奇異，若還破印並鎖口，難許崢嶸成大器。麻色忌暗滯，宜明紫為有氣精實；氣固麻色麗，氣散神衰麻色枯，兩眉一鼻一口一印，不為麻鋪陳間斷，方是貴氣麻也。

按：看麻面詩文，原詩文大家亦都不難理解和意會，就保留精彩的詩句，這裡就不作白話傳譯了。

相忠孝廉節秘訣、相富貴福壽秘訣

何知真人忠貫日？五岳相朝溦露骨，眼神殺重氣逆生，膽大輕生牙黑實。

何知此人孝動天？眉清起伏又疏尖，鬚軟鬚輕神軒爽，唇紅齒白面皮寬。

……………………………………。

（陰騭堂即眼下淚堂）

何知此人節且貞？牙長齊大又堅拼，五岳骨清俱有氣，神光不露定而清。

按：何知歌是神相鐵關刀一書的精華所，其以詩文表達，都是統一了書中大部份的看相技巧統一而來，這裡就只作精簡的白話傳譯。

相仙佛鬼神秘訣、酒氣財色秘訣

何知此人必大富？金木貼弓戊己豐，六府隆聳五岳朝，眼垂背厚聲洪鐘。

（金木為耳戊己為鼻）

何知此人必大貴？虎頭燕頷伏犀鼻，眼睛黑漆口容拳，手長背厚腰直是。

何知此人必大福？五岳朝元腰背伏，鬚髮清疏眼殺强，行動端莊力聚足。

腰圓背厚，腹垂有托，下鬚有索（微捲曲），此是大福相。

何知此人必大壽？頭骨崢嶸腰直透，耳毛頸條一齊生，足定神清項骨奏。

人之壽相要揣其眼神，眼神强者必大壽，病重者亦要眼神，神不衰不死也。

相富貴前文也說得太多了，這裡都有重複問題，反而尾段插入的一段原書註解，很有啟發性，其指出人的眼神強弱，對壽命有著一定的影響，尤其以重病者而言，更是主要觀察的要點。

何知此人必登仙？山林骨起鼻準巔，兩眼碧光如寶鏡，婆心一片自無為。

何知此仙集凡塵？方瞳闊額貌無愁，手上稀紋頭骨聳，神氣清瀟色黃明。

何知此人必作佛？兩眉八字如菩薩，頭骨豐圓眼又慈，寒中若帶羅漢殺（指眉重疊垂壓眼）。

何知此人必作鬼？滿面暗黑如燥屎，陰鷙無光險事多，定作餓鬼地獄元。

何知此人必為神？陰鷙常光頭頂豐，腰直胸平背不折，定為剛氣喪天中。

相酒氣財色秘訣

何知此人色中喪？柳葉眉弓眼又暗，夾色傷寒眼下烏，婦人色眼雀斑甚。

何知此人酒中喪？鵝鴨位上有黑暗，面上通紅酒過傷，準頭紅白筋當禁。

（鵝鴨在兩邊嘴角旁）

何知此人貪而鄙？眉眼口鼻促聚是，錙銖必計斗筲如，富貴中人亦可鄙。

何知此人多招氣？顴上骨粗暴戾至，眼突睛紅眉骨高，好報（抱）不平兼自恃。

這段文章頗有趣的，但卻有點流於迷信及江湖，讀者不須太認真，點到即止。

相壽夭窮通秘訣、妻財子祿秘訣

何知此人壽如松？腰直背豐項骨隆，神清氣爽眉毛豔，耳毛頸條一齊同。

何知此人命必夭？唇趫齒露眼昏小，眉毛重濁額多筋，耳暗眼浮行動跳。

何知此人一生窮？背削肩尖不盡然，雨中雞形若相似，肉背屍行定乞兒。

何知此人運必通？神強色旺五官豐。海口河目鼻準配，行動端莊福祿從。

相妻財子祿秘訣

何知此人得賢妻？鼻梁豐起山根齊，天倉滿起顴平聳，唇紅齒白定相攜。

何知此人得大財？地閣朝元倉庫豐，兩竅不露顴準配，雙眉蓋目眼長縫。

（倉庫是天倉和地庫）

何知此人必多子？人中深弓龍宮滿，兩乳多珠臍深攔，額上無紋天倉胖。

何知此人必食祿？口大唇紅齒又密，顴起準貫背又豐，城廓分清兩頤拂。

（面部邊沿的內圍是城，外圍是廓）

相鰥寡孤獨秘訣、相奸頑憒懦秘訣

何知此人老無妻？眉顴骨殺聲又嘶，喜怒不常眼帶淚，臥蠶魚尾暗無歸。

何知此人老無夫？雙顴橫面聲又粗，地閣尖削性情戾，鼻梁露骨氣嘈嘈。

何知此人幼無父？髮重骨重筋額沖，齒唇反耳鼻露節，髮尖沖印眉疊重。

何知此人老無子？滿面光浮滿面燥，淚堂浮腫或暗沖，地閣不朝又尖臀。

相奸頑憒懦秘訣

何知此人大奸雄？眼神不定語輕圓，坐弓立弓不安穩（即寒背腰不直），兩顴起稜鼻似刀。

何知此人頑不靈？眉重壓目面骨粗，髮際低弓耳又暗，神昏疏懶氣模糊。

何知此人能憒激？眼殺神強抑不得，顴骨高生鼻又高，仁義輕生氣霹靂。

相優皁屠宰秘訣、奸僧妖道淫尼淫媒秘訣

何知此人必做優（歌舞樂人）？口大唇薄齒參差，面無城廓陰陽勝，掌粗而細額多紋。

何知此人必作皁（婢）？顴臃胸挺頭仰是，鬚密聲粗眼太粗，寒則主丐無疑矣。

何知此人為屠宰？眼赤眉粗骨又粗，談笑若臥無精神，額上多紋肉橫佈。

何知此人必是兇（刺客、殺手）？雙眉睛紅眉亂逆，睡中露眼聲破鑼，眉短神昏如醉癡。

本文經過了一些時間，作古字探索與搜尋，有須要考證及推斷其文意，大致上要指一些不好的工作。

相奸僧妖道淫尼淫媒秘訣

何知此僧必作奸？眼深眉濃骨法粗，腮骨露弓鼻起節，三世成勾鼻又烏（露了指腴凹腮凸）（三曲成勾鼻烏暗）。

何知此人作妖魔？滿面黑暗骨露多，睛紅鬚健神容酷，瘦削形骸氣不和。

何知此尼淫不正？面皮青薄眼不定，行動輕飄腳無根，含笑頻頻揜口吻。
何知此婦做淫媒？腳長身動語偏輕，手搖足擺頭多轉，眼色斜窺笑後聲。

這個環節是探測行驗信的方法，這種所謂的奸僧妖道等情況，古今皆有之，但看時還須謹慎。

相嫖賭飲蕩秘訣、局量寬窄刻薄善良秘訣

何知此人必好嫖？眼內光浮面帶油，姣豔桃花堆滿面，唇紅齒白妓迷頭。
何知此人賭必輸？指節露弓掌罅疏，眉短顴高聲又破，四瀆露外瀆生破。
何知此人必好飲？面色鮮潤神如昏，眼肉筋多鵝鴨脹，口闊牙齊食祿群。
何知此人好浪蕩？眉毛散弓額多紋，耳無弦稜鼻露竅，指禿神昏不顧家。

所謂嫖賭飲蕩，似乎還欠了一個「吹」吸毒，可能成書之清朝時代，西方的鴉片尚流入中國，而「嫖賭飲蕩吹」的吹是後來才補上去的。

相局量寬窄刻薄善良秘訣

何知此人性寬大？印廣額闊鼻孔寬，耳竅口稜面恢廓，黃光滿面眼眶長。

何知此人性跼蹐？七竅俱小容不得，顴高筋現難吃虧，些小事情遭性癖。

何知此人多刻酷？面皮青薄無些肉，性急露筋又露喉，眼深顴起山根伏。

何知此人心善良？眉毛疏細眼眶長，陰騭堂光印寬闊，唇紅神定語端詳。

看人心性而能夠活學活用，發揮在交友和與跟人合作上，可令面相之學更為貼近生活，本文就正正發揮了這個作用了。

相安逸勞碌聰敏伎巧秘訣、士農工役秘訣

何知此人身安逸？手足肉厚腰背平，印堂寬闊鼻顴正，口大皮鬆一世寧。

何知此人多勞碌？眉寒眼大頸又縮，面長腳長皮粗枯，骨重眉重魚尾霞。

何知此人最聰明？目秀神清腦骨成，齒白唇紅鼻又正，印堂寬闊輔弼應。

何知此人多技藝？眉毛纖結眼光透。鼻長面長眼睛長，手軟如綿顴有勢。

看人之賢愚聰慧，主要觀其腦骨(頭額)優劣，觀人安逸先看手足筋骨厚薄，頗能應驗。至於兩者可以眉同參，因眉毛印堂絕對也能看人之逸勞與智愚。

相士農工役秘訣

何知此士發鼎甲？眉高耳聳伏犀鼻，翰林品格要瀟灑，進士神剛而性介。士之早發，必係額聳耳頭圓也。

何知此人為耕農？上停短弓下停長，眉目粗濃骨格老，面上多塵眼中黃。為農而至富者，必須地角豐圓。為農而終貧，總必是三尖六削。(頭尖鼻尖頦尖，額削顴頰削)

何知此人必作工？全憑一掌定其中，梓匠輪輿居下等，掌內稀紋指又頹。工分良賤，良者眼有神而形長，賤者眼無神而形短。

何知此人必聽役？鼻小指禿肉必下，聲弱神短有相兼，縱然魁偉亦店夥。凡僕隸下人，切不可用鼻大者，不肯聽人言使喚；凡合夥做生意，切不可擇鼻小者，主無大財。按：此處精警之處，可謂深入，大鼻之人難控制，鼻小之人無大志，前者可借其勢，後者易於操縱。

在現代裡，我們都說士農工商，並以做生意的商家為重，但古時卻不盡相同，似乎是把次序換轉了，以士人（讀書人）為先，商人就被視作役人，營營役役之餘更有貶意，但時至今日，在滿街都是大學生的今天來講，反而是最下品的役「商」居首席之上了。

相女人八字秘訣

「敬」：一見可敬者，貴壽而多男也。（有威、有媚、有態，精神端肅，聲音和諧，坐視平正，得純相之氣故也。）

「重」：一見可重者，貞潔而福澤也。（精神肅穆，舉止端莊，腰圓背

厚，面方胸闊，聲清重頤，言語溫柔，雅淡肅然，有不可犯者）

「喜」：一見可喜者，邪蕩而易誘也。（多風流媚態，令人有所思也。）

「輕」：一見可輕者，貧薄而賤妖也。（行若蛇，坐若斜，語癡，笑意情奢。）

「畏」：一見可畏者，剛强而欺心也。（聲殺面横，額闊顴高，雀步蛇睛，似男子氣象。）

「恐」：一見可恐者，刑剋而惡極也。（三顴者丈夫聲，蜂目狼顧。）

「惡」：一見可惡者，醜、陋、恠、臭、硬也。（醜者，蠅面龜胸，唇掀齒露，眼白多，鼻孔仰；行如走奔，聲破，此之謂醜也。陋者擺手搖頭，咬指斜行，仰面偏顴，衣不稱體，此之謂陋也。）恠者，顴高眼深。髮短指齊，目凹唇鬚；臭者；身臭口臭，陰臭狐臭也。硬者，骨硬、心腸硬、聲音硬，此必女轉男身。）

「駭」：一見可駭者，螺紋鼓角脈也。（原著註解：螺者陰戶内旋，有物如螺;紋者,竅小實女也;鼓者,無竅如鼓;角者,陰內有物如角;則陰挺挺也,脈者,一生經水不調及崩帶漏下之類。)

按:另外一個較為簡單的解說,可視作額角生螺旋紋或額生旋毛,或露痕,此亦合乎相理。

「敬,重,喜,輕,畏,怒,惡,駭」這裡用了八個字來作為看女相的口訣,是原著作的一個聰明作法,表現出初見面時,彼方女子之神情表現,主要是現代人講的印象和感覺居多。

始終古時對女性地位長期貶低,讀者注意原文裡所指的各種女相,取其合理並平等即可。

相女人凶相淫相歌

大凡淫婦之相,每於舉動行為,言語飲食之間,總有一番矯揉造作處,是為淫婦無疑。

女人捲髮不相宜,行路昂頭一字眉;鼻節顴高唇又展,刑夫三兩又刑兒。

桃花滿面眼流光，手擺搖頭軟腰妝；剔牙啄齒提衣領，側倚門前任四方。

雀步蛇行狗番跳，一行一步把頭搖；路上行人忙掩面，與人私約度良宵。

天庭窄狹髮侵眉，頭角粗黃口角垂；眼下肉堆無肉起，貧窮一世又無兒。

女子仰面更昂頭，口鼻生鬚不自由；髮垂眉粗腰又弱，隨軍隨賊走他州。

低頭含笑是娼淫，手掠眉頭又看身；坐上頻搖低唱曲，偷情男子作夫親。

赤目黃睛產育憂，胸高額凸皺眉頭；口如吹火牙如炭，一世孤伶一世愁。

人中平坦子難成，況及龍宮有破坑；眉粗殺重唇色暗，深睛凸額養難成。

手指如槌節又疏，乳頭不黑受奔波；臀重無腰行步急，不為娼婦亦姨婆。

口小齒細眼微微，足動頤搖聲又嘶；斜視頻嗤鼻孔仰，貪淫好色老須為。

面無華色聲又破，顴高髮重夫先過；縱有兒生恐未真，性情堅硬急中錯。

「一字眉、口大有收」

「女人捲髮不相宜，行路昂頭一字眉；鼻節顴高唇又展」，以上是本段原文的首句女相文字，何以先貼出來？其它可以暫且不講，但這裡不得不提，因為這機乎已是現代女性常見的形和相，當然這不是原著者的失誤或失實，而是根本社會已在近百年間有太大的改變所致。

我們可以反觀成書時的清初時期，女性又怎會有捲髮這回事？即使是外國女人都可能沒有見過呢。所以這是指中國以致亞洲女性之髮相而已，但問題又來，現在女性為了追上潮流美觀，多數把頭髮電捲，這樣便看不到原來的頭髮狀了，故須要以未電前為準的，但電捲了又如何？有影響沒有了？這點看看也不必太執著，只要髮質柔順亮澤，略為捲曲也沒多大問題，除非是像非洲黑人那樣吧，大家可以聯想到一些非洲國家，多數饑饉貧困的女人，是不會好運的。

此外又說到行路首眉筆直如一字，這分明是個剛強不屈的女性，又是西方國家和現代女性很普遍現象，這生於古時自然不好，男性至

一字眉

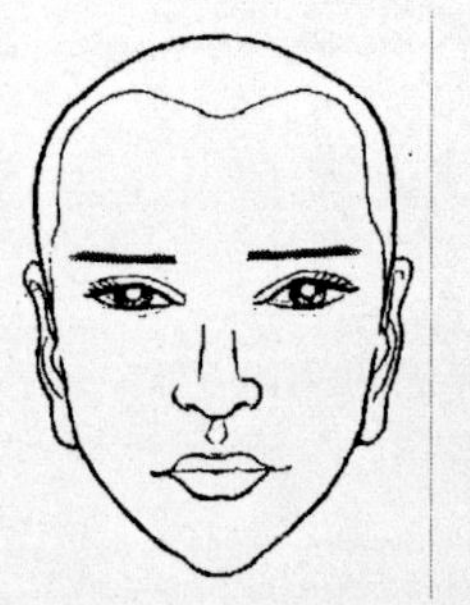

怕沒位置站了，但這時情況在現時來講，已經發生，君不見上至國家、世界組織，下至公司及家庭，都出現女性主導的情況，德國、香港、台灣、世銀、世衛等領導人，都是女性。

因此這行路相和眉相也不是甚麼問題了，只要不太過份以致崎形怪相，便沒問題。

最後又說到鼻起節顴高女性，無疑這種相的配合是代表「惡女」之相，但要講到「唇又展」這又有商榷的餘地，因為近年每發現在歌影視大紅大紫的女性，每多嘴長又大又厚的，以前有所謂男兒口大食四方，今天女兒口大亦都可以了，但都不論男女，都要口（大而有收）方作吉論。

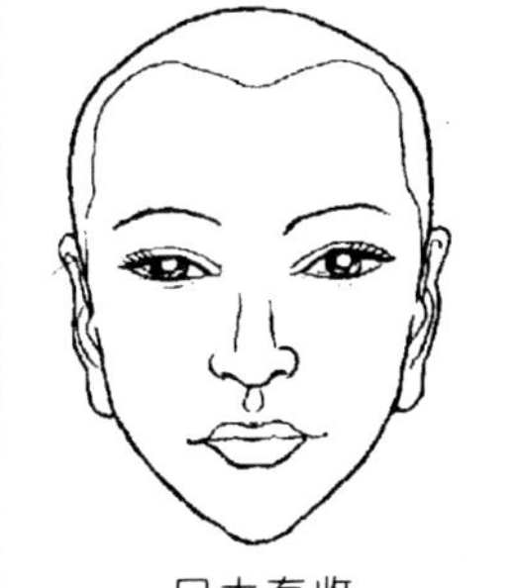

口大有收

女人善相兼有德

頭圓額平，骨細皮滑，唇紅齒白，髮香髮軟髮幼；眼長眉秀，指尖掌厚紋細密，聲清寡言笑；行緩而正。坐臥端靜，神清氣和；豐頷重頤，背圓腰平，腹垂胸闊肩圓，面如滿月；乳大不垂，臍深有托，身白過面；齒大而齊，鬢薄烏潤，骨肉勻稱，身上馨香。

女人惡相淫相

顴露骨而太高，結喉露齒，是必刑剋貧苦；蓬頭亂髮，主貧，蛇行鼠步，貧賤淫也；眉連髮粗，欠六親，刑苦貧賤。

鼻上生節，刑剋；勾鼻露孔，主貧、奸、淫、賤、苦；目露四白凶，有機害心，刑剋孤苦；額上有紋，刑剋夫子；雞胸狗肚，貧寒淫賤；眼筋多纏睛，毒害傷人凶惡難產；雄聲焦烈，刑暴妒忌，剋夫無子；生鬚生塵，貧賤刑剋；下唇過上唇，刑夫剋子；上唇大厚，性剛頑硬，愚賤寒苦；斜倚門前、側目窺人；未講先笑，行走頭梟，整衣弄鬢，停針皺眉；搖身唱曲，髮黃無眉，面多班痣，有眉無威，上皆淫賤。

按：觀女子相法，須從現今的社會角度來看，實不宜守在舊封建社會上一成不變，古人對於女性當時的要求是有點過於苛刻的，相學也須要與時並進。

人中平滿，眼下肉枯；龍宮衝破，口如吹火；女生男相，眼深骨粗；唇黑口大。無牙額凸，皆淫相刑剋者；面黑聲洪淫惡；兩眉豎起，眉豎，均主刑夫；見人則笑淫賤；鷹視狼顧，羊餐雀步；舌急口快，面色青烏；眉稜骨現，陰沈不聲；作事乖張，行坐若思；頭垂暗點，聲焦眼斜，聲急眼酷，皆惡酷妒之相。

眼光如豔，面帶桃花，面光如油，口大無收拾；陰戶毛如草，陰戶硬無肉，淫相；面滑身澀，不滑謂之澀；喜怒無常；一搖三擺，盼前顧後；坐立不定，夢中多驚，皆淫相。

女人生育生死吉凶

女人面赤黑，定知有產厄；唇齒不能蓋，產中多事故；女人面上黃，懷孕必安康；左掌青紅男，右掌青紅女，明豔生產易，枯槁難生育；左腳先動男，右腳先動女；回顧分左右，三陽青色子，如若三陰紅又決是生女。

女人過於肥者，主無子；過於瘦者，主刑剋；過於高者，主刑剋；女人眼露、唇掀、齒露，主產厄；掌中震位黑皆然。

「唇掀齒露、震位黑」

面呈黑氣，無論如何也不是一個好現象，何況是正要待產的孕婦，由於黑色是一種毒素，體內有某種毒素，當然會影響生產了。

若孕婦面帶黃明之色，是安泰之象，論到生男生女，這裡便有一個看法，左掌青紅色現主生男，右掌青紅現則生女。

掌中只宜色鮮艷，不宜色枯敗，艷者順利生產，枯者難產。
嬰兒剛生出來，其時左腳先動為男嬰，右腳先動是女嬰。
眼上青色主生子，紅色主生女。女人太肥便會影響生產力而難於懷孕，相反過瘦亦是，更主刑剋，女子太高亦主多刑剋不快，眼睛外露，口唇掀起者，口不蓋齒，如若掌中的震位黑，均主有流厄之機會。

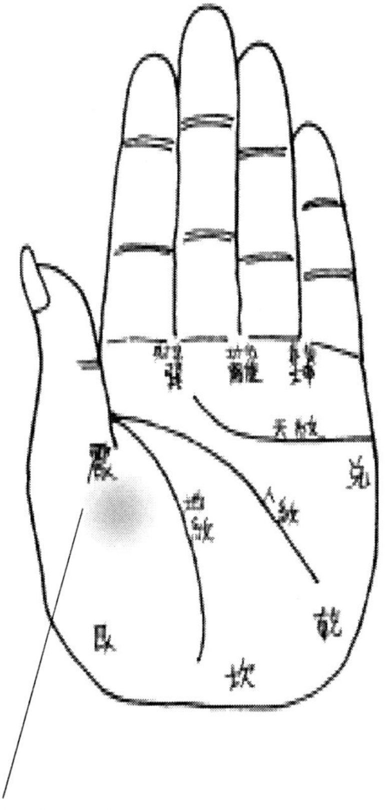

掌中震位黑

十二宮的相法

相命宮法

命宮在印堂。直平圓有光，兩眉不沖吉，忌眉連，忌眉豎；忌眉逼，忌紋沖，忌中正位斷。

命宮在兩眉之間的命宮，宜其平滿光潤，而且眉頭不要入印堂，更忌連眉，若見眉毛向上豎起，怕眉逼近印堂，另外印堂對上近額處，橫斷陷凹。

相財帛宮法

財帛宮，上停在天倉，宜滿宜圓；忌天倉陷，忌紋沖，忌髮閉，忌缺陷。

財帛宮長於「上停」，在天倉，上停（有說在鼻），最宜是圓滿有肉，忌天倉凹

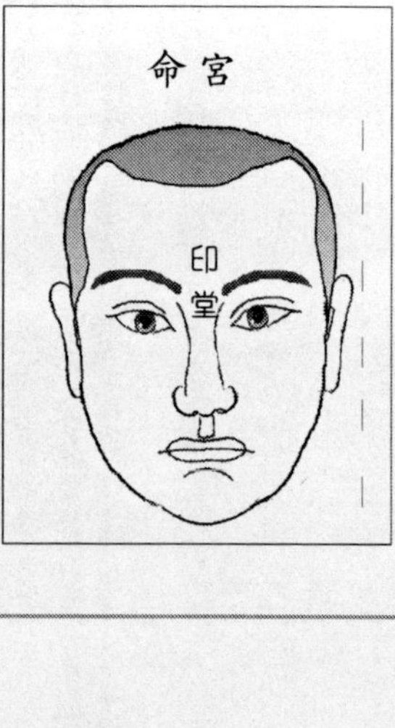

陷和有紋沖犯，天倉財帛宮不要被鬢髮所遮閉，也不可缺陷。

中停在鼻及顴，忌破顴，忌龍宮沖，忌眼露，忌山根無氣貫，忌戊土骨露；忌金甲二櫃削薄，忌井灶大露孔，忌眉不蓋目，忌鬚過命門；忌缺當門齒，忌面紅，忌準紅。

下停在地庫，宜地骨朝，宜口紅潤，宜不缺當門牙，宜鬚烏潤清疏，宜兩顴豐滿重頤頷；忌無地閣，忌口角反，忌鬚困口，忌波池、鵝鴨陷，忌口小、口薄、口黑，忌鬚密、鬚硬、鬚焦，鎖喉鬚，開燕尾，鬚開叉。

「黃薄眉、眉逆生」

「中停」位於顴鼻之間這一帶，忌紋痕插破（凹陷亦同），龍宮眼眶下同樣不宜沖，又如眼露、鼻眼之間的山根無氣，不能貫通，戊土鼻上見骨，金甲兩邊鼻翼削薄，

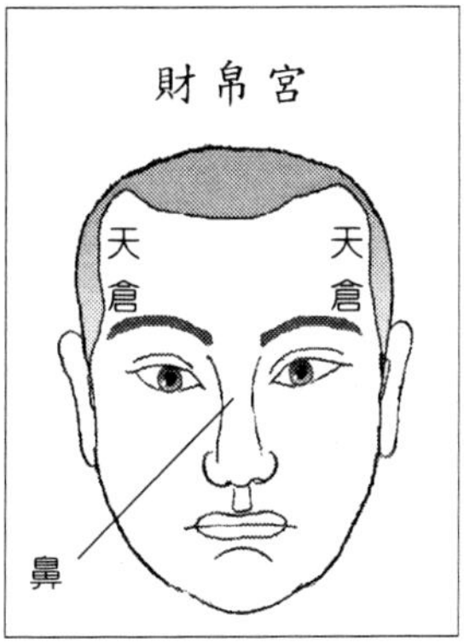

井灶鼻太大而露是為忌，眉短而直不蓋目，鬚生得高高入命門耳穴外處，當門二齒崩缺，面和鼻頭焦赤而紅，通通都不宜。

「下停」就在兩邊頤和下頷之上，宜其地閣下巴微朝向上，宜口紅潤，不缺當門兩牙，宜鬚烏頭潤澤而清疏，兩顴宜豐滿，頤和頷多一重皮肉；最忌無地閣，忌口角反，忌鬚困口，忌波池、鵝鴨陷，忌口小、口薄、口黑，忌鬚密、鬚硬、鬚焦，鎖喉鬚，開燕尾，鬚開叉，以上通通都不好。

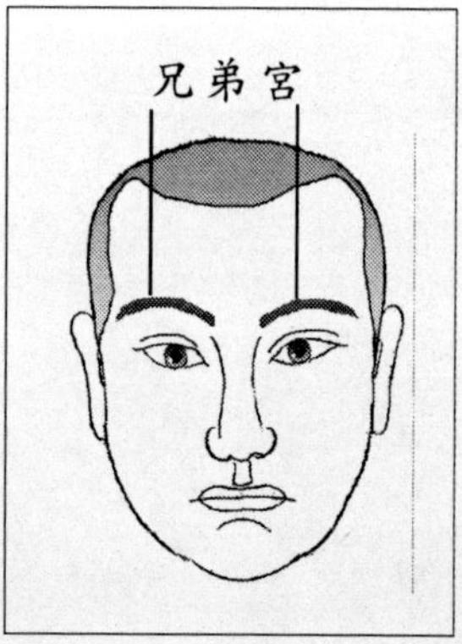

相昆玉宮法（兄弟宮）

昆玉宮在眉。宜踈秀、彎長、有彩；忌連眉，忌豎毛，忌尾反，忌尾散尾短促，忌逆生，忌異色，忌黃薄；長秀起伏，兄弟和睦；短促踈散，兄弟欠力；反生豎毛，刑剋不睦。

兄弟宮長於眉上，宜其疏秀彎長和有眉彩，眉彩即生有黑色眉毛卻閃亮，很易受光而反射；又如連眉，眉生豎毛，眉尾反，忌尾散尾短促，眉忌逆生，忌異色不是黑色而是其它色素，更怕眉看黃薄。眉若長秀起伏，主兄弟和睦；短促疏散者必主兄弟欠力；反生豎毛者必然刑剋互鬥，從不和睦。

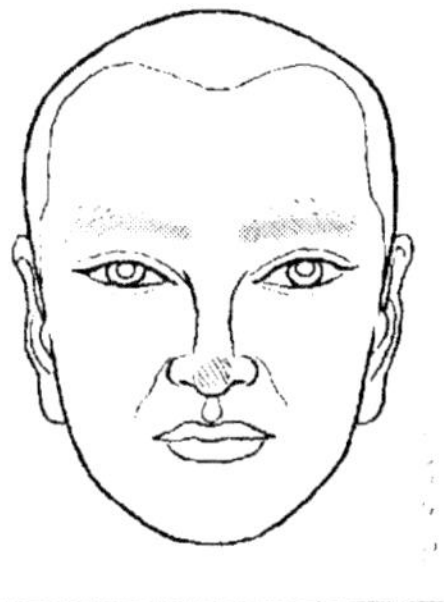
黃薄眉

相田宅宮法

田宅宮上在山林，中在兩眼，下在地閣。

山林豐滿有氣，祖業可居；眼凹深色，獨自創業有限；地閣隆起凸朝，終身豐足；眉高則創業阻，鬓密則晚境憂；天倉衝破，祖業縱有必敗；地閣不朝，晚境田莊必敗。

「山林、鬢太濃密」

山林在兩邊髮際之上，豐滿有氣主祖業豐厚；眼凹陷而眼眶色深，主獨自創業有限；地閣隆起略向前向上微朝，大都能豐衣足食；眉高照額早年創業，鬢太濃密則晚境憂煩；天倉有紋痕衝破者祖業縱有亦易遭破敗；地閣不朝者晚境功業難守。

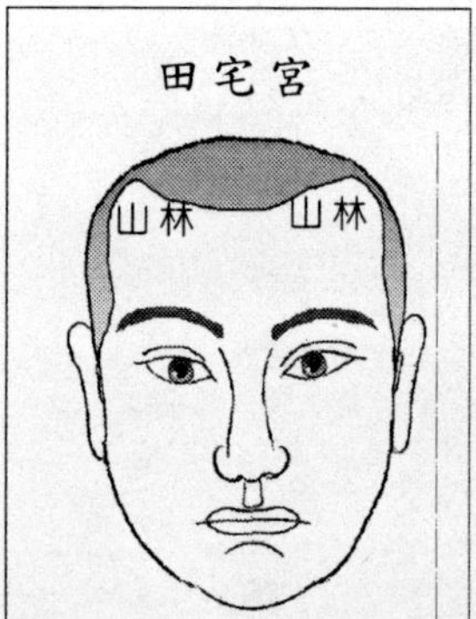

相子嗣宮法

相子嗣宮在眼下龍宮位，名曰淚堂，衝破，子女多刑；宜龍宮滿，色黃明；人中深，地閣朝，奸門滿，額無天羅紋沖入奸門；眼眶不烏，不深不暗；鬢不密硬粗焦，乳多珠毛，乳頭不破，臍深向上，腹有托，背豐腰厚不陷。

忌天羅紋多，主妻難產子；忌奸門陷黑，主妻病少育；忌眼陷烏，主少子；忌眼下臥蠶有羅網紋，主養他人子；忌眼下蠢肉起，忌淚堂衝破，忌人中平滿，忌眉如羅漢，忌壽紋過多，忌面色青藍黑暗，滿面斑點；忌乳破無珠，忌乳多毛，臍淺無攔；忌臍下垂，忌腹無托，忌雞胸。

「紋衝淚堂、羅網紋」

子嗣宮者，生於眼下龍宮的位置，又名淚堂，被紋痕所衝破，主子女多犯刑剋；龍宮飽滿飽滿且色澤黃明，人中又深，主子女運佳，地閣微朝，奸門在眼尾對外至耳門前，要圓渾有肉，不見骨是為滿。額無天羅紋（網狀紋）入奸門；眼眶不烏黑，不陷也不暗；另外，鬚不能太密，太硬和太粗，若現焦赤色更忌，乳頭旁多見小珠點，又有一兩條乳毛，乳頭圓滑而不破，是為吉相，又臍深而

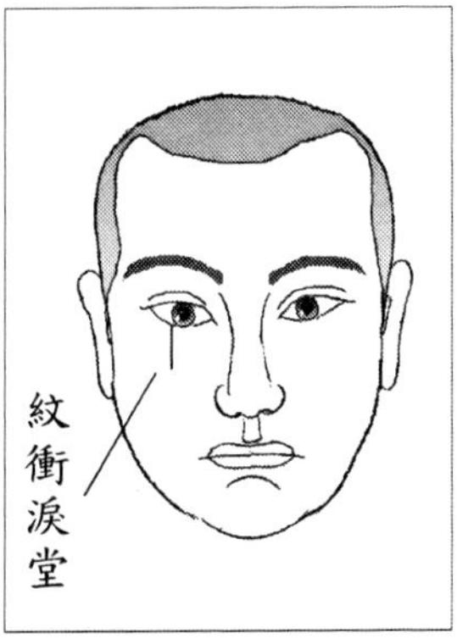

朝向上，腹部有承托者，背豐腰厚則背部不會下陷，是吉相。

天羅紋多交加在眼臉之上，主不利妻室，妻難產子；也忌奸門陷黑，主妻病少育；忌眼陷烏黑，主子息少；忌眼下臥蠶有羅網紋，主養他人子；忌眼下蠢肉腫起，忌淚堂衝破，忌人中平滿，忌眉如羅漢，忌壽紋過多，忌面色青藍黑暗，滿面斑點；忌乳破無珠平旦，忌乳上生太多毛，肚臍外無無攔邊而淺露，也怕肚臍下垂，腹無托，雞胸太凸者亦非吉相。

羅網紋

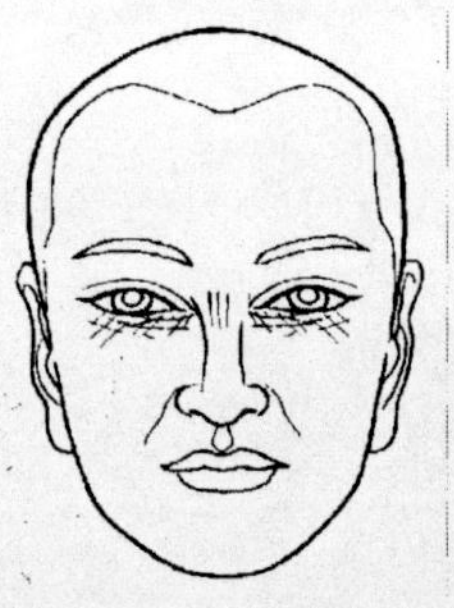

訣云：淚堂暗陷於嗣多傷，三陽光滿兒女成群；龍宮暗陷奸門凹，雖生少育；口如吹火人中平，到老無兒；兩眉垂下多生女，兩眼尖長主貴男；臥蠶黑暗又多紋，義男先而有損；兩顴黑陷又帶破，子嗣得而難全；唇光者，子少而身不壽；臍仰者，子早而必無災；血痣頻生，

子亦昌隆而又貴；乳珠多聳，子亦結實而少虛；多毛者，主子嗣多生而多剋；乳毛少，主子嗣結足而少刑。

「三陽潤澤、口如吹火」

面相口訣中提到：淚堂暗陷子嗣多傷，三陽一說在眼中，但這裡所指應為眼蓋之上，這裡潤澤有光，不凹而平滿，主兒女成群；龍宮暗陷奸門又凹，所生出來的子女都很難養育；口如吹火人中平滿，到老亦無兒女；兩眉垂下多生女，兩眼尖長主多生男；眼肚下為臥蠶，色黑暗又多紋者，子女有損；兩顴黑陷又帶破，子嗣得而難全；唇光滑無紋，子少而身不壽；臍仰者，子早而必無災；紅色血痣頻生，子女昌隆貴顯，乳珠多聳，子女健康成長；乳上多毛主子嗣多生卻多刑剋不歡；乳毛少，主子嗣齊全歡樂多。

吹火口

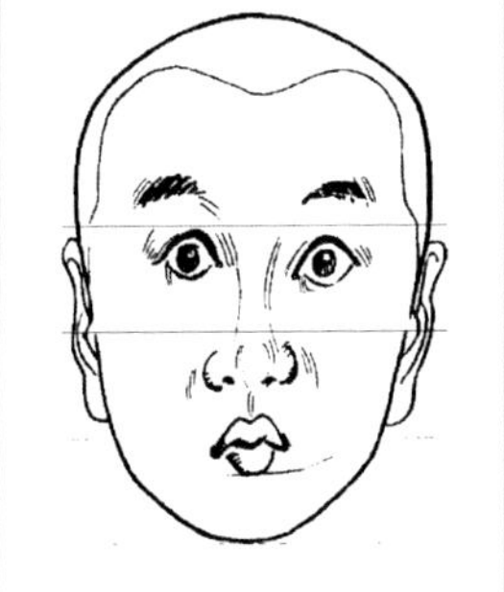

相奴僕宮法

奴僕宮居懸壁位。宜地閣朝元。頦圓頷豐，口大唇紅；稜角朝上，兩顴有勢者吉。忌地閣反，口反、口小、牙疏髮密；兩顴缺陷，顴偏準偏，皆不利於奴僕也。訣云：圓額豐頤，侍立多而心腹；唇丹口闊，奴僕盛而心忠；呼聚喝散，無非口闊顴高，施恩報怨，無非眉重鬚密；人中無鬚多怨謗，地閣歪斜狡猾遲。

「地閣朝元、眉重鬚密」

奴僕宮居於下停，即整個下頷及兩邊頤位，最宜地閣朝元。頦圓頷豐，口大唇紅；兩邊的嘴角朝上，兩顴有勢，此種種都是吉相。忌地閣反，口反、口小、牙疏而髮密；兩顴有缺陷，顴偏準歪，皆不利於奴僕及下屬運。

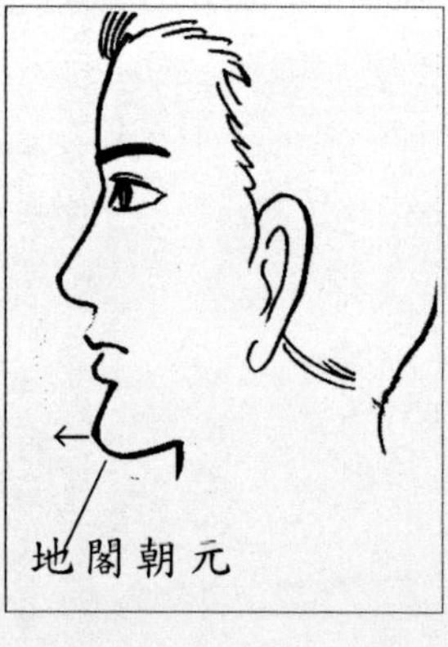

口訣指：圓額豐頤，身邊服侍的人多，身邊的心腹亦多；唇紅口闊者奴僕多而忠心；可以呼聚喝散的人口闊與顴高，施恩反被人以怨報德者，眉重鬚又密；人中無鬚多生怨氣及遭人誹謗，地閣歪斜之人生性狡猾。

眉重鬚密

相妻妾宮法

妻妾宮居奸門位。宜光潤豐滿，無痣無紋，無筋無破吉。忌凹陷，忌黑暗，忌多筋，忌眉稜骨起，忌眉毛沖；忌山根斷，忌眉黃薄，忌準無肉，忌有十字紋，忌華蓋紋沖；忌破顴，忌鬚粗硬。

「眉多筋、眉稜骨凸」

妻妾宮位於奸門之上，最宜光潤豐滿，無痣無紋，無筋無破者最吉。最忌是凹陷，黑暗和多筋，另外眉稜骨粗起亦屬不宜，亦忌眉毛一字橫伸，沖進妻妾宮；此外忌山根斷，眉黃薄，準無肉，也忌有十字紋和華蓋紋之沖入亦不利妻妾關係；也忌破顴和髮粗硬。

訣云：奸門豐妻妾賢能，凹陷黑暗妻防產死；顴骨插天倉，因妻致富；鼻頭圓有肉，得妻掌財；魚尾多生妻必剋，奸門破陷幾重婚；生離死別，無非奸門陷而眉骨高；妾奪妻權，無非右眉豎而左眉伏；頤侵顴，眉壓目，妻妾弄權；右眉豎，奸門黑，妾攘妻位；奸門紋成十字，妻妾死於非命之中。

「顴骨插天倉、魚尾紋多」

訣云：奸門豐滿者妻妾賢能，凹陷黑暗者妻防產難；顴骨插天倉者因妻致富；鼻頭

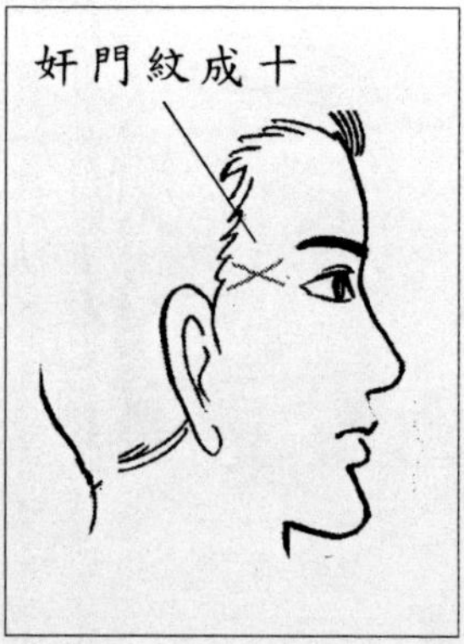

圓而有肉得妻掌財；魚尾多生主風流剋妻，奸門破陷者幾重婚姻；生離死別，無非奸門陷而眉骨高；妾奪妻權，無非右眉豎而左眉伏；頤侵顴，眉壓目，妻妾弄權；右眉豎，奸門黑，妾攘妻位；但奸門有十字紋妻會死於非命一說，還待考証，未能隨便確信。

山根紋成八字，妻宮定有刑剋之患；妻防產死，山根年壽有線紋；妻子患無成，華蓋多紋沖本位；顴骨起鋒妻必剋，奸門多筋必災；懸針沖印，妻必刑；年壽起節，妻隔角；眉尾婆娑妻妾多，天倉太陷妻嗣欠利；奸門青黑妨小產，顴骨太高防難產。

「年壽線紋、顴骨尖鋒」

山根紋成八字，妻宮定有刑剋之患；妻防產厄。山根年壽有線紋；妻子患無

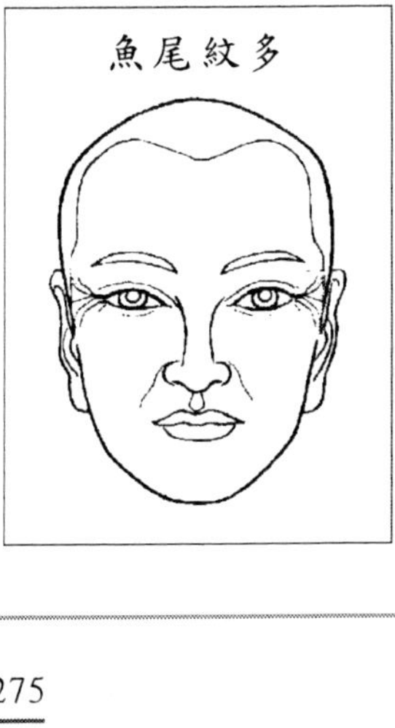

成，華蓋多紋沖本位；顴骨尖起如鋒主剋妻，奸門多筋者災禍多；懸針紋沖印堂是為懸針破印，主刑妻；年壽起骨節主與妻不和；眉尾疏散是為婆娑眉，主妻妾多，天倉太陷於妻嗣不利；女子奸門青黑妨小產，與及顴骨太高防難產。

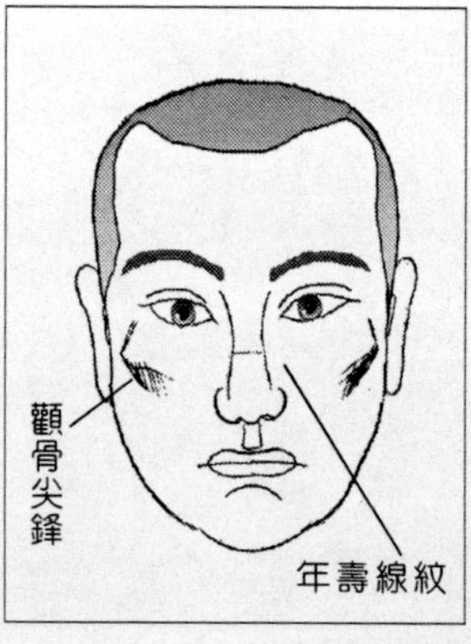

相疾厄宮法

年壽為疾厄宮。山根宜豐滿，有樑柱有肉，色鮮明無斑點塵紋則吉。忌削、忌低、忌紋沖，忌起節、忌山根斷，忌色暗斑塵。

「疾厄宮、山根折斷」

鼻樑上中間為年上和壽上的位置，此兩處便是疾厄宮，而山根位於疾厄宮之上，最宜豐滿，鼻樑如柱，挺而有肉，色鮮明無斑點與塵紋，是為吉相。最忌疾厄宮薄削、低平、紋沖，起節和山根折斷，亦忌色暗與斑塵。

訣云：瑩然光潤總無災，年壽豐隆亦免劫；紋青色暗宿疾纏，薄弱露骨瘦癆疾；青暗年壽不久病來，枯骨尖斜終身疾苦；準頭痣弓主痔病，年壽暗黑主血災；山根青黑，催屍殺動，必防將死到來時；鼻位塵埃無法救，倘加占病在垂危；口汞暗烏將終絕，盧醫扁鵲亦難醫。

「枯骨尖斜、準頭痣弓」

訣云：鼻上年壽亮瑩有光，色潤澤，主無災有福，年壽豐隆亦主生命力強；紋青色暗有宿疾纏身，鼻樑薄弱更露鼻骨，是為鼻枯瘦，每多患氣管呼吸病，肺癆成疾；年壽忽起青暗之色，不久便會生起病來，枯骨尖

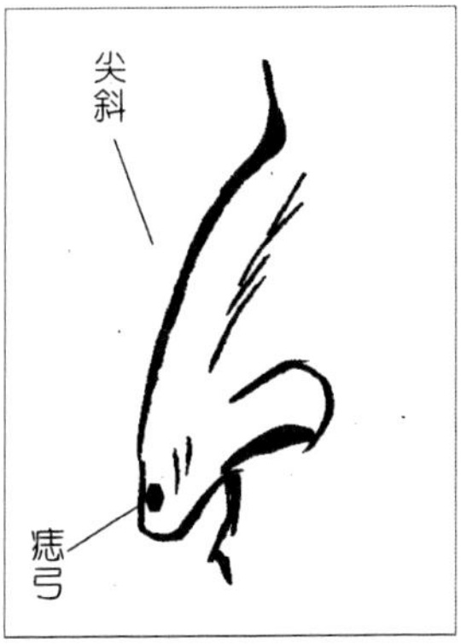

斜者終身疾苦；準頭黑痣鼻頭彎弓主患痔瘡之疾，年壽忽現暗黑，主有血光之災。若是重病之人，山根忽現青黑一片者，主有性命之憂；重病者鼻上有如塵埃主失救，因病垂危者如口外一片暗烏，其人命之將絕，即使是名醫亦束手無策。

相遷移宮法

遷移者位居五岳，分守四方，面亦如之。相若南岳佳，則宜南向之宅；北岳佳，則宜北向之宅；東西亦如之。動驛馬位亦如之，床位亦如之；東南、西南、東北、西北四隅位，宜從天倉、懸壁部位看，倘此四角陷缺，則坐宅、床位、驛馬均不宜向此也。至如問馹馬動否，動之吉凶否，則獨從馹馬上看；明則動吉，暗則動凶，暗主不動。

「四方分野、四隅位、驛馬」

遷移主要位置在「五岳」之上，此又為面相東南西北四方之分野，面相基本相同。面相若南岳正額生得好者，則宜居於南向之居所；北岳地閣下頷佳者，宜居北向之宅；東西左右兩顴亦如是。

現代的居所若有汽車，其出口和大門出口亦如是，至於床向位置亦如是；東南、西南、東北、西北方，為四隅位置，宜從天倉、懸壁等部位觀看，若此四個面上角位有陷缺不美者，則其人之工作和起居，梳化坐位，門向、床位、車房出口等，均不宜向此方。

按：此論點甚為新鮮，亦很貼近於現代人，充份反映原作者的遠見，以面上四瀆四方四隅，察看居所之吉凶，配上面相十分有趣，但理論歸理論，實際上還須多加驗証方可通用。

至於問驛馬動與不動，而動又是吉還是凶，便須從額上的兩邊驛馬觀看了；若色鮮明則行動屬於應吉，相反色悔暗者則動而招凶，因此色暗主不宜行動。

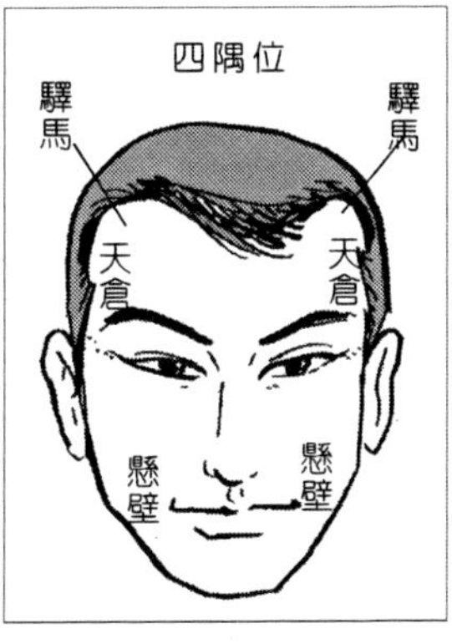

相官祿宮法

鼻為官，口為祿，印堂為印，兩顴為權，額為貴人，俱宜相配。其餘輔弼、耳目、頤、法令，一概推詳，然後始辨官祿之大小升降也。倘鼻破鼻斷，顴偏眉壓，目反，地閣不朝；鬚困口，聲破，眼露準紅，唇黑倉庫不豐，面多斑塵，鬚連俱忌。

「鼻樑折斷、地閣不朝」

鼻子主要看人的職位高低，口則以看俸祿衣食，眉心印堂是主學問與名望根源，顴骨看人之權力自主，額則觀人之出身貴賤，要各個部位相配為佳，其餘耳上兩邊輔弼，耳目和頤部，法令紋等，均須仔細推詳，方能推斷其人在社會上的地位，職位之高低和運氣升沉等。

若見鼻部有破或鼻樑折斷，顴骨又見

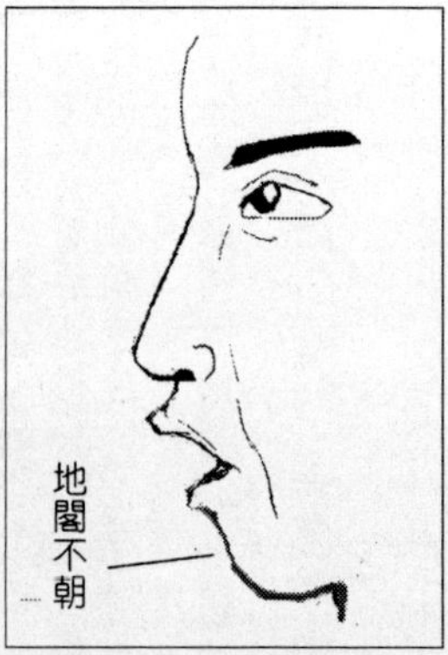

偏歪，眉低壓目，目反即眼如蟹目，上眼瞼成一橫線睛吊下是也，下巴陷收不朝，鬚又困口而聲如破鑼，眼和鼻頭赤紅，唇色暗黑，天倉地庫薄陷，面上多斑紋黑廛，鬚連上面等，都為敗相。

相福德宮法

福德上居天庭山林位，起則主祖山風水發；邱陵塚墓亦然，有起則為風水所催；又居邊城天中位，起則主有夙根，得神力祖德扶持護吉也。又居兩顴，主家運；如顴沖色暗，必因家運不吉；倘顴有黃明色，不沖不破，是家運興也；又居臥蠶眼下處，主心田，如心田好，必起臥蠶形，是心田發也；否則多黑暗兼沖龍宮，或起蠢肉，或生斑點在龍宮位。

「福德宮、龍宮斑點」

福德宮位居於額上天庭與山林的位

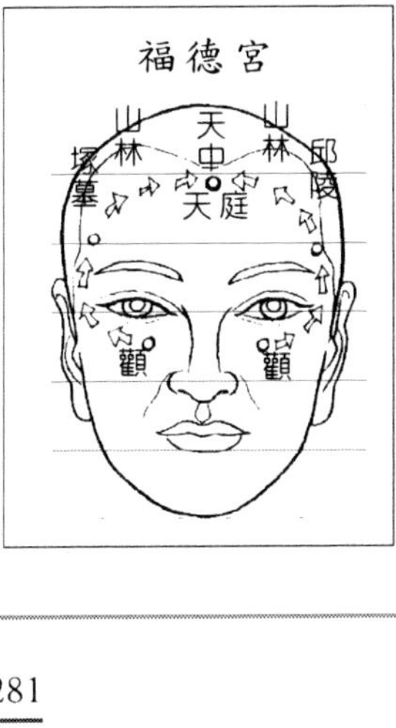

置，有肉微起起則主祖宗風山水起，能發旺之相；至於額上兩邊的邱陵和塚墓亦如是，微隆起則為風水旺地；又須看邊城與天中之額髮交界處部位，起則主有祖上之承傳，包括慧根與特殊能力等，祖上積德，扶持有力。又居兩顴上可看家運；若兩顴紋沖色暗，定然家運不利而受煩擾；如果主雙顴有黃明之氣色者，又不沖不破，主家運興隆；如在兩眼下臥蠶處，可看心田好壞，起臥蠶形者主因積陰德而發運；相反這裡多黑暗兼紋沖龍宮，或起蠢肉即浮腫死肉，或生斑點在龍宮位，主陰德有損之人。

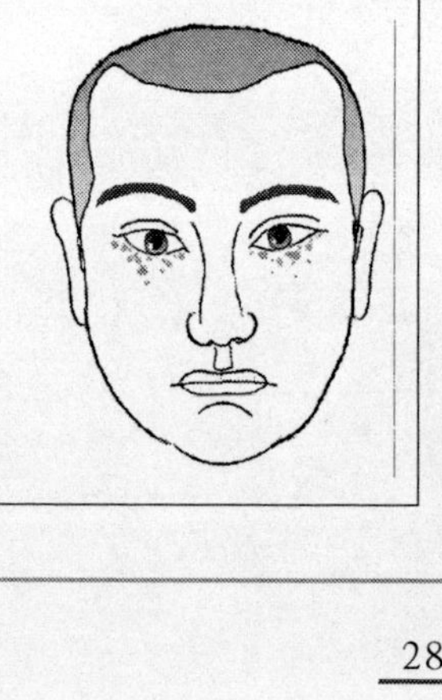
龍宮斑點

相相貌宮法

相貌之法先相掌，次看身，三看面，四揣枕骨。有福之相，掌則潤秀軟，否則粗硬薄削；身直不露筋骨，肌膚潤澤乃為有福；否則露筋露骨，肥瘦俱不合格也。至相其面，先從五岳觀看，五岳豐者為富；次從四瀆觀看，四瀆成者為貴；再分三停，額至眉為初年所主，有輔可行；眼至準為中運所司，有顴可用；人中至地閣為晚運，額與兩頤俱要均全；鬚為晚福，吉凶直判於斯；眉為少年，可否亦從此斷。

「指掌清秀、指掌粗硬」

觀相貌宮之方法，先相掌再看身，三看面，四揣枕骨。相貌有福者，雙掌紅潤指掌清秀手骨掌肉柔軟，不宜指掌粗硬薄削；其次是看身相，身宜直挺，不宜露筋骨，肌膚潤澤，是為有福之身相；否則露筋露骨，不論是肥或瘦者，都不合格。

至相人之面，先從五岳觀看，五岳豐者為富；次從四瀆觀，四瀆成者為貴；再分三停，上停者額至眉為初年，有輔骨則可行

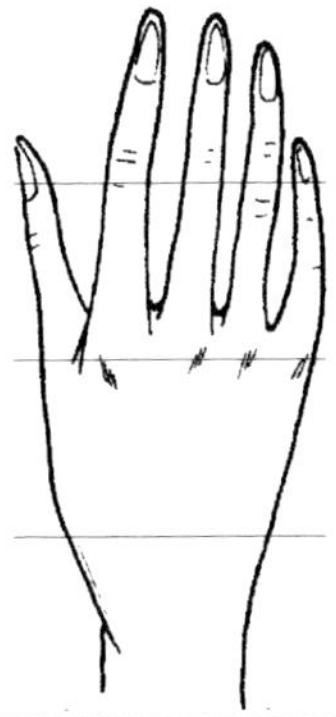

指掌清秀

運；眼至鼻頭為中運所在地，有顴骨則中年有用武之地；人中至地閣為晚運，額頭與兩頤要均衡無偏歪；鬚看晚年福，如此一生之吉凶便可以判斷了。補充一下眉看主要觀少年運，可否亦從此作判斷。

訣云：鬚眉為男子之威，密濃多滯；眼睛為一生之殺，暗昧亦衰；骨法不宜暴露，肉色不宜腫浮，精神最宜清爽，色澤最宜黃明，此乃相貌之大概也。

「骨格外露、眉短促」

訣云：鬚眉可看男性之尊嚴和威望，太過密濃密者主多運滯；眼睛主宰一生，暗昧為衰落之相；骨格不宜太過外露，面肉和臉色均不宜浮腫，精神最要清爽，色澤則最宜黃明，這便是相貌宮觀察方法的概要。

骨格外露

神相鐵關刀

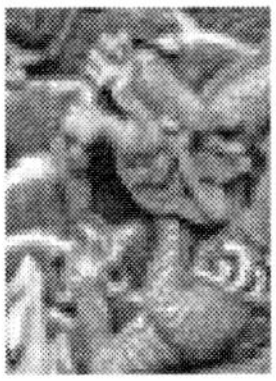

卷四

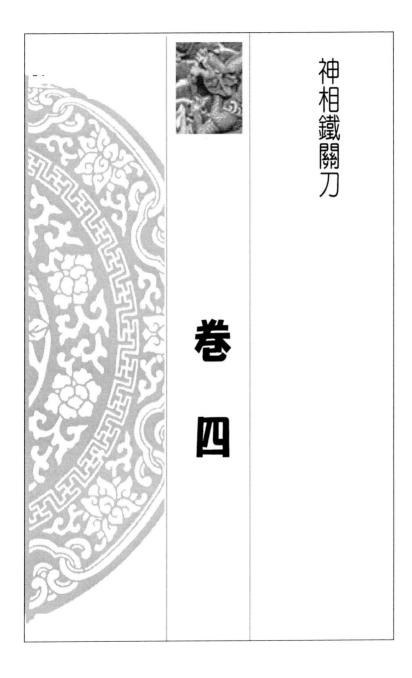

相色秘訣

色者飾也，現於外者也。色有一日一變，有數日、數十日一變；大抵以久凝為實色，庶可以定吉凶。

然已凝為實色，則必見效驗，然後乃散，既散無復再見也。倘有見了效驗而仍不散者，主事還有復見，故不能驟然散也，祈細心體認焉。

求功名宜額上黃光，印堂紫色，兩顴明潤，眉中色豔則利，暗不利；求子嗣宜三陽明潤，黃明色在臥蠶，或紫氣在印堂佳，暗不利；求財帛宜準頭明潤，年壽有光明氣則大財，無論黃紫均吉，暗不利。

「先看前額、次察印堂」

色既然已現於外，自然產生吉凶效應，過後又會漸散去，但亦有應了以後色仍不散，這還會有再次出現效應之情況，因而色

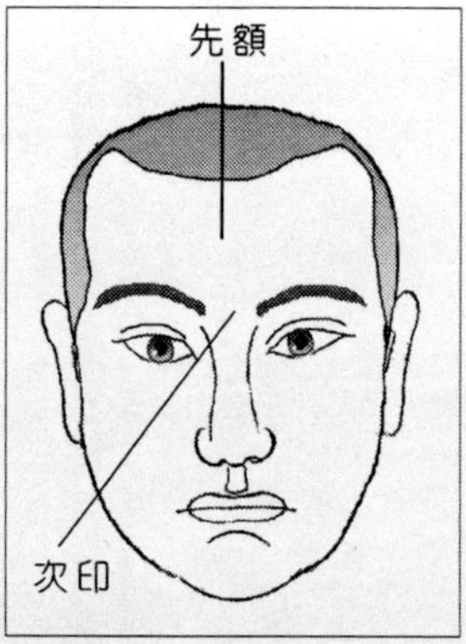

不會驟然散失，必須細心觀察。

求功名看額上黃明之色光，其次再看印堂眉心的紫氣，這可不能輕易理解，必須看得多和驗証過很多次，才能夠運用自如。

其餘大致都可以從各個部位去理解，大底的要求是色鮮明潤就是好，配合得好自然有運行。

求升遷宜五岳有紫氣，天庭有黃明色，或馹馬有黃明色，俱主升遷；倘馹馬位暗，印堂位暗，主降謫；色白主丁憂。求驛馬宜光明，倘暗色主動，馹馬不利，黃明在馹馬，主得財，黑主疾病，暗主死亡，又防水厄盜賊，白色在印、在額主孝服。

青色在山根主憂，在年壽主病，青在三陽主子災，赤色在山根，主火災濃血；赤在兩顴、在印主官訟；黑在命門、在準頭、在口主死，黑在天庭主死，黑在兩顴主刑子，黑在奸門主刑妻，黑在三陽子死。

「先看前額、次察印堂」

論到忌色，首推白色，其次忌暗，落在那裡都不好，隨察部位本身的代表屬性，即可以理解。

黃色在天庭主升官，黃明在三陽主得貴子；黃明在準頭主財，黃色宜黃明，而不明反生災病。藍色滿面主欠陰德，有陰毒事見；紅在印堂主訟，紅在兩顴主是非劫財，紅在準頭主劫財，紅在年壽主血疾；面帶紅色者，主火災，劫財喪身也。

這裡提到一種較為少見和特別之色：藍色，明顯這是一種變異之色，多數人中毒才會出現，當然這裡是指沒有中毒，但身心毒素，心理病變等，都互為影響，極易反映在行為之上。

其次又提到，原來紅色太多，佔滿了某個部位，也是不利之色，同樣地，出現在不同部位上其差異大家可參考前面所提過的各個部位。

按：關於氣色在一般相書中都有，其吉凶喜忌大致上都大同小異，但有一點須要提到的，就是大家不要太過於迷信，看到人家面色不尋常，便憑一時之識見，作片面的批斷，始終要經過本身長期的驗証，方可運用。

掌上氣色觀

掌中噴血，財帛豐盈；掌中生黃，家有死亡；掌中生青，定有憂驚；掌白不潤，時運未榮；掌色乾燥，財帛有劫；掌中烏鴉，病上有差（黑色為烏鴉）。掌中紫色，財祿兼至；掌中卦暗，求謀未遂，掌上紅黃，財貴來忙；指上光潤，時運將通；指上色暗，時運仍滯。

「掌中噴血、掌中卦暗」

掌相在中國的命相領域裡，所佔的學理不多，尤為珍貴，其中又以氣色部份佔大多數，我們由這裡可以看到更為集中的述說，就是掌上氣色了。

掌中紅色如噴血者，當然不是真的噴血，只是暗指掌中有很多由裡滲透而起的紅色，亦不是一點點，而是由很多大小圓昏狀態所形成，此即為大家所熟悉的「硃沙掌」，一直是指財富的象徵。

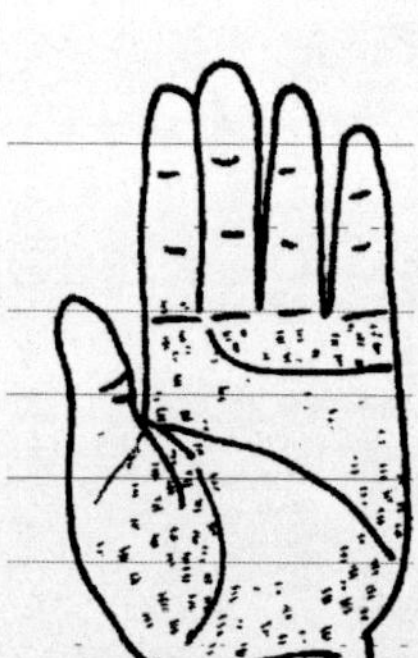

掌如噴血

除了面上喜有黃明之色外，原來手掌上亦喜，而所忌的同樣是暗色，尤以掌上各卦位置（如前述），大至與面相同，按原文細味和探討，可以多參考驗証。

面上氣色推詳月份定局

中國手相學精華，正正就落在每月氣色之推詳上，這跟面相學實有異曲同功之處，同樣是按月發放訊息，可以從氣和色兩者，求得預示之機，我們且看看各月份是如何看法。

十二地支月份圖

十二地支十天干八卦五星九州五岳四瀆圖

天倉上府兩顴中府兩頤下府

上停為天在眉上髮下中停為人在眉下準上下停為地在人中至地閣

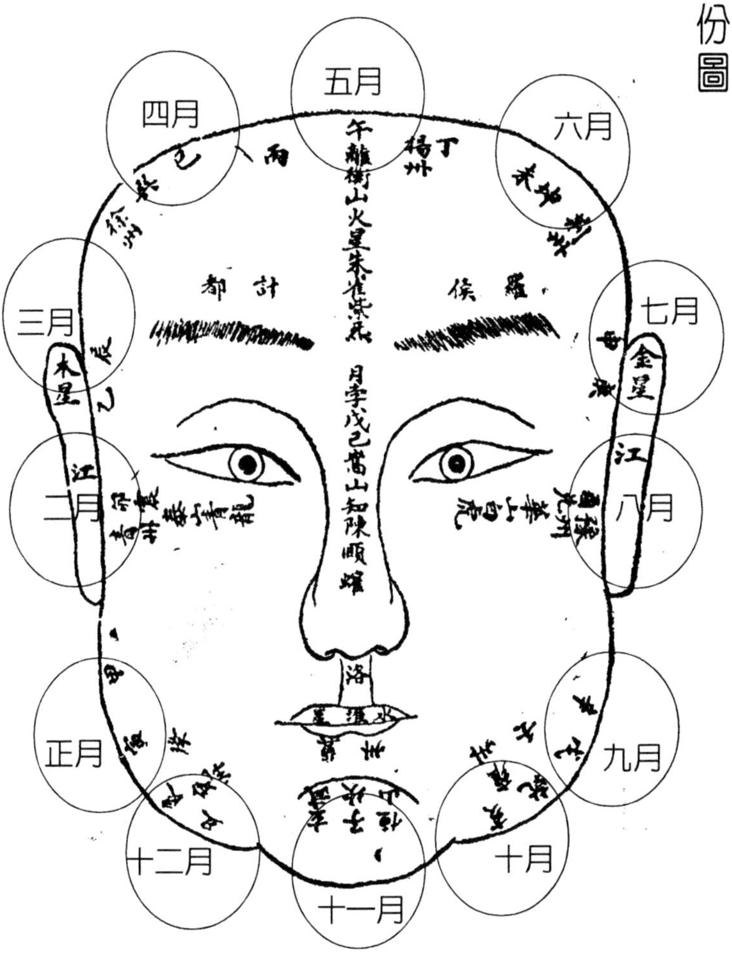

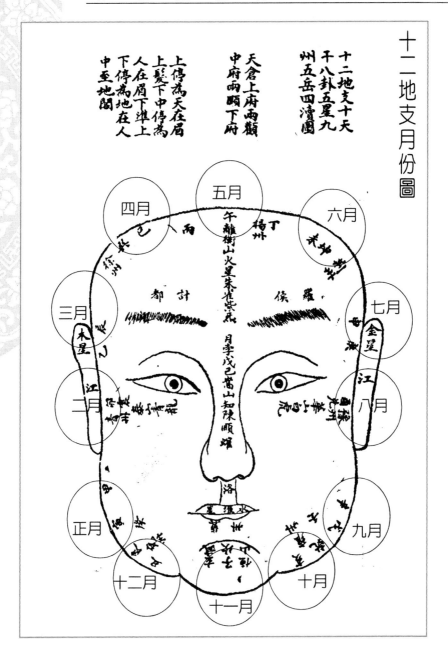

正二月是寅卯屬木，宜參右耳右顴，次看鼻，鼻乃一相之主；又看額，額乃天中貴人，姑無論黃明、黃光。紅明、紫氣、青潤俱佳，總宜潤者為貴，暗不利，不必泥春屬木定青色也，餘倣此不復贅。

三月辰，六月未，九月戌，十二月丑，俱屬土；宜先看鼻姑無論何色，總宜黃光不暗，年壽準頭山根，知之則佳，再相顴可也；如火、紅、青不利，紫黃而明者亦佳。

四月巳，五月午，屬火；宜看額，次看鼻，總宜紅黃紫色乃佳，餘不利。

七月申，八月酉，屬金；宜看左耳，次看鼻。額，若得耳無暗滯，鼻、額通明，無論黃紫而明者乃佳，白而生色亦佳，餘不利，紅防劫財。

十月亥、十一月子，屬水；宜看目、唇，宜色鮮、紅潤者，鬚宜黑色清潤，再看鼻額，若得其光明四透則佳，俱無論紫黃而明固佳也；至若黑而枯不利，青亦然，不必拘泥，青宜春，紅宜夏，白宜秋、黑宜冬，黃宜四季也。

此十二月之各月氣色，大家可以發覺不是單獨看一個部位，還須兼顧其它部位，主要都是配合五行之氣色，亦屬淺顯。

看氣色亦宜扣准節令至緊，先開部位吉凶，然後乃看氣色佳而部位不好，可保救一大半；若部位佳而氣色不好，則刑劫終有不免。

至如掌色，不論月份，總要紅黃、紫而光明透亮者佳也；面色最忌紅，凡火災、身災，官非、口舌、刑剋，都有防者。

「十二地月份部位」

圖文所載是每月中間之節氣交接，亦須要扣緊，即如春天二月，要從立春之日子及時間起來作計算，以檢視該月份之面上各部位氣色，如此方得精準無誤。

又指出一個論點，就是部位與氣色兩者，以何為先？此處甚為要緊，很多人也想知曉，其指出先了解部位之吉凶，但看其相之好壞都會受到氣色所影響，而且是氣色須好，只是部位稍差，可保救一大半，相反，部位雖好但氣色欠佳的話，便始終難免失運，這正正反映一些人因何一貌堂堂，卻總行逆運，原來是受到氣色所困，故難以發運。

相十二宮氣色要訣

命宮

印堂赤色如絲，在命宮或起點如麻主訟，重則囚禁，黑枯如灰主死，青色如銅主禍；至白色主喪服，父母刑傷；無父母，主兄弟妻子；黃色主稱意事。

相財帛宮氣色

鼻屬土，氣色忌青；黃色主發財喜慶，青色主疾病、憂患、劫耗；赤色主訟、膿血；黃赤並見主訟得財，白色主孝服破財，黑色主囚禁財散，黑散準頭主死。

昆玉宮氣色

眉要光潤，青主兄弟有災；黃主喜，黃左主進田莊，黃右主進田娶婦；赤主兄弟不和，白主爭訟，或損傷手足；黑主刑兄弟，事有暗昧不明。

天倉、地庫豐滿黃明，忌昏暗；青主官非，黃主產盛，黑主爲空，赤主訟退業，白主丁憂；白氣如粉主死亡，紅主成田宅，黃明主加官。

男女宮氣色

龍宮位宜光潤無滯，紫色生好男女，赤色主產厄有驚，或口舌膿血，青左主生男，青右主生女，青枯主子女刑剋，輕主子病，百不稱心，黃主兒孫有慶，黃紫主生貴子，白主剋子女瘟疫、水厄，黑白主男女恐哀，紅黃主喜。

奴僕宮氣色

地閣氣色青，主損傷六畜，奴僕走失疾病；赤主奴僕口舌，光明圓潤主進財、牛馬：紅潤主進奴僕，白主奴僕、牛馬損傷，黑主牛馬不利。魚尾奸門位，青主妻妾病，赤夫婦口舌膿血，有孕主防產難；自主妻私通、刑妻，黑白主夫妻男女悲，破財損肢，肢體分離；黃色主和諧。

疾厄宮氣色

山根氣色青主憂驚，赤防重災膿血，白色主妻子悲，又防手足傷。黑主自身病，百不稱心，紅黃紫喜。

遷移宮氣色

天倉、邊地、馹馬、山林、髮際，黃明主財喜貴人，利動，官升名就；赤主是非驚恐官訟，自主奴馬走失，手足傷；黑主道路身亡，出外防死亡水厄，黃利。

官祿宮氣色

天庭中正位，黃紅主升官，淂名淂利訟有理；青主憂疑，公訟有連，在官百事不稱心；主刑獄災厄，因訟傾家兵傷；黑主降謫瘟疫，黑如磚瓦色，生死於牢獄枷鎖。

福德宮氣色

天倉地庫位，青主憂疑驚，家宅不安；赤主是非，又主酒食；白主災疾，暗主耗；黑主道退憂疑，紅黃吉。

相貌宮氣色

相父母官，日月角青，主父母憂疑，口舌相傷，黑白主亡，紅黃主親有慶。

氣色詩

白主孝服紅主訟，瘡痍破財亦為紅；火珠焰發火災見，青驚黃病黑死亡。火珠者紅色如硃，形見於面部、頭額，主火災退財也。凡病人病重，而氣色大好者，必死；所謂殘燈復明也。病人準頭直至年壽上，口青色，雖四岳仍佳者亦必死。土主生發，土枯必死；口生飲食，青在口，主絕食必死。

面相十二宮的氣色，大致上就如原文所述，各部位配合每個宮，所管者無非都是集中了人生的種種狀況，涉及了各個層面，偶有重覆，按部位配氣色，綜合而論，自可以得出目前之運氣變化。

重病者氣色

凡病人病重而氣色大好者，必死；所謂殘燈復明也。病人準頭直至年壽上口青色，雖四岳仍佳者亦必死。土主生發，土枯必死；口主飲食，青在口，主絕食必死。

在十二宮之後，原著又附加了一段重病者氣色和面相的述說。甚為重要，是一般人很少會想到的，文中指重病的人忽現大好氣色，反而是危險現象，有句話叫「回光反照」，大家都聽過，此處就用「殘燈復明」來形容，實有異曲同功之處。

病重的人若見青色從鼻樑中岳升起，再從口部四週侵入口中，主命不久矣，縱使其餘四岳的額，頦和兩顴相好，亦無補於事。因為五行以鼻為土，土主萬物生發之枯榮，故絕不宜青暗枯敗，否則為枯象。另青氣入口又主因失食而亡，現代裡會有種種原因導致失食的，而且多數是食道等病變居多。

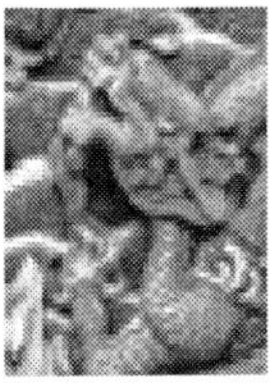

附錄

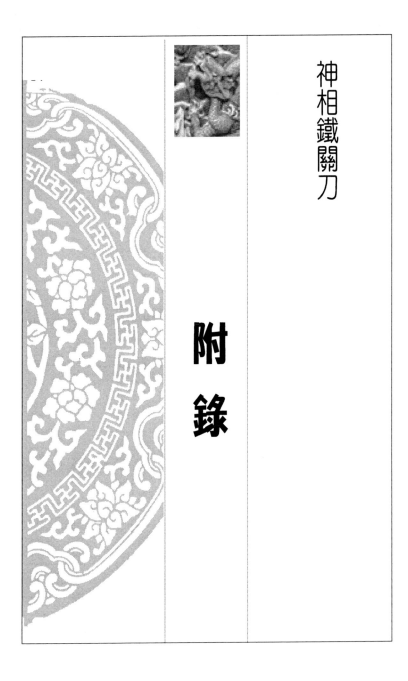

改額改鬢秘訣、改鬢有五形

人面如風水，故有五岳四瀆之分，鬚眉鬢髮如山林樹木；風水結穴，常有因山林樹木閉塞。峰巒明堂水口，諸位而不發者；人相亦如之，豈風水之山林樹木可改，而人之鬚眉鬢髮，閉塞生氣獨不可改去乎？故亦宜改之也，明矣。

但世人昏昧不悟，動以相由天定，決不可改，誠大謬矣。

予曾見有善人因鬚眉鬢髮閉塞生氣者，及力行善事，忽然脫去，遂邀天佑者；亦有善人忽遇異人點破，改去獲吉者，豈眞謬乎哉！但只可為善人點化也。

「形局、結穴」

神相鐵關刀採用風水，以達至更高層次的學理，在前段已有專文介紹，這裡再進一步列出更多相關部位的說明。

人面風水除了眼耳口鼻的四個部位代表江河流水外，還有鬚眉鬢髮反映著形局的得失成敗，尋找面相中結穴所在。

時運閉塞不通，是鬚眉之山氣逆而不順，或水口之受阻受截，令龍脈斷缺，這一切都是不能發運的原因，故而可以改之。

今天的美容和微創手術改變毛髮外形，已很普遍，幾乎變成了很平常的事，但以古時來講，這當然是無法想像。

總之原文所指，改了鬚眉鬢髮便能夠收到改運之效，但筆者總覺得整容化妝等外因，不論古今，也是及不上人的內在修養實際，在思想行為上下功夫，更能持久和穩妥，所謂相由心生，這也跟原文理

念一致。

行善，是最能改善命運與面相的途徑，通過內心的調整，每見善人有奇逢際遇，得到點化而轉趨吉運的，比比皆是，但若要點化他人時應注意一點，還須看看其人是否善是惡，才作點化，免落因果。

至額尖沖印，髮腳閑日月角，駋馬位髮生鑽毛，髮腳無分合，宜改，不然則刑剋定見，改則吉。眉生箭毛，直豎眉毛，或上生角，或鑽毛或粗濁壓目，宜改，不改則刑剋定見，改則吉。

眉宜配目，剛柔相得乃佳。鬚忌連鬢，忌困口，忌鎖喉，改則吉，不改大凶，食官祿最忌此鬚連鬢，及困口鎖喉者也，鬢忌過命門，過命門者有三凶，命夭、貪淫、刑剋，宜改；不改必礙，相薄者得此必夭，相滯者得此必困，相孤者得此必刑，主無子；相淫者得此奸淫。髮忌連鬢，一生無運而愚，宜改，否則凶。

「髮尖沖印、眉尖」

髮際上和鬢眉的各種形相，充分反映了人的運氣，原文指出了各種不好的情況，總之改變其不善的形狀便是，如髮尖或眉尖都主不利，尤其是「髮尖沖印」為甚，可以用剃刀修齊它，又如眉鎖印堂便拔去眉心的雜毛，讓印堂開闊，餘此類推。

改鬢有五形

凡金宜圓，木宜直，水宜曲，火宜尖，土宜平；若不參五行生尅之理而改易之，必主大凶，善者得金乃改不善者，雖萬金莫與改也，否必有夭殃焉。又改額眉鬢各有分寸，宜將口訣勿忘。

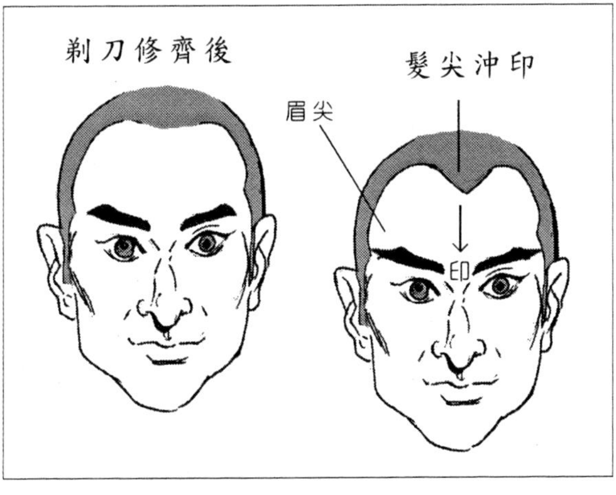

金木水火土（見古本附圖）

「五形修改、眉短促」

原著提醒大家，在修改鬚眉鬢髮時，必須注意五行生剋之道，這可涉及較深奧的義理，須要對金木水火土等五行有所認識，才能收效，故在此再簡單說明如下：

五行相生：木生火，火生土，土生金，金生水，水生木。

五行相剋：水剋火，火剋金，金剋木，木剋土，土剋水。

原著說到不能胡亂地修改，以免破壞了五行形狀，但卻所講的不多，輕輕帶過便算，實則五行形相本身已經是面相一大課題，要在修改中取得恰當的五行，並非輕而易舉之事，作者有計劃撰寫一部關於五行面相的專書，到時便有頗詳盡的披露。

凡乳旁之毛，以一二條為玉帶，其色軟而烏者是也。有此毛必多子，若多硬毛，多生多剋，子欠得力，又主無子；求子者，倘多乳毛宜將硬毛速拔去，復生復拔，止存近胸位者留一條存。仍要黑軟者方可，如此不過五年內，可生二子矣。倘色全無烏乃軟者，須全拔去，亦主五年內得三子焉。此是秘訣不可洩漏也。

胸毛肋毛訣

胸之內屬心，胸毛多主人心亂或淫慾。宜拔去，有軟而烏者存一二條，主多智慧；胸毛多主淫，無毛主壽不永，亦無子。陰無毛同。

論陰毛訣

男女之陰上多毛者，主淫；女人淫毛生如人字，主邪而無子，軟疏者正。

書中論及一些人體的私處部位之毛相，又指胸毛外國人較多，中國人較少，都只能視作參考的一個課題，不用太過執著，皆因這個實已超出了面相的範圍，只屬於整體相學中的一個很小部份，看相人必須小心運用，不要讓世人誤解，以免壞了命相學的聲名為要。

相有五不看

飲酒後不看，酒氣入眼吉凶難分。

色慾過多不看，氣色青暗吉凶難分。

暴怒後不看，青藍滿面陰鷙難分。

人多不看，神難分注。

自己有事不看，心不在焉視而不見。

本書定立了一些潛規則，實在是很有必要的，若一個人偏好酒色財氣，根本便已不適合看相，以免誤人誤己，暴躁之人亦屬不宜。

另外在人太多的場合，也須要注意，例如茶樓食市，人氣混雜，因為人多心自亂，很易便受外界影響，找個安靜的地方看相，自然會較好，這是基本道理。總之，能一心不亂，全神貫注地看相，準確度一定會相對提高。

相有三不靈

無運者不可謂無，恐他尋死誤我陰德。

兇暴者不可說明，恐他忌我看破反遭伊害。

命將盡者不可直說，恐他自己心慌而家人婦子悲傷，於我實屬無益。

這三不靈者，說得頗為隱晦，所指靈者似乎不是單單指靈驗，還暗示有「隱而不宣」之意。

一個人完全無運還太直接地對他說，豈不是落井下石？

當面對一個心性兇狠的人，你看在眼裡，心知肚明便足夠，更不要隨口指破，免遭其人反險加害。

至於命不久矣者，亦應該小心言語，更不應隨意便說出來，以免影響其本人及家人。

總之，作為一個看相者，要有道德的底線，不要以為自己有點預知的能力便很了不起，呈一時之快，實則損人而不利己，損口德、造口業。

此書有四秘

一秘無刻本，二秘永不傳，三秘口藏秘，四秘改形神。

四秘之謂，是指當你真正從本書得到成就時，便要有所收歛，但筆者本人認為，現今社會已跟以前不同，普遍地人們已可隨便取得資訊，根本沒有甚麼秘本可言，只要合乎正理，不存欺世盜名之心，發揚古典文化，保留珍貴學術，比起將正宗正理收藏起來，更為重要。

前三秘都可以理解，但第四秘「改形神」似乎很不簡單，何謂改形神？非常吸引，筆者都為此而眼神一亮，只可惜書中也未有作解，這改形神的題目，確可以探究一下。

一般改形的方法在現今來說，可謂很廣泛，化裝和整容便是，但這都屬於人的外在，科技可以做，但「改神」是內在的，如何改？

改神依筆者的理解，必與「心相」有關，所謂相由心生，神是由人內心發出來的，故必須「真」，先修人心而神自生矣（讀者可看筆者的「心相篇」）。

此書有五禁

禁傳不忠不孝，禁傳作惡貪婪，禁傳不行贄禮，禁傳得寶忘師，禁傳輕泄所授。

當然，筆者也很認同原著者的一片苦心，在此勸導有緣獲得本書真傳之人，要珍惜所學，不要濫用和濫教心術不正的人，更不可隨便替人改命換運，未得真傳者更加不可胡指亂點，信口雌黃。

事實本書在打後的百年裡，成為了民間流傳甚廣的相書，不少的相家和行走江湖術士，都將之奉若神明，這點可能是著書人始料不及的。

此書有三奇

一奇愚人可學，二奇不記而靈，三奇愈學愈精，變化莫測。

這裡提到本書神奇之處，大致是想講：一般學識的人，不是智慧高超者，都能學得懂，兼且不須很有記性的人，亦能說得靈驗，鐵關刀一書會愈學技術愈精深，變化自如，莫測高深，總而言之，本文想說本書寫得夠淺白。

審斷決獄秘訣

審斷決獄，人之最難，非明如鑒空　，似難判別是非也；故人之欲得，情偽者必須以計誘之，使其自知自認，此上策也；然計非平日聰明有餘者，何能敏捷也。

茲有一法錄便觀之，似非計而實計之也，姑試列陳於後焉。凡有過法，宜傳齊原告被告，一齊到案跪下，於不問訊之先，始坐堂之時，為官者肅威嚴，正衣冠尊，瞻視在案上，將威風亂拍者，喊打幾百幾十、做出大生氣狀；不指明打者原告，打者被告、止係糊糊混混罵去；彼受屈者，定然憤激其時，是必腰直頭昂，或突睛揚目，或面赤眼紅；若有不服之意，此是受屈者也，被誣告者，定然驚惴，只欲害人誠恐自害，立即受打，定然面青有恐懼之色；是必頭垂俯伏，氣喪膽驚，有畏縮之態；此是誣告陷人者也；得此形神，一審下去摻券而得，是非曲直判然，此一神機也；熟極生巧，有變通隨時之妙，用之者當善法焉。

本篇不是甚麼面相觀人之術，反而是鑑貌察色、神情動靜的心理推斷，其以一案所作例，用了一些較隨機及經驗的方式審判，以辨是非公正，這無疑可以從中見識到前人一些審案方法，可能感覺有點未合時宜，但以反映時代智慧的角度來看，還是值得參考的。

時至今日，法制精神已完整地建立起來，用理性和專業來分析案件，更為公正平等，這大家又須了解清楚。

補充十二宮

論妻妾宮

顴插天倉，準頭豐滿，主得妻財；唇紅齒白，樑柱成，奸門滿，主夫妻有祿；額削紋多覆者，主少年寡偶；奸門陷，色青暗者，主中年欠祿；奸門青主妻病，奸門暗主產厄；山根斷有橫紋，主防妻；眉毛婆娑，主多妻妾。

論財帛宮

五岳成者必富，五岳相朝並無缺陷。且以四瀆不洩氣，樑柱有肉，山林有氣，主大富；三尖六削必窮。掌背肉厚不露筋者必富。

三尖六削，通常是指：「三尖」顴尖，鼻尖和下巴尖凸，「六削」兩邊的天倉地庫和面頰（即顴骨下）削薄凹陷。

論子息宮

地閣朝，背有肉，必享子誥封；龍宮位滿，眼不深陷，額圓無劫紋，人中深，地閣朝，必主好子多成；法令太深主無子嗣，法令逼于水星位者，亦然；龍宮黑，主無子；鬚分八字燕尾鬚也；主無子，肥人無鬢主無子。

這裡所指的都是晚年運，人的晚年每靠子女，這是千萬年都不移的事實，但時至今日卻有了點變化，現今不少地方都有社會福利服務，這對年老長者來說，是有一定的保障，在經濟上確有一點幫助，但每個人步入晚年，身心較易動盪不安，不少問題不是金錢能夠解決的，若沒有子女在身邊關懷照顧的話，晚景便變得孤苦，如果身邊伴侶又離自己而去，那種蒼涼將會更甚。因此這個子息相法頗值得深思。

論官祿宮

四瀆成者必貴，頭圓有角，功名早成；鼻顴有氣，官祿中年發達；祿堂紅，大牙齊，一生官祿不斷；反此皆忌。

註這篇原書標是「一見必靈」，但與面相十二宮並無相關，似為補充文章，但前後並無呼應，看來是原著者隨意加入，有不少是重複的，但筆者也從當中選一些題目，略作註解便是。

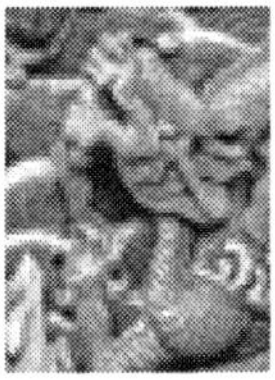

雜記

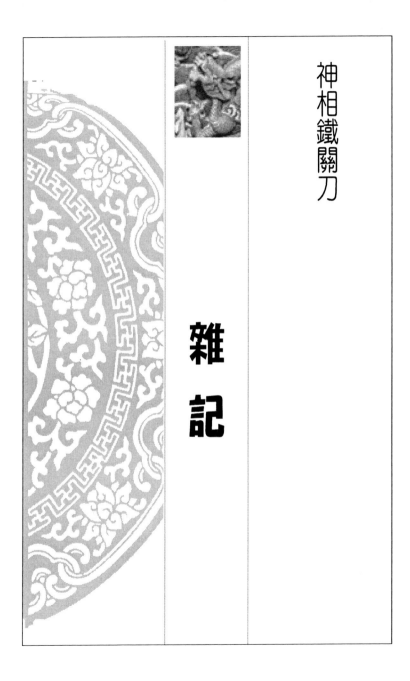

察相篇

左傳曰：周内史叔服如魯公叔，教聞其能相人也，見其二子焉，叔服曰穀也，食子難也，收子穀也，豐下必有，後於魯國◯杜預曰：豐下謂方面也。

按：看原文以◯來記號，應該是從古書上看不清字體，才權取◯號補上去而已。

漢書曰：高祖立，濞為吳王，已拜上相之曰：汝面上有反相，漢後五十年東南有亂，豈非汝耶？天下一家愼無反。

經曰：眉上骨斗高者，名為九反骨，其人恒有包藏之志；又曰：黃色繞天中，從髮際通兩基，其兩眉下各發黃色，其中正湲有黃色直下鼻者，三公相也；若下賤有此色者，防殺君父；由此觀之，以相察士，由來尚矣。故曰富貴在於骨，憂喜在於容色。經曰：青主憂，白主哭泣，黑主病，亦主驚恐，黃主喜慶，凡在此五色，以四時判之。春三月；青色主，赤色白色囚，黃黑二色皆死；夏三月，赤色主，白色黃色皆相，青色死，黑色囚；秋三月，白色主，黑色相，赤色死，青黃二色皆囚；冬三月，黑色主，青色相，白色死，黃赤二色囚，若得其時色，主相者吉，不得其時色，主相者凶。

成敗在於決斷，以此參之萬不失一；經曰：言貴賤者，存乎骨格；言修短者，存乎虛實；經曰：大人喘息者，命之所存也；喘息條條，狀長而緩者，長命人也；喘息急促，出入不等者，短命人也。又曰：骨肉堅硬，壽而不樂，體肉要者，樂而不壽。

本篇的雜論主要講骨、氣、色三者，提及到氣息的相法，又從言語聲音中，得以察知主氣息之緩急出入，都是以深長比短促好，順暢比快慢不等者好，可間接看人們的體格和壽元狀況。

最後一句「體肉要者，樂而不壽」，體肉還可理解，但要者的「要」便頗為費解了，若為錯字又想不出一個合適字來組合，但以常理推斷，骨肉堅硬的相反是骨肉輕浮，體肉太軟而骨虛浮不起，是主樂而不壽，如此作解，相信離原意不會太遠。

言靈性者，存乎容止，斯其大體矣；相人先視其面，面有五岳四瀆；五岳者，額為衡山，頤為恒山，鼻為嵩山，左顴為泰山，右顴為華山；四瀆者，鼻孔為濟，目為河，口為淮，耳為江；五岳欲聳峻圓滿，四瀆欲深大，崖岸成就，五岳成者富人也，不豐則貧；四瀆成者，貴人也，不成則賤矣。

五官、六府、九洲、八極

五官者，口一、鼻二、耳三、目四、人中五；六府者，兩上為二府，兩府輔角為四府，兩顴衡上為六府；一官好貴十年，一府好富十年，五官六府皆好富貴無雙，左為文右為武也。

五官相理相信各位都已了解，由於有另一說法是，五官是眼耳口鼻眉，而非人中，古書多用人中，現代則每取眉毛，因此古今同參是較好的做法。

最後文中所提及的一句「左為文右為武」，一般是採用了左陰右陽的說法，故左靜而右動，男左而女右，但這種說法仍待解釋，這裡只是點到即止，因此也沒有深究的須要。

九州、八極

九州者。額從左達右，無縱理不敗絕，狀如覆肝者善；八極者，登鼻而望八方，成不相傾者為良也。

九州所代表的是面的四邊周圍，而分成九個州份，亦像個時鐘一樣，分佈於面鐘的周邊。至於八極其解作鼻子，無非是想說明面上仰觀而以鼻子為最高的位置。

九洲各部位圖示

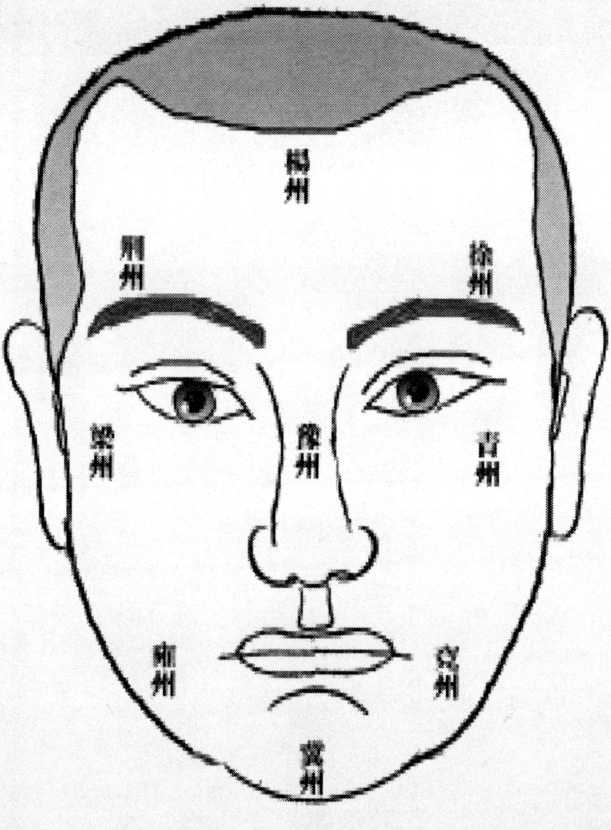

七門、二儀

七門者，二奸門，兩闕門，兩命門一庭中；二儀者，頭圓法天，足方象地；天欲得高，地欲得厚；若頭小足薄，貧賤人也；七門皆好，富貴人也；總而言之，額為天，頤為地，鼻為人，左目為日，右目為月，天欲張，地欲方，人欲深廣，日月欲光明；天好者貴，地好者富，人好者壽，日月好者茂。上停為天，主父母貴賤；中停為人，主昆玉妻子仁義；下停為地，主田宅奴婢，畜牧飲食也。

九州、八極、七門、二儀一說，在神相照膽經上，有著頗全面的解釋，大家可以看本人絕著「神相照膽經全書」，有更詳盡的註解。

（以下文章擇自：神相照膽經）

七門正

眉頭兩闕門，眼尾兩奸門

耳下兩命門，年脊一庭中

每一個家庭都有門戶，每一個省市均有城門關卡，自然從面上眾多部位之中，亦可以找到不同方位、不同性質的七個「門」來，大家可先來了解圖中各門的所處位置。但相關部位跟其它相書有點分別，這裡按照膽經所指定部位以作準：

(一)關門：左眉頭內側　(二)關門：右眉頭內側(另說額角外側)

(三)奸門：左眼尾外側　(四)奸門：右眼尾外側

(五)命門：左顴骨外側　(六)命門：右顴骨外側(另說耳孔、耳弦)

(七)庭中：鼻上年壽鼻脊之上(另說前額中央對下)

這七度門，就如七度關卡，運氣之進出口，要順利通過，才能夠有暢通無阻的運氣。

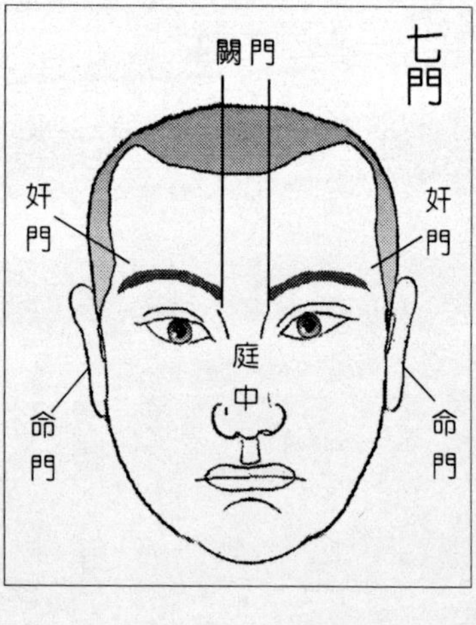

照膽經解釋說，眉頭兩端為闕門，最要平滿無紋痕，更要眉頭不緊。眼尾為兩奸門，須要平滿有氣而沒有被紋痕所侵。耳下兩命門則位於耳門外兩顴外側，亦要平滿不凹陷，鼻上年壽位於鼻脊之上，此處最要正直不偏，七門俱正，是為有氣，有氣則門戶開通，自然會美滿而幸福，幸運相隨，一生平平穩和快樂而運氣順暢。

這裡一有個看貧富的基本準則，都取其頭面闊而不取頭面窄，因為面寬的人，七門中已有六門屬於開揚和有勢，相反面窄者，六門必陷必削，六門弱主必屬貧寒之輩。相反屬於「田字面」的人，能享有財富。這類人其實是擁有五行中金水雙生之格局，金主方、水主圓，面形既方且圓，其面必寬，不單七門開，整個面頰也開，因此能享有財富的人，多屬於「田字面」其實是五行中，金水雙生之格局，金主方、水主圓，面形既方且圓，其面必寬，不單七門開，整個面頰也開，因此能享有財富。

八極

自鼻而望八方，成形不相傾者艮

八極其實是指面上的八卦方位是也，從中央鼻子的位置作為中心點出發，鼻比作山，登高山自可望八方，山低鼻扁平自然難望八方，故而有「自鼻而望八方」之說，比譬人之能成就威風八面的事業，首先要鼻高，面圍四週亦須要圓渾飽滿，不能削薄，如再八個方位都有氣又充實，不陷不傾，運氣自然開通，成就一定比別高。

八極又代表著八個方位，午為正南方，由中央鼻出發，向著額頭而去，直達頭頂為止。子為正北方，由中央出發直達下巴為止，餘此類推，這明顯是一種以中心點來觀察面部的相法，很像看風水，應該有著其一套高深的學理存在的，皆因有很多出自

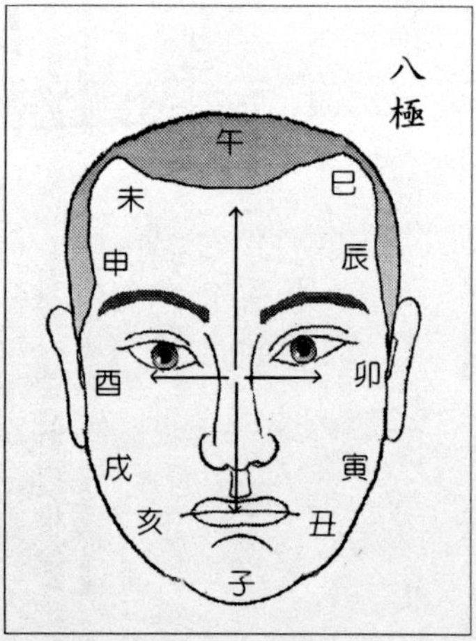

明清朝間的相學經典著作，都有題及這個口訣，就是「登鼻而望八方」，我在相信一定是古相術中的一個專門科目，到現在很可惜地已經失傳，近人只能取得這一句口訣而已，因此我深信這八極相法，絕不止於此，它似乎跟易經及風水玄空學說有著莫大關連，必須要有心人在這方面再作研究，才能夠開啟新一代的面相之門。

觀官位班品相法

若夫顴骨縱起，膚色潤澤者，九品之侯也。

又曰：腰腹相稱，臀髀纔厚，及高視廣步，此皆九品之人候也。夫色須厚重，腰須廣長；故經曰：面如黃瓜，富貴榮華，白如截指，黑色如漆；紫色如棋；腰廣而長，腹如垂囊。行如鵝龜，此皆富貴人也，凡稱夫公侯將相以下者，不論班品也。

輔骨小兒，鼻準微端者八品之侯也。

又曰：胸背微豐，手足潤澤，及身端步平者，此皆八品之侯；夫鼻須洪直而長，胸脾須豐厚如龜形，手足色須赤白，此皆富貴人也；故經曰：手足如棉富貴終，手足厚好立使在旁也。

輔角成稜，倉庫皆平者，七品之侯也：

又曰：胸厚頸粗臀涇傭均，及語調顧定，此皆七品之侯也。夫頸須粗短，手臂須纖長，語須如笙鳳，此皆貴相也。故經曰：牛頭四方，富貴隆昌，虎頭高峙，富貴無比，象鼻高廣，福祿長厚，犀頭津宰，富貴爵爵，駝頭蒙洪，福祿所鍾，虎行將軍，雁行大富也。

犀及司空龍角纖直者，三品之侯也：

又曰：胸背極厚，頭深且尖者，及志雄林柔者。此皆三品之侯也；司空從髮際直下，次天庭是也，龍角在眉頭上也。

頭項高深，龍犀成就者，二品之侯也：

又曰：額角奇起，支節合度，及貌桀性安者，此二品之侯也；夫容貌慷慨，舉止汪洋，精爽清澄，神儀安定；言語審諦，不疾不涂，動息有恆，不輕不躁，喜怒不妄；發趨含合物，宜聲色不變，其情榮枯不易，其摻此謂神有餘者；主得貴位，四倉盡滿，骨肉角俱明者，一品之侯也：頭頸皆好，支節俱成，及容質姿美，顧視澄澈者，此皆一品之侯也。

似龍者為文吏，似龍者甚貴，龍行者三公也；似虎者為將軍，虎行者為將軍，駒馬骨高為將軍也。似牛者為宰輔，似馬者為武吏，似馬亦甚貴也，似狗者，有清官為方伯也，似豬似猴者大富貴，似鼠者帷富而已，

凡稱似者，謂之動靜，並似之若偏似一處，乃貧寒者也。

天中主貴氣，平滿者為官祿也：天中最高近髮際，發黃色上人正角至高廣，參駕遷刺吏牧守；黃色如日月，在天中左右等天子也，黃色出天中圓大光重者，暴見天子；經年及井灶有功受封誥，有黃氣如懸鐘鼓，三公之相也；又發黃氣如龍形亦受封也，四時官氣發天部，如鏡光者，暴貴相也。

天庭主上公大丞相之氣：天庭直下至天中有黑子市死。

司空主天官亦三公之氣：司空直下至天中惡色：主上書大凶。

中正主群僚之氣，平品人物之司也：中正直下次司空色好者，連官轉職，若司空中正發赤色而歷歷者，在中正為縣官在大庭為郡官州縣，蘭台尚書，各視所部也。

印堂主天下印綬，掌符印之官也：印堂在兩眉間，微下眉頭少許，次中正，發赤色加連刀，上至天庭下至鼻準為縣令，直闕庭發色者長吏也。

如車輪與輔角相應者大貴，印堂一名闕庭也。

山根平美，及有奇骨伏起者，為婚連帝之輩也：山根直下次印堂。亦指有勢無勢也。

高廣主方伯之坐：從天中橫列至髮際凡七名。高廣位在第三，高廣忽黃色如兩人捉鼓者，將軍相也。

陽尺主州佐之官：橫次高廣位在第四。陽尺亦主少出方伯，有氣憂遠行也。

武庫主兵甲典庫之吏：橫次陽尺位在第五。

輔角主遠州刺史之官：橫次武庫位在六。骨起色好，主黃門舍人之官也。

邊地主邊州之任：橫次輔角，位在第七，有黑子，落難爲奴也。色好，主黃門舍人之官也；邊地，主邊州之任一橫次輔角位第七，有黑子落難爲奴也。

日角主公侯之坐：從天庭橫列至髮際，凡八名，日角位在第一，平滿充直者宜官職。

房心主京輦之：橫次日角位在第二，房心左爲文，右爲武，骨起宜作人師。黃色見房心，上至大庭爲丞令，直見房心而光澤者，召爲國師也。

驛馬主急疾之吏：橫次位在第七，驛馬好色應印堂之。秋冬得官也。

額頭主卿寺之位：從印堂司空，橫列至髮際凡八名，額角橫次位在第一。色紅黃大吉昌也。

上卿主帝卿之位：橫次額角上卿，躍躍封卿大樂。

虎眉主大將軍：從中正橫列至髮際凡九名，虎眉橫次位在第二，發青白色者應行也。

牛角主王之統師小將：橫次虎眉位在第三，亦主侯食祿，成角者更勝於肉也。

元角主將軍之相：橫次位在第五，無角者不可求官，凡欲知得官在任久否，先視年上發色長短，發色長一分主一年，二分主二年，以此消息則可知也。有惡色間之者，主其年有事，白色遭喪，赤色彈奪，黑色病，清色獄厄；天中有氣橫於者，無官也；然官色已久忽有，死厄；色間之者，代人死也；若年上有好色如連山出雲雨，處處皆通則無慮，不速發；髮際有黃氣，為已得官，若黑氣未也；有黃氣如衣帶發額上，遷官益祿也。

本篇主要講古時人的官位班品，實則與現代人的職位等級相同，無甚分別，其說出很多看法來，頗為詳盡，很多地方都有兼顧到，論到高官厚職時，還加插了一些神奇的觀點和看法，這裡也不置評，就由讀者自行理解可也。

看現代人的職位等級，無非五官成、六俯就、四瀆通、眼神足、聲沉厚等等，這些足以判斷一個人的事業成就，也無須要特別添加種種奇特的相格，一切還看後天努力，更須要加上運氣，才可通達，所謂時勢英雄。

人有六賤

一賤

夫人有六賤，頭小身大為一賤，又曰：額上陷缺，天中霆下亦為一賤：經曰：額促而窄，至老窮厄，蛇頭薄曲，糟糠不足，蛇頭平薄，財物零落，貉頭尖銳，窮厄無計。

二賤

目無光澤為二賤：又曰：胸背俱薄亦為二賤，經曰：陷胸薄尻及猴目，皆窮相也。

三賤

舉動不便為三賤：又曰：音聲雌散亦為三賤，經曰：語聲喞喞面部枯燥，面毛戎戎成無風而塵，皆貧賤相也。夫聲之惡者，塵濁飛散，細嗄聊亂。聲去則若盡，往則不還，淺亂澀細，沈濁瘻弊；舌短神強，謇吃無響，此惡相也。夫人不笑似笑，不瞋似瞋；不喜似喜，不畏似畏；不醉似醉，常如宿醒，不愁似愁，常如憂慼；容貌缺乏，如經痾病；神色悽愴，常如有失；舉止張惶，常如趨急；言澀縮若有隱藏，體貌低催如遭凌辱，此並神不足也；神不足者，多牢獄厄，有官隱藏而失，有貶逐而黜者也。

四賤

鼻不成就，準向前低為四賤：又曰眇眼斜視，亦為四賤。經曰：人中平滿，耳無輪廓，貧賤相也。

五賤

腳長腰短為五賤：又曰：唇傾鼻曲亦為五賤，經曰：蛇行雀趨，財物無儲；鼻柱低垂，至老獨炊；搖腰急步，必無所使；腰短者，則被人守職也。

六賤

文策不成，唇細橫長六賤；又曰：多言少信為六賤，經曰：口薄人不提攜，僻則為人所毀；口如吹火，至老獨生；舌色白，下賤人也；苦短貧賤人也；凡欲知人是賤者。貴處少而賤處多，多者廣也，少者狹也。

六賤備是僕隸之人，此貴賤存乎骨格者也。

此六賤之相，都是前文的一些延伸，人有貴亦有賤，這裡是指階級較低下者而言，並不是指人「賤格」，這句話在現在來說，近乎對別人的一種侮辱，但古時是指人身份低微。以五官、六腑、四瀆、眼神、聲音等，足以判斷一個人的運程高低，但人的本質卻勝過一時榮辱，故而「貴賤存乎骨格」，確有深層意義。

觀五行四季相法

夫木主春，生長之行也：春主肝，肝立目，目主仁，生長榮敷者。施受惠予之意也。

金主秋，收藏之節也：秋主肺，肺主鼻，鼻生義，收藏聚斂者，悕嗇鄙慳之人也。

火主夏，豐盛之時也：夏主心，心主舌，舌主禮，豐盛殷富者，富博宏通之義也。

水生冬，萬物伏匿之日也：冬主腎，腎主耳，耳主智，伏匿隱弊者，邪陷奸佞之懷地。

土生季夏，萬物結實之月也：季夏主脾，脾主唇，唇主信，結實堅確者，貞信謹厚之禮也。

將一年四季的氣候訊息帶到面相上去，這是中國古相學的精華所在，內含中醫學的五運六氣，這裡所講的都是人的性情行徑，木為眼，眼好主宅心仁厚。金為鼻，鼻孔收藏者嗇之人。火為舌，舌厚者富而有義。水主耳，耳生得不好奸狡之輩。

以上都是比較粗略的說法，未算深入，下面就是一段頗為詳盡的解釋文字。

眼睛、神色

故曰：凡人美眉目，好指爪者，庶幾好施人也。肝出為眼，又主筋；筋窮為爪，榮於眉。藏於魂；經曰：凡人眉直而頭昂，意氣雄強，缺損及薄，無信人也；如弓者善人。眼有光彩而媚，好性識物理，明哲人也；眼光溢出臉外，不散不動，臉又不急不緩。而睛不露者，智慧人也；臉寒流轉無光者，愚鈍人也；眼光不出臉者，藏情人也；加以臉澀盜視，必作偷也，若瞀睮交聶，而業切者，蛆嫉人也，急極者，不嫉妒則虛妄人也，睚眰血者惡性人也，鑾睇矘晃者憨賀；人也古，兼；眠秦者淫亂人也，彌瞷、懵、睜，姦詐人也，瞪拗者，掘强人也，羊目，烏目瞳毒害人也，睢盱夾爍者，回邪人也，睛色雜而光彩浮淺者，心意不定，無信人也。

睛清光溢者，聰明人也；睛沉光定者，大膽人也；上目皆中深厚，氣色濃厚者，有威武亦大膽人也，氣飄渺，淺薄人也；土地不潔者無威，怯懦人也；睛紫黑而光彩端定者，剛烈人也，睛彩白而端定者，好隱遁之人也；睛光多而不溢散，清澈而視端審者，直性人也；睛黃而光彩澄澈者，慕道衎人也，點睛近土者，志意下劣人也；點睛追下者，志意高尚人，點睛近裡者，自收斂人也；點請近外者，傲慢憨人也；羊目直視，能教妻子；豬目應瞪，刑禍相，仍鷹視狼顧；常懷嫉妒，螻蛄目心難得。

按：原著最後的幾篇，每多重複，為了節省篇幅的關係，筆者註解便到此為此。

手指毛髮相

夫指者，欲纖穠如鵝，有皮相連者，性惇和人也；指頭方魁者，見事遲人也；妍美者，屬授人信之；惡者，人不遵承也。

毛髮光澤，唇口如朱者，才能學藝人也：心出為舌，又主血，血窮為毛髮，榮於耳。藏於神，經曰：野狐鬢，難期信；鞁 瀝鬢，多狐疑，唇急齒露，難與為友；唇寬端正，出言有章；唇口不佳，出言不信；口邊無媚，好揚人惡；口喙如鳥，不可與居；噁心人也，口急緩加鳥；言語皆撮聚者，此人多口舌：緩急不同，少信人也。

鼻孔小縮，準頭低曲者，慳貪人也：肺出為鼻孔，又主皮膚，又為氣息，藏於魄；好鼻者，有聲譽；鼻柱薄而梁陷者，多病厄人也；鼻無媚態，蠢人；蜣蜋鼻，少意智人也。

耳孔小，齒辦細者，邪陷奸佞人也：賢出為骨又為髓：髓窮為耳孔，骨窮為齒，藏於志，經曰：耳孔深廣者，心虛而識元；耳孔醜小者，無智而不信神理；耳邊無媚，鄙拙人也；耳孔小而節骨曲戾者，無意智人也；鼠耳殺之不死，又云鼠耳之人，多作偷盜也。

耳輪厚，入鼻準圓實，乳頭端淨，頦頤深廣厚大者，忠信謹厚人也：脾出為肉，肉窮為孔，又主耳輪、準鼻槺頦頤等；藏於意，經曰：夫頸高大者，性自在而好凌人，頭卑弊者，性隨和而細碎；故曰：鹿頭側長，志氣雄長；鬼頭蕞頡，意志下劣，獺頭橫闊，心意豁達；夫頭細而曲者，不自樹立於也；若色斑駁或不潔淨者，性隨宜而不堅固。

夫手纖長者，好施捨；短厚者，好取捨則貪惜；故曰；手如雞足意志褊促；手如豬蹄，意志昏迷；手如猴掌，勤劬伎倆。夫背厚闊者，剛決人也；薄者，怯弱人也。夫腹端研者，才華人也；故曰：牛腹婪貪，財物自淹；蝦蟆腹者，懶人也。夫腰喘美者，則樂而能任人也；蜥蜴腰者。緩人也。

夫聲渾厚廣者，可倚任安穩人也；夫蛇行者貪毒人也，不可與之共事；烏行蹌蹌，性行不良，似烏鵲形也；鷹行雄烈，豺狼行者，性粗覓利人也；牛行性直，馬行猛烈人也；此性存乎容止者也。夫命之與相，憂聲之響也，聲動於機，響窮乎應。必然理矣。雖云以言信行，失之宰予；以貌度性，失之子羽；然傳稱無憂而成，憂必反之；無慶而歡，樂必還之，此心有先動，而神有先知，則色有先見，故扁鵲見桓公而知其將死，申叔見巫臣而知其竊妻；或躍馬膳珍，或飛而食肉，或早隸而晚侯，或初刑而末王，銅岩無以飽生，玉饌終乎餓死；則波度表，捫骨指色，摘理不可誣也，故做列云爾。

察相篇一令，唐趙芝，更撰，字太賓。梓州人著儒門長短經九卷，談王伯經償之要，其第六篇則察相篇也；每條下悉心自註，篇中義理精密，動本古經，與後世大清神鑒向別，蓋非術士之言也；讀書知人，本儒家要道，況此篇言，皆有據可易視與。

相兒經

兒初生，叫聲連延相屬者壽；聲絕而復揚急者壽；啼聲散者不成人，啼聲沉深者不成人，臍中無血者好。臍小者不壽，通身軟弱如無骨者不壽；解曰：長大者壽，自開眼者不成人；目視不正，數動者大，非佳；汗血者，多厄不壽；汗不流不成人；小便凝如脂膏不成人；頭四破不成人；常搖手足者，不成人；早坐、早行、早齒、早話，皆惡性，非佳人；頭毛不周匝者，不成人；髮稀少者，不成人；額上有旋毛者，早貴，妨父母；兒生枕骨不成者，能言語而死；尻骨不成者，能倨而死；掌骨不成者，能匍匐而死；身不收者死；魚口者死；股間無生肉者死；頤下破者死；陰不起者死；陰囊下白者死；赤者死；卵縫通達，黑者壽；兒小時識悟通敏過人者，多夭；小兒骨法，成就威儀，迴轉運舒稍緩，精神雕琢者壽，小兒預知人意，迴旋敏捷者夭。

訓誡一則

天台秘旨降及下民，黃金易得寶錄難聞，貪財妄授，褻瀆斯文，凶臨福退災逮其身，吾師吩咐，莫傳匪人，同門敬授，勿當閒云。相人之書流傳日久，自元及明，口訣已失，所傳者僅得糟粕，而刊本重重，刻錯部位大差，雖得各書搜覽，章句有存而部位刊錯，並無指出確處，所以談相盛行而議者實無幾也。故或靈前而後謬，或靈後而前非，皆無足為程法者。

予在闈位任十八載，當遭外冠，慓慓危懼，得良師松石道人指迷解危，不可勝數，予深感激，盤桓十四年後，遇足疾歸里，苦求良師傳授口訣，傾囊而贈，道人固拒不納止，囑予不可輕洩，定遭天譴，蓋以福禍為人自招，不必在我指迷也，予得書後，歷歷取驗，更有奇妙如神者，故時人呼予為碧眼神仙，可知人則哲，為帝其難今得此書，不徒澤交而得良友，亦可自鑒而定安危矣。

上下合拼版序

目前的書刊情況，正遭受到史無前例的困難，筆者為了書可以繼續出下去，如履薄冰，步步為營地不能胡亂出版，必須在每一個環節上都做到最好，吸引讀者，相信這樣才能在今次的經濟低潮安然渡過。

繼玄易師、拆字天機、神相金較剪、神相照膽經和這部神相麻衣外，正在處理中的書還有兩部，一本是面相書神相鐵關刀全書，另一本是八字書滴天髓命例密全書，這兩書希望很快便可以跟大家見面。

現在的出版業絕對是由市場主導，既然這個合拼版系列被讀者們接受，那就放心去做好了，但合拼起來的書接近五百頁之厚，印刷費用絕不便宜，而紙價和印工都一直在上升，即使是不易為仍要為之，只要有信心便能夠逐步完成。

心田書目

書名	系列	書號	定價
掌相配對－速查天書	知命識相系列(2)	9789887715146	$100.00
五行增值－子平氣象	知命識相系列(9)	9789887715139	$120.00
子平真詮－圖文辨識	中國命相學大系：(23)	9789887715122	$120.00
子平百味人生	知命識相系列(8)	9789887715115	$90.00
三命通會－女命書	命理操作三部曲系列(22)	9789887715108	$100.00
窮通寶鑑 命例拆局	命理操作三部曲系列(21)	9789887715078	$130.00
太清神鑑 綜合篇	命理操作三部曲系列(20)	9789887715061	$120.00
太清神鑑 五行形相篇	命理操作三部曲系列(19)	9789887715030	$120.00
課堂講記	命理操作三部曲系列(5)	9789887715009	$120.00
易氏格局精華	命理操作三部曲系列(4)	9789881753755	$160.00
五行增值	命理操作三部曲系列(3)	9789881753755	$100.00
六神通識	命理操作三部曲系列(2)	9789889952679	$90.00
八字基因升級版	命理操作三部曲系列(1)	9789881687807	$130.00
神相金較剪(珍藏版)	中國命相學大系(1)	988987783X	$160.00
人倫大統賦	中國命相學大系(4)	9789889952600	$70.00
八字古詩真訣	中國命相學大系(5)	9789889952648	$100.00
神相鐵關刀全書全書	中國命相學大系(13)	9789887715054	$160.00
滴天髓古今釋法	中國命相學大系(8)	9789881753762	$100.00
玉井奧訣古今釋法	中國命相學大系(9)	9789881877017	$100.00
世紀風雲命式	中國命相學大系(13)	9789881687715	$100.00
滴天髓命例解密 全書	中國命相學大系(18)	9789887715092	$160.00
神相麻衣全書	中國命相學大系(12)	9789887715016	$160.00
命理約言	中國命相學大系(14)	9789881687772	$100.00
心相篇	中國命相學大系(15)	9789881687845	$100.00
神相冰鑑	中國命相學大系(16)	9789881687890	$100.00
神相照膽經全書	中國命相學大系(17)	9789881687746	$160.00
掌相奇趣錄	知命識相系列(7)	9889877864	$60.00
命相百達通	知命識相系列(6)	9889877856	$58.00
面相玄機	知命識相系列(4)	9789881753731	$65.00
面相理財攻略	知命識相系列(5)	9789889952693	$78.00
陰間選美	末世驚嚇(1)	9889877872	$46.00
聆聽童聲	童心系列(1)	9889877880	$46.00
五官大發現(漫畫)	玄學通識系列(1)	9889877821	$38.00
拆字天機全書	玄學通識系列(4)	9789881877000	$130.00
字玄其說	玄學通識系列(3)	9889877899	$68.00
玄空六法現代陽宅檢定全書	玄空釋法系列(1)	9789887715085	$160.00
風水安樂蝸	玄空釋法系列(2)	9789881687869	$88.00
八字財經	玄空通識系列(6)	9789881687838	$100.00
玄易師（相神篇）	心相禪系列(3)	978988901877055	$68.00
子平辯證	玄學通識系列(4)	9789881753779	$90.00

易天生老師

第一部闖出國際的作品

於南韓全國發行

心田文化出品

命相經典！

第一部台灣全國發行：

神相金較剪

第二部南韓全國發行：

五官大發現

yes24.com/Product/Goods/71833562

易天生老師南韓大丘新書發佈會 活動實錄

2019年遠赴南韓大丘市，最大書店教保文庫，頂層舉行作者簽書會，並與當地讀者作即時交流，解答在場人士的相學問題。

南韓大丘活動實錄

轉載自易天生官方網站社交平台：https://www.facebook.com/yitis55

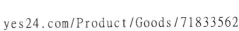

facebook.com/tcwz55

易天生

心情好緊張

見証五官兒子在南韓的...且生

文娜和其他30人 6則留言

易天生

南韓大邱最大的書店"教保文庫"

新書經已在南韓出版，四月六日星期六，出版社安排了一場活動，在教保文庫舉辦與南韓讀者朋友的見面會。

心情有點緊張。

易天生

教保文庫書店門口

放上了我今天交流活動的宣傳

單，嚇我一跳。

文娜和其他30人

易天生

五官的韓文翻譯...申美燮小姐

我本書國語夾雜廣東話，又多名詞術語，一点也不好翻譯，申小姐可謂勞苦功高。

文輝、Hui Chi Yeung和其他25人　5則留言

易天生

謝謝他做了寶貴的譯員

可讀者和之外，也為在容書並譯序。

易天生

分享會正式開始

現場坐滿了來自南韓各方的讀者朋友
感謝白水抓教授為我翻譯
準備了一晚的講稿，和拿了一些作品
都搬弄出來，起初還有点緊張
也漸漸平穩下來

易天生

教保文庫內正首廣告宣傳
每層都放佈着
真的十分重視我這本書。

易天生

在韓國的女讀者

大邱一間很雅致的咖啡店
為老板娘簽名留念。

41　4則留言

易天生

那天讀者會上，還介紹了...

我未來的水墨畫路向，因此那天大家都很捧場購書，心裡十分感謝南韓讀者，和專程由首爾出版社前來的兩位小姐，一早在書店作妥當安排。

還有白教授和申小姐的幫忙翻譯，才令今次活動得以成功。

易天生

出版社安排了

交流會因讀者的熱情超了時
結束後立即趕去這間充滿園藝特色飯店
共進晚餐。

易天生

活動完畢，為在場的南韓朋友簽名

收到各方面的回響
是次新書發佈會獲得好評和成功。

文燦、Amino Acid和其他122人　32則留言

易天生

交流會圓滿結束

書店上工作的讀者朋友，帶了太太來捧場，高興又添一位新讀者啊。

文燦和其他30人

良種紙上播　　善筆植心田

中國命相學大系６

神相鐵關刀 全書

原著：雲谷山人
作者／易天生編修
出版／心田文化
地址：香港干諾道西１３１至１３２號５樓５０２室
ＦＡＸ：３６２７０５７１
面書專頁：https://facebook.com/xiti55/
電郵地址：tcwz55@yahoo.com.hk
網址：http://comics.gen.hk/
美術／樹文
排版／心田文化
印刷制版／卓智數碼印刷有限公司
地址：九龍荔枝角醫局西街１０３３號源盛工業大廈１０樓５室
電話：２７８６３２６３
發行／：香港聯合書刊物流有限公司
地址：香港新界大埔汀麗路３６號中華商務印刷大廈地下
電話：２３８１８２５１
初版日期：二〇一七年十二月
定價：ＨＫ＄一百三十元

國際書號：ISBN:978-988-77150-5-4

心田文化

良種紙上播　善筆植心田

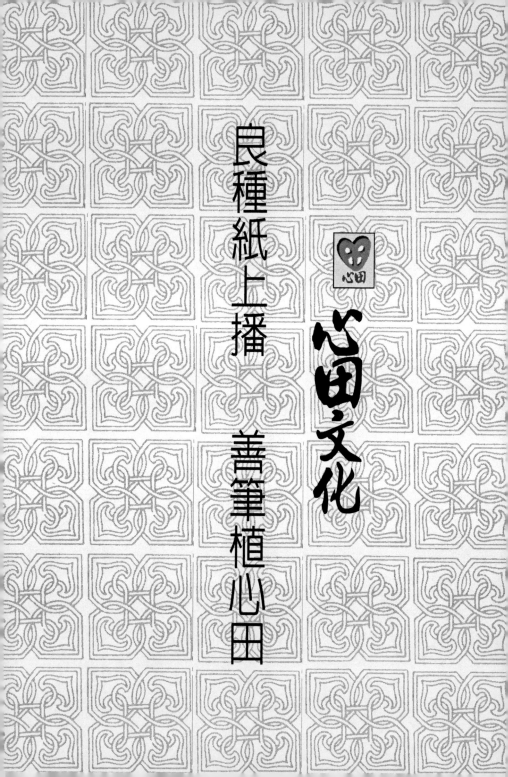